教育部高等学校轻工与食品学科教学指导委员会推荐教材

革制品分析检验

丁绍兰　罗晓民　周　越　编

中国轻工业出版社

图书在版编目（CIP）数据

革制品分析检验/丁绍兰，罗晓民，周越编. —北京：中国轻工业出版社，2023. 1

教育部高等学校轻工与食品学科教学指导委员会推荐教材

ISBN 978-7-5019-7412-2

Ⅰ. ①革… Ⅱ. ①丁…②罗…③周… Ⅲ. ①皮革制品-分析-高等学校-教材②皮革制品-检验-高等学校-教材 Ⅳ. ①TS57

中国版本图书馆 CIP 数据核字（2009）第 218491 号

责任编辑：李建华　陈　萍
策划编辑：李建华　责任终审：滕炎福　封面设计：锋尚设计
版式设计：王超男　责任校对：晋　洁　责任监印：张　可

出版发行：中国轻工业出版社（北京东长安街 6 号，邮编：100740）
印　　刷：北京建宏印刷有限公司
经　　销：各地新华书店
版　　次：2023 年 1 月第 1 版第 4 次印刷
开　　本：787×1092　1/16　印张：15.5
字　　数：352 千字
书　　号：ISBN 978-7-5019-7412-2　定价：48.00 元
邮购电话：010-65241695
发行电话：010-85119835　传真：85113293
网　　址：http://www.chlip.com.cn
Email：club@chlip.com.cn

如发现图书残缺请与我社邮购联系调换

221811J1C104ZBW

前　　言

在工业生产中要贯彻执行标准化，提高产品质量，降低成本，合理使用原材料；在生产过程中，要控制工艺条件，保证生产顺利进行，这些任务在很大程度上都需要通过分析检验工作提供可靠的数据来完成。那么革制品分析检验则是为革制品生产提供可靠数据，以正确控制革制品的生产工艺条件，保证生产顺利进行，同时提高成品质量，合理使用原材料，降低生产成本。

本书主要以国家标准、行业标准为依据，参照部分国际及国外标准，介绍了大量国内外革制品检测方面分析检验技术，内容涵盖了测试仪器和设备，检测方法齐全，资料丰富可靠，内容详实全面、重点突出；体系完整、可操作性强，适用面广。本书被教育部高等学校轻工与食品学科教学指导委员会推荐为特色教材。

革制品分析检验包括原材料和成品分析检验两部分内容。原材料分析检验包括皮革、橡胶、胶粘剂的分析检验。因为人造革、合成革作为皮鞋、皮服装革的代用材料，在革制品行业占的比重越来越大，对它的质量要求也越来越高，所以也专门分章讲述。原材料的分析检验一般包括化学组分和物理-机械性能的分析检验。化学成分的分析检验对于控制这些原材料生产的作用跟别的作用相比显得更为重要些，所以本书主要从原材料的使用价值考虑，主要分析检验其实用性，以物理-机械性能的分析检验为主。

由于主要进行物检分析，所用试验仪器就比较重要，所以，对一些比较重要仪器的结构，测定原理和使用方法等也做了简单介绍。

本书第1章皮革物理-机械性能的分析检验由陕西科技大学罗晓民教授编写；第5章成品鞋分析检验由陕西科技大学周越老师编写，其余章节由丁绍兰教授编写。

由于革制品所用原材料及革制品的种类比较多，致使革制品分析检验所涉及的面较广，加上编者水平有限，书中难免有疏漏和不妥之处，敬请读者批评指正。

编者

2009年7月于陕西科技大学资源与环境学院

前　言

目　录

第 1 章　皮革物理-机械性能的分析检验

皮革是革制品工业的主要原料，主要用于鞋面、鞋底及服装、箱包等。所以，革制品质量的好坏绝大部分取决于所用原材料皮革质量的好坏。皮革的质量是通过感官检验、穿用试验、显微结构检验和理化分析检验综合评定的。

感官检验，即通常所说的“手摸眼看”，靠人们的感觉器官，凭着经验从外观和手感对革的质量进行评定，如革的丰满性、弹性、柔软性、粒面粗细、颜色等就是由感官检查评定的。比如鞋面用皮革外观指标要求：全张革厚薄基本均匀，无异味、无油腻感；革身应丰满、柔软而有弹性，不裂面、无管皱，主要部位不能松面；涂饰革的涂层应均匀、牢固；绒面革绒毛均匀、颜色基本一致。这种方法虽然带有一定的主观性，但检验方法简单，操作迅速，到目前为止，又没有更好的方法来代替。因此，仍被普遍采用，并与其他的科学方法相结合，全面地评定革的质量。

穿用试验是将革制成成品，如鞋、服装等，通过实际穿着使用。在革制品的制造和使用过程中，从革的变化情况来确定制品的适用性和坚固性，这是直接证明革的质量的最可靠的方法，具有一定的实际意义。例如，比较底革的耐磨性，可采用对比方法做试验，一只鞋底用标准的底革制造，另一只鞋底用试验的底革制造，同时，由许多劳动强度不同的穿用者进行穿用试验，经过一段时间后，就可以看出两种底革的耐磨强度的差异，可以确定要试验的皮革的价值。然而，这种方法所需用的时间长，影响因素复杂，物资耗费大，不能满足及时鉴定原材料、指导生产的要求，所以，不能经常采用。只有在特殊情况下，如在评定新产品的质量或制造方法有重大的改变，用其他方法不能确定其质量时，才进行穿用试验。

显微结构检验是将被检验的革用切片机切成薄片做成片子，在显微镜下观察其组织结构，对革的质量做出有价值的鉴定。根据纤维束排列的规则性，纤维组织的明晰度，说明生产过程进行是否正常和原料皮及成品革的特征，从纤维束的交织角、弯曲度、紧密性可以确定革的物理性能。由于显微结构的检验方法及使用的设备（光学显微镜，电子显微镜）较为复杂和昂贵，观察的结果又只能作为评定皮革质量的参考，不能直接量化表示革的质量，所以目前国内应用还不普遍。

理化分析检验则是通过定量的分析方法确定皮革的内在质量，包括物理-机械性能的检验（简称“物检”）和化学组分的分析，通过检测革的抗张强度、单位负荷伸长率、撕裂强度、崩裂强度、收缩温度、三氧化二铬含量、二氯甲烷萃取物、pH 值等项目表征革内在质量和可加工性，革的透气性、透水汽性，涂饰层的耐摩擦坚牢性、耐折性等项目表征革的实用性能。

1.1　皮革成品部位的划分

本划分适用于黄牛皮、水牛皮、羊皮和猪皮制成的各种皮革。按生皮不同部位的纤维特性和各部位在皮革表面上位置的图形，表示皮革的部位划分。不同种类皮革部位的划分方法如图 1-1～图 1-3 所示。

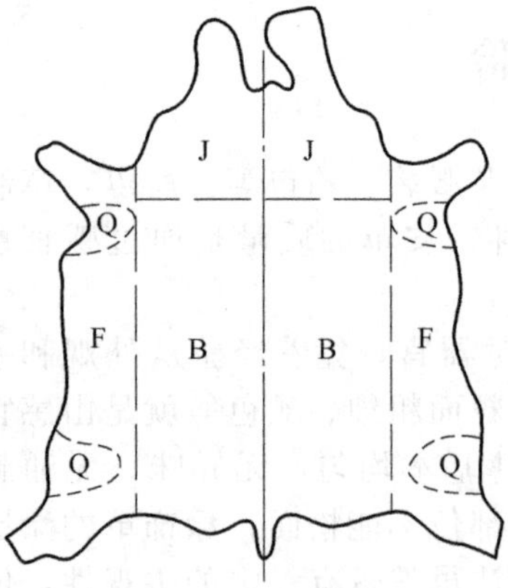

图 1-1　用黄牛皮、水牛皮制成各种皮革的部位区分

B—臀背革部　J—肩革部

F—腹革部　Q—腹肷部

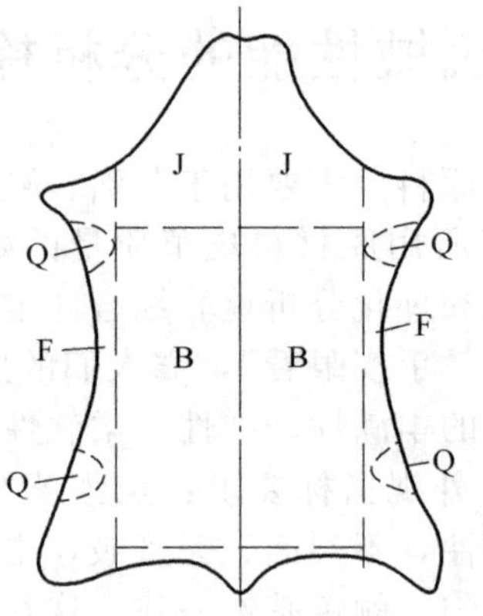

图 1-2　用羊皮制成的正面革或绒面革的部位区分

B—臀背革部　J—肩革部

F—腹革部　Q—腹肷部

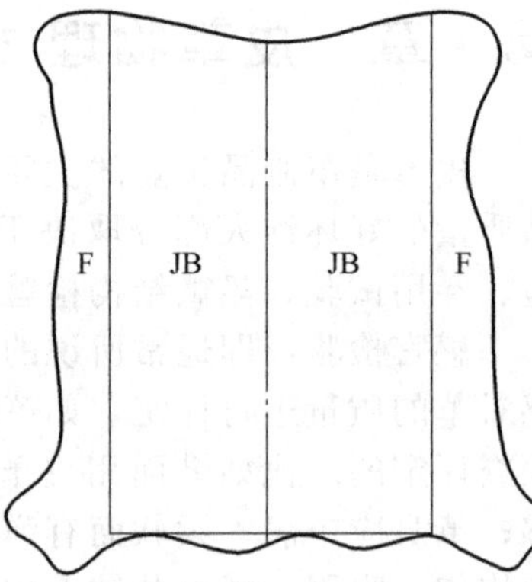

图 1-3　用猪皮制成的面革或底革的部位区分

JB—肩背革部　F—腹革部

1.2　皮革的取样

1.2.1　取样的意义

从全部物料（革）中选出具有代表性，能反映物料特征的一部分作为样品进行检验，这一过程称为取样。分析结果的准确性，除了与操作方法和操作技术的准确性有关，同时还取决于取样的代表性。

皮革和原料皮一样，是非均一性的物料，来自不同路别、不同种类的原料皮制成的革性能差异很大；同一张皮不同部位的组织构造也不尽相同，对所有的成品及各个部位全部进行检验是不现实的，只能从全部物料中取出具有代表性，能反映其特征的一部分作为样品进行检验。即取尽量少的样品，而测定结果尽可能准确。所取样品的代表性取决于取样数量、方法、部位和面积。同时测定结果应具有可比性。有关术语如下：

样品革：在任一批革中按规定方法取出作为分析检验用的革，指整张或半张革。

样块：按照规定的部位大小在样品革上用刀割下来作为检验用的部分。

试样(片)：按照规定大小形状用刀模在样块革上截取下来用作为分析检验的小块革。

1.2.2　取样数量

从每一生产批或商业批革中提取样品革的数量按下式计算

$$n=0.5\sqrt{X}$$

式中：n——取样数量，不应少于 3 张；

X——每批革的数量，张。

如一批革有 64 张，则取样 $n=0.5\sqrt{64}=0.5\times8=4$（张）（若 $X<64$ 也按 64 张取）。

1.2.3　取样方法

1.2.3.1　要求

（1）供检验用的样品革，其外表须完整无损，不得有刀伤、虫伤、褶痕或其他残缺现象。

（2）如果检验库房里存放的生产日期或厂别不明的成品革，先按鞣制方法、外表颜色和观感进行分类，再按规定取样。

（3）同种类、同时期、同方法生产的成品革若仅是所用涂饰剂颜色不同，除单独进行涂饰剂检验，其他检验项目所需的样品可混合进行。

（4）在任何情况下，取样数量不应少于 3 张。

（5）应保证样品是随机抽取的。

1.2.3.2　方法

（1）抽取样品革　取样时，第一张可以从任一张开始，顺次每隔 X/n 张抽取一张，如果取样时发现上述的缺陷，应取与其相邻的前一张或后一张。

如上述 $X=64$，$n=4$ 张，则从任一张开始，每隔 64/4=16（张）取一张。

（2）切取样块　样品革选定后，先按规定部位切取样块，再从样块上切取试样；也可直接在样品革上按图规定部位切取试样。

① 整张革、半张革和背革（见图 1-4）：作背脊线 CB，在 CB 上取 A 点，使 $CA=2AB$。过 A 点作 AD 垂直于 CB。在 AD 上取 $AE=50$mm。过 E 点作 CB 的平行线，在 AD 上取中点 F，即 $AF=FD$，以 EF 为正方形的中心线作一正方形 $GHKI$。延长 GH 到 N，使 $HN=1/2GH=GE$，以 HN 为一边，作一正方形 $HNML$。切取带影条的方块 $GIKH$ 或切取无影条的方块 $HLMN$。

② 半臂背革（见图 1-5）：切取 $GIKH$ 带影条的方块或切取 $HLMN$ 无影条的方块，皮块的部位按下面的规定 $CA=AB$，$AF=FD$，$GE=EH$，$HL=LK$。

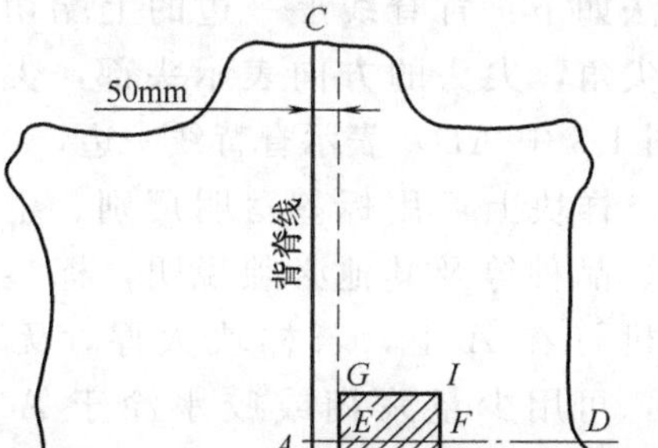

图 1-4　整张革、半张革和背革取样部位

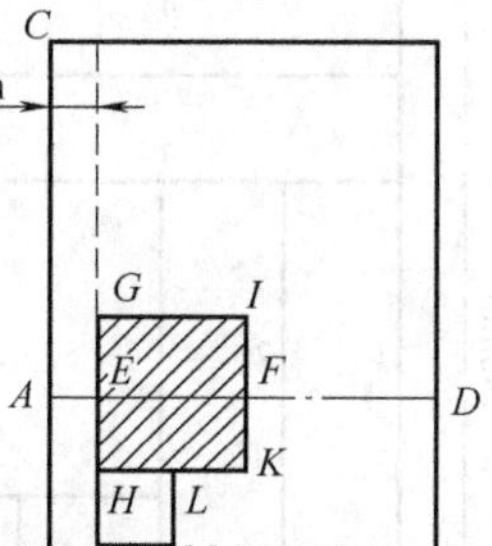

图 1-5　半臂背革取样部位

③ 肩革（见图 1-6）：切取带影条的矩形 $ABCD$ 或切取无影条的方块 $JKLA$，皮块的部位按下面的规定：

$AB=2AD$，$AL=LB$，$RP=PS$，$JA=AD$。

④ 腹边革（见图 1-7）：切取带影条的矩形 $GIKH$ 或切取无影条的方块 $LMNG$ 和 $HPQR$，皮块的部位按下面的规定：

$CA=AB$，$GH=150\text{mm}$，$GE=EH=EF$，$LG=HR=GH/4$。

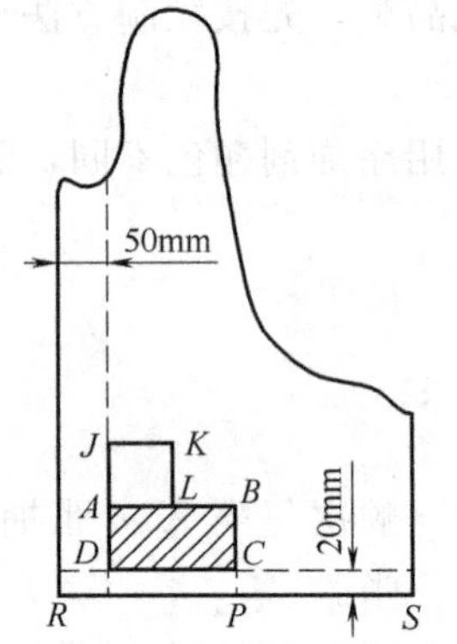

图 1-6　肩革取样部位

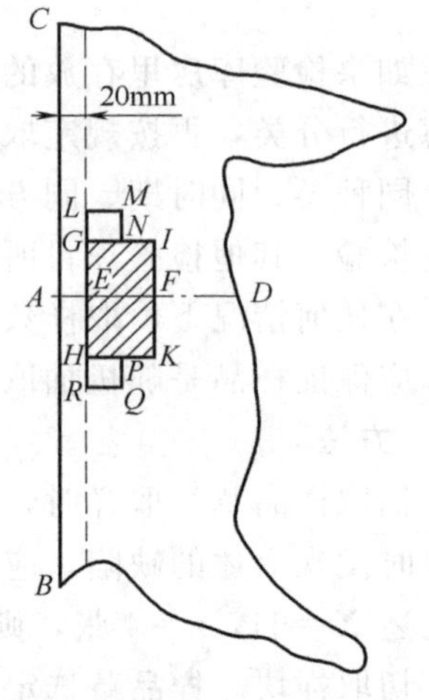

图 1-7　腹边革取样部位

注：①对半臀背革若是小张测定项目很多。一个样块不够使用时，可在对称样品革的对称部位上切取同样大的样块，如果还不能取得足够样品，则从相邻部位继续取样，但某些项目试样不得在离背脊线 100mm 范围内切取。②在物理实验中没有被污染的清洁试样可以用来进行化学试验，但仲裁分析试样必须在规定部位取得。

（3）样块纵横向的表示　由于革的纵向与横向纤维束的编织情况不同，所取样块必须记录其方向，以便测量时，为与方向有密切关系项目的试样提供依据，记录方法如下：背脊线上一边的上端切成一个尖角，尖头的方向表示头部，尖角边（图 1-8 中 AD）表示脊背线一边。

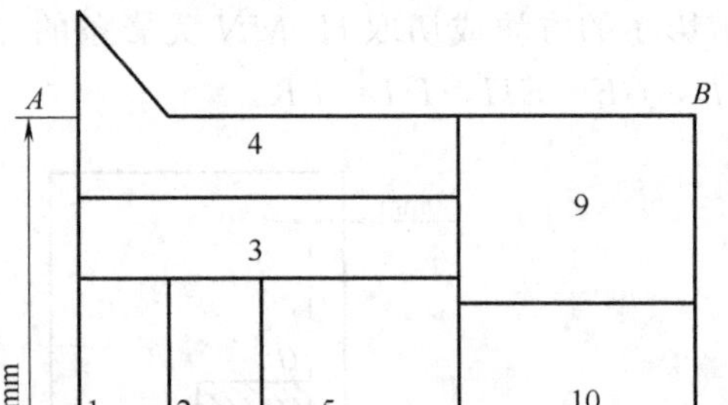

图 1-8　样块

样块上可用标签写明厂别、生产日期、品种等及其他必须说明，标签用订书机订在 A 上，若样块太厚，无法订时，可用少量浆糊或胶水涂于 A 角边缘，切不可涂于其他部位以免影响测试准确性。

（4）切取试样（见图 1-8）　物理检测用的试样从带有影条的面积上切取；化学试验样品从不带影条的面积上切取。

1、2、3、4——用于测定抗张强度和单位负荷伸长率；
5——用于测定耐折牢度；
6、7——用于测定撕裂强度；
8——用于测定收缩温度；
9——用于测定崩裂强度；
10——用于轻革测定透气性和透水汽性；重革测密度和吸水性；
11——用于测定耐干湿擦牢度。

（5）试样的保存　切好的试样应保存在干燥清洁处，避免污染和局部湿、热源的影响。

1.2.4　切取方法

1.2.4.1　要求

（1）模刀内壁表面（包括刀口部分）必须光滑，并与刀口所形成的平面垂直（刀口应在一个平面上），刀口部分内外表面所成楔角应为（20±1）°（见图1-9），其高度大于试样厚度（包括所有不同厚度的革）。

（2）刀口锐利、模刀形状根据试验要求而定有圆形、矩形、条形等。

（3）模刀的检查　用刀模切下组织紧密的纸板，用卡尺检查受力部分外缘尺寸误差不得超过±2%。

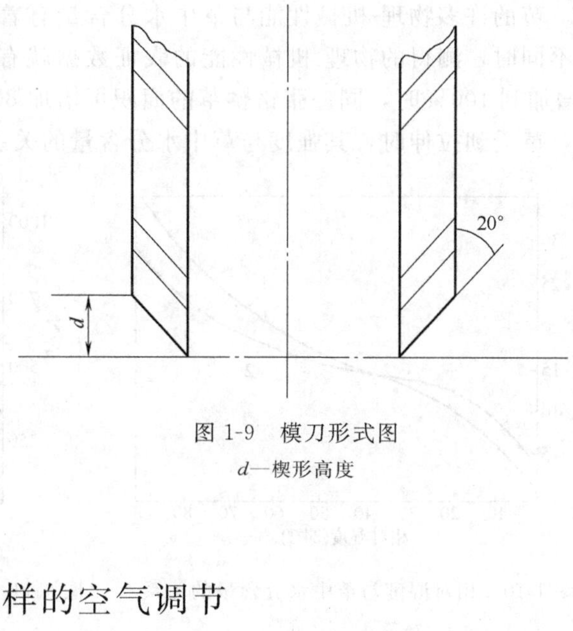

图1-9　模刀形式图

d—楔形高度

1.2.4.2　切取

切取试样时，在试样放置台和样块之间放一厚纸板或硬度适宜的塑料板。将样块放在板上，将所需试样的刀模放在相应的位置，靠冲击力切取。

1.3　皮革物理性能测试用试样的空气调节

1.3.1　有关概念

湿度：在一定温度下空气中所含水蒸气的量叫湿度。

绝对湿度：在一定温度下，单位体积的空气中所含水蒸气的量，一般用“g/m^3”表示。

相对湿度：大气中所含水蒸气的量，与同温度下饱和蒸汽量之比，也是大气中水蒸气压力与同温度下饱和蒸汽压力之比。以“%”表示。

平衡湿度：在一定温度下，与空气的每一相对湿度相对应的革中的水分含量称为平衡湿度。

1.3.2 空气调节的意义

皮革是由许多粗细不等的胶原纤维编织而成，属于多孔性疏松物质，通常状态下，革中含有一定量的水分。革中的水分以两种形式存在：胶原纤维所构成的网状结构的毛细管中凝结着毛细管水；胶原的侧链上各种极性基与水以氢键形式结合，称之为化学结合水。以上两种水分其含量均取决于周围空气中的湿度和温度。即使同一张革，放在不同温度和湿度的空气中时，它的水分含量也不同。在一定温度下，相对湿度越低，革中水分越容易蒸发，直到两者达到平衡湿度为止。所以说革中的水分含量随着相对湿度的减小而减小（见图 1-10）；在一定的湿度下，温度越高，革中的水分含量越低，即革中的水分随温度的降低而增多。

所以不同条件的空气环境中的革其水分含量不同，即不同环境下制出的革含水分的量不同。而我国地域辽阔，不同地区具有不同的气候环境，南方气候比较湿润，制出的革水分含量较高；北方空气干燥，制出的革水分含量较低。即便是在同一地区的不同季节，气候的干湿情况也是不同的，制出的皮革水分含量也不同。

革的许多物理-机械性能与革中水分含量有着密切的关系，同一张革，当其水分含量不同时，测得的物理-机械性能的表征数据就有差别，尤其明显的是，当相对湿度从 0 增加到 100%时，同一张铬鞣革的面积可增加 80%，植鞣革增加 6.5%。如图 1-11 所示，革受到拉伸时，其强度与革中水分含量的关系。

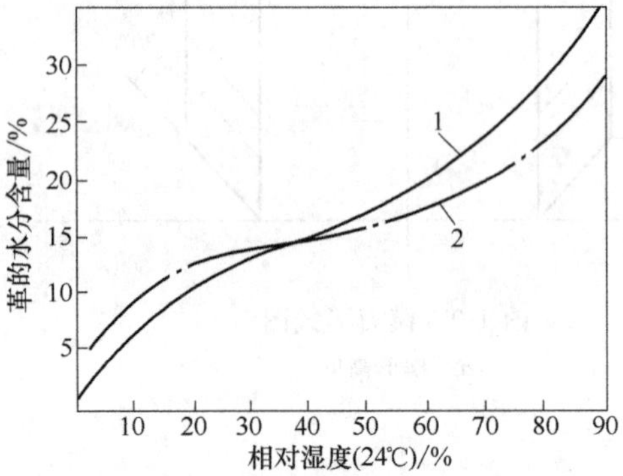

图 1-10 相对湿度与革中水分含量的关系
1—铬鞣革 2—底革

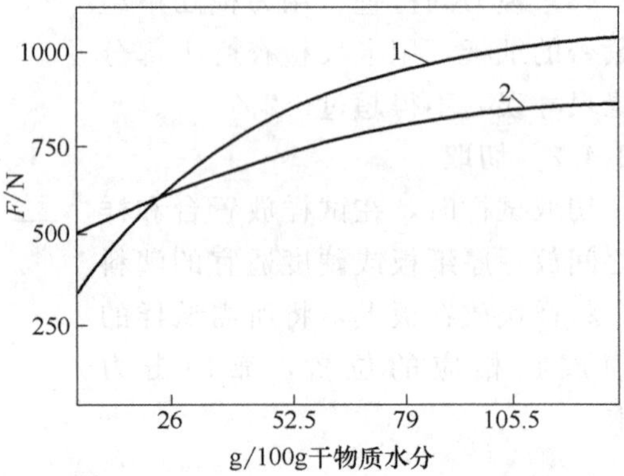

图 1-11 革在拉伸时其强度与革中水分含量的关系
1—植鞣革 2—铬鞣革

既然不同的水分含量具有不同的物理-机械性能的表征数据，而不同的地区和不同的季节制出的革又有不同的含水量，那么如何来评判哪一个地区、哪一个品种的革性能的优劣呢？这只有通过空气调节，即在对皮革进行物理-机械性能测试前必须将试样放置在一定湿度和温度的空气中进行调节，使其含有一致的水分，以便在统一的条件下获得可资比较的数据，从而尽可能正确地判断革质量。

1.3.3 条件要求

试样进行空气调节的条件是：温度为（20±2）℃，相对湿度为（65±5）%（标准空气条件）或温度为（23±2)℃，相对湿度为（50±5)%。

1.3.4　恒温恒湿设备和调节方法

（1）恒温恒湿室　在有条件的地方建恒温恒湿室，选用合适的恒温恒湿设备，调节空气的温度和湿度，在恒温恒湿室里面进行试样调节和测定。但建造恒温恒湿室设备复杂，成本高，目前用得比较少。

（2）恒温恒湿箱　能够自动控制温度的恒湿箱。比如台湾高铁仪器公司生产的恒温恒湿箱（表 1-1)。

表 1-1　　GT-7005 型恒温恒湿箱试验机规格说明

系　　统	恒温恒湿箱控制系统	系　　统	恒温恒湿箱控制系统
温度范围/℃	－40～150	相对湿度分布均度/%	±3
相对湿度范围/%	30～95	升温时间/min	45min(－40～＋100℃)
温度精度/℃	±0.3	降温时间/min	60min(＋20～40℃)
相对湿度精度/%	±2.5	内箱尺寸(长×宽×高)/cm	60×85×80
温度分布均度/℃	±(0.5～0.7)		

（3）简易的调节方法　无恒温恒湿设备可用普通恒温箱和干燥器来代替，恒温箱可以控制一定的温度，干燥器内放入纯硝酸铵、纯亚硝酸钠的饱和溶液或相对密度为1.27 的浓硫酸（20℃，将 16.9mL 浓硫酸缓缓加到 50mL 水中)，保持一定的湿度。再将干燥器放在温度为（20±2)℃的恒温箱里。这样，在干燥器内就能达到上述的标准温度和湿度，夏季室温超过 20℃，可将干燥器放入 20℃水中，水温升高时可加些冰块在里面，以控制干燥器内的温度。也可将干燥器放在装有空调的房间里，用空调来控制温度。

进行空调的试样，应放置在干燥器内并能使空气自由接触整个表面的位置。干燥器内所放的任一种上述干燥剂。其用量为干燥器磁板下部容积一半，试样在标准温湿度下调节时，每隔 1h 所称得的质量变化不超过 0.1%时即为达到平衡，一般 48h 即可。为了缩短调节时间，试样含水量较大时，可先在 30～40℃的恒温箱内放置一段时间，然后再进行空气调节。干燥剂若用硫酸，应经常更换，因为浓硫酸易吸水，浓度容易发生变化。

测试应在与空调一致的标准空气中进行，如果不能在标准空气中进行测试，可将试样从标准空气中逐一提取，逐一测试，且速度要快，不能超过 10min。但这样不适于耐折以及其他需要时间较长的试验。

1.4　皮革厚度的测定

1.4.1　测定目的

不同种类和不同品种的革有不同的厚度规定要求，测定皮革厚度以检验其是否合乎标准，同时作为测定抗张强度、伸长率等物检项目计算的基础数据。

1.4.2 皮革厚度的测定

1.4.2.1 仪器——定重式测厚仪

因为皮革是属于多孔性疏松材料，其厚度与所加压力及作用时间有关，压力增大，时间加长，其厚度也相应地减少，为了消除压力和时间的影响，采用定重式测厚仪（图 1-12），在规定的、一致的压力下和一定的时间内测得具有可资比较的厚度数据。

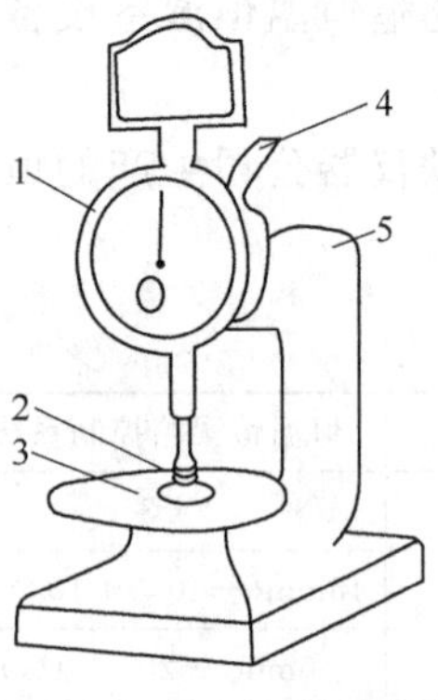

图 1-12 定重式测厚仪
1—千分表 2—圆抗体（压脚） 3—试样放置台 4—手柄 5—千分表架

定重式测厚仪测量范围 0～10mm，准确到 0.01mm，圆形压脚直径为（10±0.05）mm，圆形压脚总压力为（393±10）g（相当于 500g/cm^2），压脚表面在任何位置时，应与试样放置台的表面相平行，其误差应在 0.005mm 以内。

1.4.2.2 测定方法

测定前在千分表上顶先加圆柱负荷并调节指针到“0”位。压启手柄，将空气调节好的革试样粒面向上放在试样台上，渐渐放松手柄到全部负荷均落在试样上，5s 后读取厚度（mm），注意手柄应轻轻放下，不可撞击，否则影响数据的准确度。

1.4.3 皮革成品厚度的测定

测定仪器为长臂定重式测厚仪。测定方法同上。适用于测定皮革成品分类分级时的厚度。

在整张革的颈部、腹部、臀部各取 5 个点进行测量，测量点呈十字形，结果以算术平均值表示，精确至 0.01mm。

1.5 皮革抗张强度的测定

1.5.1 定义及测定意义

抗张强度是指革试样在受到轴向拉伸被拉断时，在断点处单位横截面上所承受力的负荷数，以 N/mm^2 表示，即 MPa。用数学形式表示为：

$$T=F/S$$

式中：T——试样的抗张强度（N/mm^2 或 MPa）；

F——试样断裂时所承受的最大拉力（N）；

S——试样断裂面的面积（mm^2）。

皮革制品一个突出的优点是坚固，经久耐穿，即所采用的皮革具有较高的强度。通过测定革的抗张强度，了解革在外力作用下的变形情况和它们所承受的作用力，从而在很大程度上判断制品的耐用性能。抗张强度是鉴定革的物理性能的重要指标之一。

1.5.2 试样准备

按图 1-8 所示位置用模刀从样块上切取，得到形状如图 1-13 所示的皮革试样（要

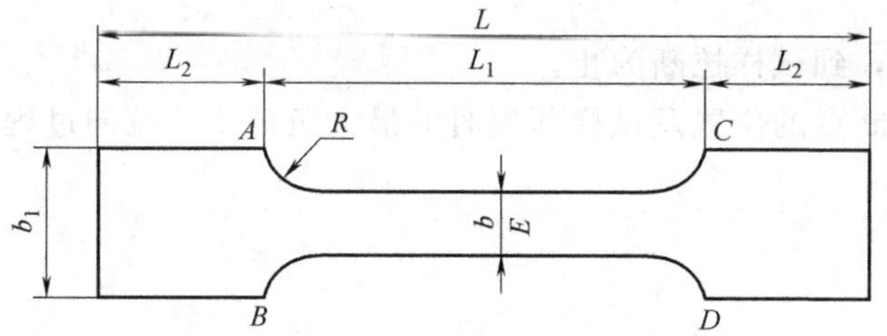

图 1-13　抗张强度试样的形状和规格

求切下的试样横断面尽量避免梯形）。试样规格见表 1-2，然后对试样进行空气调节。

表 1-2　　　　　　　　　　　　**试样规格**　　　　　　　　　　　（单位：mm）

试样大小	L	L_1	L_2	b	b_1	R
大号	190	100	45	20	40	10
中号	90	50	20	10	25	5
小号	40	20	10	5	10	2.5

注：① 通常试验采用中号试样。

② 当重革进行抗张强度测定时，往往由于施加的力很大，而使试样在夹头中发生位移现象，如果由于这个原因得不到可靠的数据时，可以采用大号的试样。但应在报告中加以说明。

③ 如果样品有效面积不够切取中号试样时，可以切取小号的试样，但应在报告中加以说明。

1.5.3　操作方法

1.5.3.1　测定试样的宽度

测量试样的宽度准确到 0.1mm。共测量 6 个数据，3 个在粒面，3 个在肉面。测定部位是：一个在试样腰部的中间 E 点（见图 1-13），第二、第三个分别在 E 和 AB、CD 线的中间。6 个数据的算术平均值就是这个试样的宽度。对于切取规定试样，宽度可直接取 b 值。

1.5.3.2　测定试样的厚度

按照厚度测定法的规定，用定重式测厚仪测定试样的厚度。测定的部位是：E，E 和 AB、CD 的中间。3 个点的平均值作为这个试样的厚度（小号试样只测定 E 点的厚度）。

1.5.3.3　计算试样的横截面积

横截面面积＝宽度×厚度

1.5.3.4　测定拉力 F

拉力 F 在拉力机上测定。

（1）调整拉力机上的砝码，使其最大负荷不超过试样所能承受力的 5 倍（估算）。

（2）调整拉力机活动夹的拉伸速度为（100±20）mm/min。

（3）调整拉力机读数盘上的指针到“0”点。

（4）将试样垂直固定在拉力机的上、下夹钳中，使其受力部分的长度为 50mm（小号和大号试样分别为 20、100mm），并使上、下夹钳的边缘分别与 AB、CD 线相重合，不得歪斜或变曲。

(5) 开动机器，到试样拉断为止。

(6) 记录试样断点的位置及试样断裂时的最大负荷 F。拉伸过程中滑出夹持器的试样数据弃之。

1.5.4 计算

$$T=F/S$$

报告结果取纵横 4 个测定结果的算术平均值。

注：试样断在哪一点，就按哪一点的横截面积计算，如若断在两点之间，则取其相邻两点的平均厚度计算横截面积。

1.5.5 注意事项

(1) 在很多情况下，皮革在使用过程中引起伸长的力往往是几个方向，而不是一个方向，而且这些力仅仅是造成皮革断裂原因中的一小部分原因。因此，就皮革的质量好坏来说，测定抗张强度意义不大。即使在使用过程中施加于皮革的力是一个方向的（如轮胎革），测定抗张强度还不如测定规定负荷伸长率更有意义。在皮革厂（国外）的日常质量控制工作，一般宁愿测定撕裂强度而不测定抗张强度。

(2) 所有的试验结果，不但与皮革的涂饰、鞣制方法以及原皮的种类有关，而且试样切取的部位和方向也有显著的影响。因此在比较两种或两种以上的皮革质量时，非常重要的是，必须在每个样品的相同部位上切取试样，而且要以背脊线或其他结构上的特点为准，切取同方向试样。

1.5.6 影响抗张强度的因素

(1) 原料皮的影响　皮革的抗张强度是由革的纤维数量、粗细、强度以及纤维编织的情况决定，对于同样强度的纤维束，单位面积内纤维越多（紧实）强度越大；纤维束的编织情况不同，强度值也不同。不同种类的原料皮制成的革，如在鞣制方法相同的条件下，牛皮的强度大于猪皮；猪皮大于羊皮；黄牛皮大于水牛皮。同种类不同路别的原料皮制成的革，同一张原料皮的不同部位，同一部位的不同方向等都影响着抗张强度的大小。对于同一张革，纤维组织紧密而结实的背臀部比松软的腹肷部的抗张强度大，在纤维的同一方向上拉伸则抗张强度大，如作用力方向与纤维束方向形成角度，则抗张强度小，且角度越大，强度越小，因此我们除了按照规定的部位取样外，同时还取了纵横两个方向 4 个试样。由以上分析可以知道纵向的抗张强度大于横向的抗张强度，所以试样的结果必须取纵横 4 个数据的平均值，尽量使试验结果具有代表性。

(2) 加工过程的影响　加工过程不同也会影响抗张强度。如准备工段中，凡使裸皮的纤维组织过于松散的操作都会使抗张强度有所降低；整理操作中，如底革压光、面革熨平和打光等都能使革纤维更紧密，都能提高革的抗张强度。对于同种原料皮所采用的鞣制方法不同，得到的革的强度也不同。通常，铬鞣革强度大于植物鞣革。

(3) 革中水分、油脂含量的影响　革中水分、油脂含量的增加，由于润滑作用使纤维之间的摩擦力降低，从而提高革的抗张强度。比如湿的草绳比干的草绳结实，道理就在这里，将风干的底革背部浸湿到 50% 的湿度，则其抗张强度可增加为原来数值的 1.55 倍，这一点也说明了进行空气调节的重要性（见图 1-11）。

（4）其他因素　对于储存较久或受湿热作用的革，由于受到腐蚀等作用而损失了革纤维，革的抗张强度减小。

抗张强度除跟以上因素有关外，还跟拉伸速度有关，拉伸速度越快，抗张强度越大，所以统一规定，拉力机的拉伸速度为（100±20）mm/min，以便得到可资比较的数据。

1.6　皮革伸长率的测定

1.6.1　测定的意义和目的

将皮革制成皮鞋、皮服装等制品及在使用过程中，皮革都要受到不同程度的拉伸作用而变形，了解这种性质和变形的大小在很大意义上可以了解革的品质，以确定制品的种类。

（1）表征革的弹塑性　从力学性质上看，革的变形有两种情况，一种是弹性变形，另一种是永久变形（塑性变形）。革是一种弹塑性材料，当试样受到轴向拉伸时，长度有所增加，这是由于试样内的纤维在作用力的方向上发生了变形而被拉伸的缘故，纤维束因变形而产生了内力，这种内力力图使纤维束恢复其原来的位置和形状，所以当外力除去后，纤维束的延长部分在很大程度上恢复到原状，革的这种变形叫弹性变形。还有一部分纤维当受外力拉伸时，因纤维与作用力的方向不同，改变了原来的位置，并且超过了它的弹性极限，在外力除去后，不能恢复到原来的位置，这一部分不可逆变形就称为永久变形，即塑性变形。对于皮革来说，不管所加外力多大，弹性变形和永久变形都是同时发生的。

革的弹性变形和永久变形都是很珍贵的性质，因为在制造皮鞋等制品以及在使用它们的时候，要求它有一定程度的永久变形，即有一定的成型性，不然皮鞋、皮服装等就无一固定形状。例如：制鞋在绷楦时受力而被拉伸，取下楦后，则要求它保持已赋予的形状和尺寸。另外，在皮鞋穿用初期，需要一定的最低限度的永久变形，因为，不管开始时穿着是怎样的合脚，但鞋的个别部位总要按照脚的形状改变它的形式而使鞋子合脚。在这种情况下，如果是绝对弹性的革，则由于需要经常地把力消耗于使革变形，因而就会引起脚的过早疲劳。另一方面，如果用来制鞋、服装的皮革没有弹性变形，它在外力消除后，就不能恢复原来的形状，使鞋、服装等制品变形。因此这两种形变都是必需的，靠塑性来成型，靠弹性来保型，而革的弹塑性则可通过测定其伸长率来表征。

（2）判断革的柔软度、品质　柔软的革延伸性比较大，而板硬的革则不易拉伸，故此可以根据革试样受到外力作用所表现的变形情况和受力大小判断革的柔软性。

革的伸长率对于轻革尤为重要，影响穿着时的舒适性、弹塑性，与制鞋关系密切。伸长率过小的面革在制鞋过程中容易出现裂纹，在穿用中不能经受反复多次弯曲，而容易出现裂纹；伸长率太大的面革，制成鞋后容易变形。故伸长率既不能太大，又不能太小，必须在一个比较合适的范围，如部颁标准规定，服装用皮革规定负荷伸长率为25%～60%，鞋面用皮革规定负荷伸长率为55%。革的伸长率是指革试样在受到轴向拉伸后，其伸长的长度与原长度的比，在实际测定中有：规定负荷伸长率、粒面层伸长率、断裂伸长率和永久伸长率。其中规定负荷伸长率为国家标准必测项目。

皮革由于其特殊的天然结构，使其不同部位、不同方向的性质差异较大，给革制品设计带来一定困难。为了减少革的部位、方向差别，在制革过程中采取了很多措施，力求减少纵、横向延伸性的差别。纵向伸长率比横向伸长率越接近于1，革的品质越好。

1.6.2 测定项目及定义

1.6.2.1 规定负荷伸长率

当革试样受到5MPa（服装用皮革）或10MPa（鞋面用皮革）拉力时，受力部分所增加的长度与原长度的比。

即

$$E_1=\frac{(L_1-L_0)}{L_0}\times 100\%$$

$$=\frac{\Delta L_1}{L_0}\times 100\% \quad (1)$$

式中：L_0——试样原长度（mm）；

L_1——试样在受到5MPa或10MPa拉力时的长度（mm）；

ΔL_1——试样在受到5MPa或10MPa拉力时增加的长度（mm）。

1.6.2.2 粒面层伸长率

革试样在受到拉伸作用时，试样粒面上出现第一道裂纹时的伸长率。

即：

$$E_2=\frac{L_2-L_0}{L_0}\times 100\%$$

$$=\frac{\Delta L_2}{L_0}\times 100\% \quad (2)$$

式中：L_0——试样原长度（mm）；

L_2——试样粒面出现第一道裂纹时的长度（mm）；

ΔL_2——试样粒面出现第一道裂纹时增加的长度（mm）。

1.6.2.3 断裂伸长率（总伸长率）

革试样从开始受到拉伸到被拉断时所伸长的长度与原长度的比。

即：

$$E_3=\frac{L_3-L_0}{L_0}\times 100\%$$

$$=\frac{\Delta L_3}{L_0}\times 100\% \quad (3)$$

式中：L_0——试样原长度（mm）；

L_3——试样断裂时受力部分的长度（mm）；

ΔL_3——试样断裂时所增加的长度（mm）。

1.6.2.4　永久伸长率

革试样在受到5MPa或10MPa拉力时取下，在标准的空气中放置30min后，所增加的长度与原长度之比。

即：

$$E_4=\frac{L_4-L_0}{L_0}\times100\%$$

$$=\frac{\Delta L_4}{L_0}\times100\% \tag{4}$$

式中：L_0——试样原长度（mm）；

L_4——将试样取下后放置30min后测得的长度（mm）；

ΔL_4——试样取下放置30min后增加的长度（mm）。

1.6.3　试样制备

试样与测定抗张强度相同。

1.6.4　操作方法

伸长率与抗张强度的测定用同一个试样，它的测定是在拉力机上测定抗张强度的过程中进行的，操作如下。

（1）将已调好的拉力机的读数盘负荷读数指针置于规定拉力值处（测定服装革、手套革选用T=5MPa；测定鞋面革选用T=10MPa）。

（2）开动机器，施加拉力，当负荷指示指针与负荷读数指针相重合时，在不停机的情况下，立即读取L_1或ΔL_1（mm）。

（3）随着拉力的不断加大，当试样粒面（涂层）出现第一个裂纹时立即读取L_2或ΔL_2（mm）。

（4）继续施加拉力到试样被拉断，立即读取L_3或ΔL_3（mm）。

（5）计算规定负荷伸长率E_1，粒面层伸长率E_2，断裂伸长率E_3。报告结果取纵横4个测定结果的算术平均值。

（6）永久伸长率可另取试样，使拉力到规定负荷所需值时取下，在标准空气中放置30min，然后量取L_4或ΔL_4根据式（4）计算E_4。报告结果取纵横4个测定结果的算术平均值。

注：根据图1-13试样图可知，若用中号试样L_0=50mm。试样横截面宽为10mm，若厚度为δ（mm），则横截面面积为$S=10\delta$。一般测定E_1，其余的项目可视需要而定。

1.6.5　影响伸长率的因素

（1）原料皮的影响　革的伸长率与原料皮的种类，皮的部位及皮纤维的构造有着密切的关系。纤维束粗壮，编织紧密的背臀部的伸长率低于编织疏松的腹肷部。与受力方向一致的纵向纤维束的伸长率就大于与受力方向成角度的横向纤维束的伸长率，如纵横方向的比值接近于1，即表示在各个方向的延伸性是均匀的，这样的皮革质量较好。

(2) 加工过程的影响　在皮革加工过程中凡是使纤维束分散疏松的操作，都可加大革的伸长率。如加大酸、碱、酶的处理、铲软、摔软等。凡是使革变得比较紧实的操作，都可降低革的伸长率，如酸、碱、酶的处理不够、打光、熨压等。同理，一般铬鞣革的伸长大于植鞣革。

(3) 革内的水分及油脂含量的影响　革内的水分及油脂含量增加，由于润滑作用，使革的延伸性增大。

(4) 试样形状的影响　试样的厚度大，空间阻碍大，变形小，厚度小，则容易产生变形。

(5) 品种的影响　一般鞋面革的伸长率比服装革小，比底革大。软面革比较硬的革伸长率大。手套革要求延伸性更大。

1.7　皮革撕裂力的测定

1.7.1　意义及定义

撕裂力是轻革的重要机械性质，它是测定已有裂口的革试样在外力作用下再被撕开所需的力值，即测定裂口再裂时所需力的大小，了解革在外力作用下耐撕裂的程度，以便使皮鞋、皮服装等在穿着过程中针线缝制或胶粘处保证不再被损坏。

测定撕裂力时，革的纤维束受到轴向拉力而产生变形，但与测定抗张强度时所发生的扯断变形不同，测定抗张强度，是所有断面上的革纤维受到均匀的内力，而已有裂口的革再被撕破时，内力在纤维束上的分布很不均匀，只有少数在裂口处的纤维受到内力，纤维束是依次一根一根地受到最大负荷而发生扯断变形。所以，已有裂口的地方，更容易被破坏。

革试样孔的直边部分受到与之垂直方向相反的两个力，试样被撕破所需的力，即为撕裂力。由于皮革特殊的编织结构，使皮革不仅具有高的抗张强度，更有较高的撕裂力，这也是皮革又一个难能可贵的性能之一。

1.7.2　测定方法——双边撕裂法

1.7.2.1　试样制备

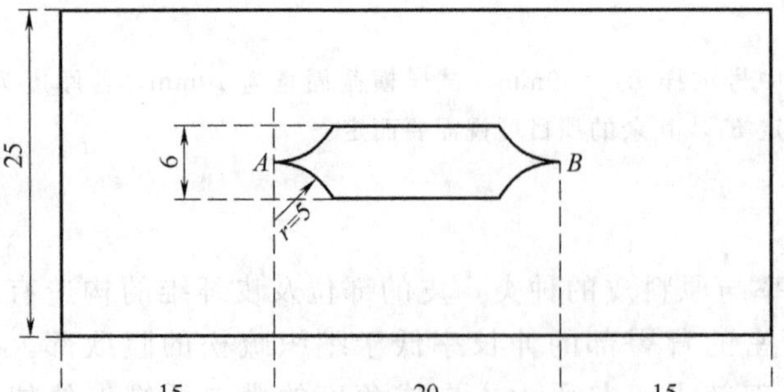

图 1-14　撕裂强度测试用试样

用切取此试样的模刀，按图 1-8 规定的部位 6、7 切取纵横两个试样，试样的长边与背脊线平行，为纵向试样，试样的长边与背脊线垂直，为横向试样，试样的形状和大小如图 1-14 所示，中间切取一个孔，A、B 在试样的中心线上，然后进行空气调节。

用定重式测厚仪测定试样两

点的厚度，分别为 A 和 B 与它们边线的中点。

1.7.2.2　测定方法

（1）将宽度为（10±0.1)mm、厚度为（2±0.1)mm 的撕裂器，分别固定在拉力机的上下两个夹钳中，弯钩向外。如图 1-15 所示。

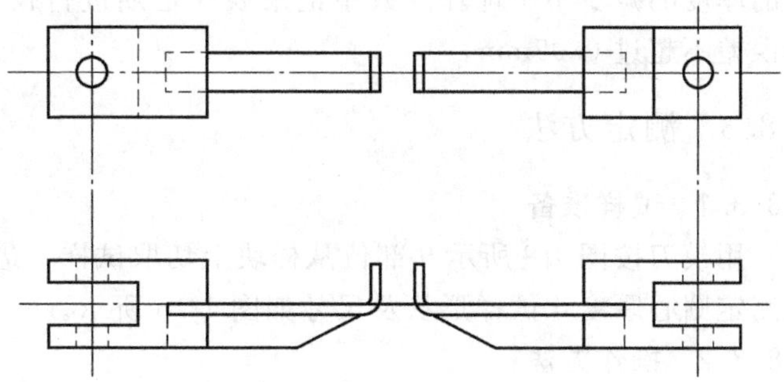

图 1-15　撕裂器

（2）调节拉力机读数盘零点，使用负荷应在校正过误差不超过 1% 的那段范围内，试样弯钩分开的速度为（100±20)mm/min。

（3）调节两个弯钩之间的距离，使其刚好接触而不相互冲撞。

（4）将弯钩插入试样的小孔中，使试样孔直边与弯钩的宽度方向相平行，并紧压试样，使其牢固地固定在弯钩上。

（5）开动拉力机，到试样任一边被拉破为止，记录拉破过程中的最高负荷数即为撕裂力。

报告结果取纵横两个试样的平均值，一般情况横向大于纵向。

1.8　皮革粒面强度和伸展高度的测定——球形崩裂试验

1.8.1　意义及定义

鞋面革在制鞋和实际穿着过程中不但受到单方向的轴向拉伸作用，而且也要受到由肉面到粒面层以及各个方向的顶力的作用，制鞋中的绷楦是这种作用的典型工序。崩裂强度和高度的测定正是鉴定鞋面革经受多方向顶力作用的强度，是一项重要的实用性综合指标。

崩裂试验系测定试样的肉面在规定直径的圆球顶伸过程中，粒面产生裂纹及革身发生破裂时的延伸高度和强度，粒面产生裂纹时的强度和高度，叫崩裂强度和崩裂高度；革全部被顶破时的强度和高度为崩破强度和崩破高度，强度用 N/mm 表示，高度用 mm 表示。

1.8.2　仪器构造及原理

崩裂强度和高度用崩裂强度测定仪测定

（1）试样夹　用以固定皮革试样的周围，使其中间部分仍能自由活动，活动部分圆面积直径为 25.0mm。要求：当试样中间部分受到高达 800N 的力时，用夹子固定部分的面积应保持不变，固定面和自由活动面的连接处应有明显压痕。

（2）油压部分　利用液压原理使试样所受的力通过油压部分传递到油压表面而显示出来。

（3）钢球　用于向试样的肉面施加顶力，钢球的直径为 6.25mm。

（4）数字记录表　用于记录试样所受的总顶力及钢球移动的距离，钢球与试样夹的相对移动的距离作为试样伸长，钢球移动的方向与试样平面垂直，试样受到顶力后所引起的厚度的减少不予计算。数字记录表要定期进行校准，精确到 0.1mm，量程范围内的误差不超过 0.05mm。

1.8.3　测定方法

1.8.3.1　试样准备

用模刀按图 1-8 所示 9 部位从样块上切取试样，进行空气调节。然后用定重式测厚仪测定圆心厚度，试样形状及尺寸如图 1-16 所示。

1.8.3.2　操作方法

（1）将试样两个缺口与仪器上相对应位置对齐，四周压紧在试样夹里，然后使钢球与肉面刚好相碰，但测定面仍保持平直。这时记录表应指零，试样固定如图 1-17 所示。

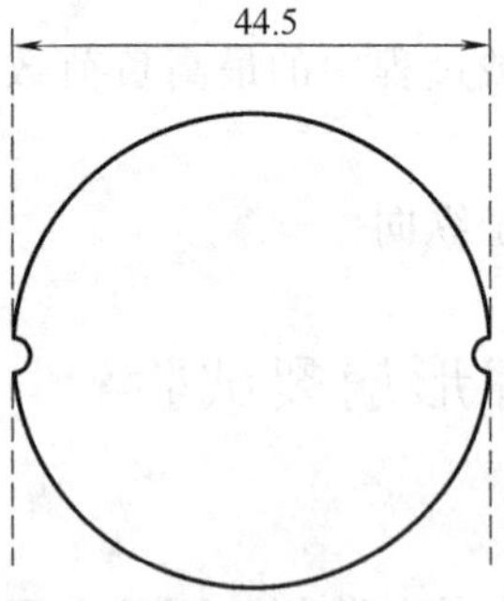

图 1-16　崩裂试验用试样

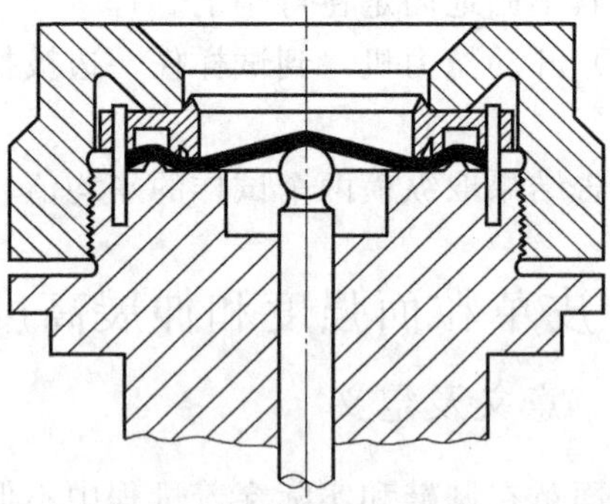

图 1-17　试片固定剖面图

（2）以 1r/min 的速度转动摇柄，相当于 0.2mm/s 上升，同时注意粒面裂纹的产生。

（3）当发现裂纹时，尽快记录其负荷数及上升高度，并继续加压。

（4）当试样破裂时，记录负荷数。

如果在伸长过程中发现负荷读数下降或停顿现象，这是由于试样产生裂纹的原因。

1.8.4　计算

$$崩裂强度=\frac{F_1}{\delta_0}(\text{N/mm})$$

$$崩裂高度=h_1(\text{mm})$$

$$崩破强度=\frac{F_2}{\delta_0}(\text{N/mm})$$

$$崩破高度=h_2(\text{mm})$$

式中：F_1——粒面产生裂纹时的负荷数（N）；

F_2——革破裂时的负荷数（N）；

h_1——粒面产生裂纹时的顶伸高度（mm）；

h_2——革破裂时的顶伸高度（mm）；

δ_0——革试样中心的厚度（mm）。

注：若试样未被顶破，应记录粒面产生裂纹时的伸展高度以及施加最大力时的伸展高度，并说明试样没有被顶破。如果几个试样同时进行试验，每个试样结果都要报告（不仅是平均值）。

1.9　皮革伸展定型试验方法

1.9.1　原理

在规定温度、湿度条件下，圆形皮革试样被顶成圆帽状，由于弹性作用，在顶力消除后圆帽逐渐恢复原状。回复一定时间后的面积与最大伸展面积的百分比，称为皮革伸展回复定型百分率。以此表示皮革伸展定型性能。此方法适用于所有鞋面革。

1.9.2　仪器和材料

（1）伸展定型测定仪见图 1-18。各部分应符合以下要求：

① 千分表：安装在刚桥体的中部，可以上下移动，可直接读出 0.025mm。

② 夹环：下夹环与圆缸连成一体。下夹环的内边有一上凸榫，其高度及宽度均为 1.59mm，凸榫外开有一导气孔。上夹环内边有一凹槽，同所放置固定环。固定环、圆缸、夹环的中心应在同一直线上。

③ 固定环：铜制圆环，厚 2.54mm，外径 95.25mm，内径 69.85mm。

④ 活塞：活塞的上端为圆帽状，底面圆直径（69.85±0.13）mm，弧半径（51.56±0.25）mm，活塞应用耐热 100℃以上及导热的刚性材料制造。活塞由推杆推动。

⑤ 金属圆缸：在圆缸内活塞与推杆可上下自由运动，圆缸下端开有一导气孔。

⑥ 回拉杆：旋松加压螺丝后，将推杆和活塞拉回原位。

⑦ 加压螺丝：在推杆下部，可旋压推动推杆和活塞向上运动。

⑧ 校准片：圆形钢片，厚 2.54mm，直径 95.52mm，用来校准千分表的零点。

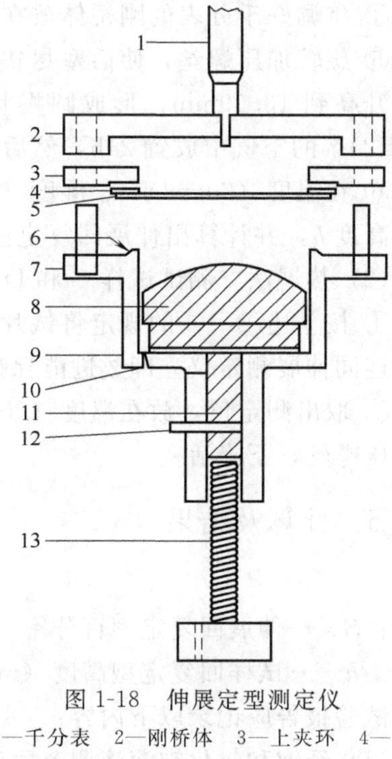

图 1-18　伸展定型测定仪

1—千分表　2—刚桥体　3—上夹环　4—固定环　5—试样　6—导气孔　7—下夹环　8—活塞　9—圆缸　10—导气管　11—推杆　12—回拉杆　13—螺丝

（2）烘箱：能保持（80±2）℃的温度。

（3）胶粘剂：氯丁胶。

（4）氯化钠饱和溶液。

1.9.3 试样制备及千分表零点调节

（1）试样取自成品鞋面革，并至少距边肷、背脊线 10cm。

（2）试样为圆形，直径 88.90mm，共 4 个，编号为 A、B、C、D。

（3）试验前试样在标准条件下进行空气调节。

（4）将空气调节后的 B 和 D 试样称重后，在温度（20±2)℃的条件下，挂在盛有氯化钠饱和溶液的密封容器中调节 48h，再称重，计算出增重百分比。

（5）千分表零点调节：将校准片放在下夹环上，放上上夹环和刚桥体，加紧固定。调节千分表，使千分表刚好碰到校准片为止，锁紧千分表。

1.9.4 操作方法

（1）冷展法　测试试样（片）A 和 B。

① 将试样放在一个平面上，粒面向上。

② 在固定环的一面均匀涂上一层薄的氯丁胶，轻轻放在试样上，使两者中心重合，加压，使固定环与试片粘合牢固。注意，不可出现两者之间的滑动，避免胶粘剂污染试片的可活动部分。

③ 待胶粘剂固定后，将粘上试片的固定环放入伸展测定仪的下夹环上，下压上夹环后，锁紧固定。

④ 将调好千分表的刚桥体放在伸展测定仪上，将千分表上拨（13.59±0.03)mm。

⑤ 旋转加压螺丝，使活塞尽快地上升，直到试样刚好与千分表接触为止，此时试样已升高到 13.59mm，形成圆帽状，立刻记录时间，在温度（20±2)℃、相对湿度(65±2)%的空气中放置 24h，然后松开加压螺丝，下降活塞。

⑥ 在温度（20±2)℃、湿度（65±2)%的空气中放置 24h 和 168h 后，测出试样的圆顶高度 h，并计算出伸展回复定型百分率。

（2）热展法　测试试样 C 和 D。

① 按上述①～⑤的规定将试片 C 和 D 伸展至圆顶高度为（13.59±0.03)mm，将试样连同伸展测定仪立即放进能保持（80±2)℃的烘箱中，烘 60min。

② 取出测定仪，放在温度（20±2)℃、相对湿度（65±2)%的空气中 120min，松开加压螺丝，下降活塞。

1.9.5 计算及结果

$$S=(h^2/13.59)\times 100\%$$

式中：S——伸展回复定型百分率（%）；

h——试样回复定型高度（mm）。

试验报告应记录以下内容：

（1）经饱和氯化钠溶液调节后试样 C 和 D 所增加的质量。

（2）列出 4 个试样的伸展时间、伸展回复时间及相应的伸展回复定型百分率。

（3）保存样品及试验条件。

（4）临时出现的、可能对试验结果产生影响的因素。

1.10　皮革耐冲击试验方法

本方法适用于所有厚度大于 0.5mm 的皮革。

1.10.1　原理

利用摆动使冲击锤冲擦平展的皮革试样一次，将因冲擦而产生了表面伤残的试样放入观察箱内，与标准样板进行对比而确定试样耐冲击程度。

1.10.2　仪器

（1）冲击试验仪　其组成部件符合以下要求：

① 冲击摆：悬挂在一个直径为 12.7mm、长 110mm 的钢轴上，钢轴安装在牢固的支架上，钢轴和支架间由滚珠支撑，冲击摆可以自由摆动，冲击摆（包括冲击锤）的质量为 $m=(1000\pm100)$g。

② 冲击锤：由圆柱形工具钢制成，直径 12.7mm，冲击面倒角 135°，冲击面离钢轴轴心线距离为（238±1）mm。

③ 测微器：可测出试样台垂直方向的位移。其刻度可以直接读到 0.05mm，估计读数为 0.005mm。

（2）观察箱。

（3）标准冲击样板。

（4）测隙规　厚度 0.5mm。

1.10.3　试样制备

试样尺寸：125mm×25mm，从取样部位中崩裂试样外侧取样，试样长的一边与样品背脊线平行，接近头部的一方应打上记号。试验前在标准条件下进行调节。

1.10.4　操作方法

（1）当冲击摆自由悬挂时，将测隙规放在试样台和冲击锤之间，升高试样台，使冲击锤、测隙规、试样台相接触，这时记下测微器上的读数 r_1，将试样台放下到最低位置，并取出测隙规。

（2）将冲击摆摆到一端，用固定夹夹住。

（3）将试样有头颈部标记的一端固定到试样台上，使用面向上，并使试样在试样台上平服地舒展到另一端被铁夹夹住，铁夹一端用线连接滑轮，滑轮上悬挂 50N 重物以拉紧试样（猪、羊服装皮革则使用 25N 的重物）。

（4）将冲击摆放下自由下垂，逐渐升高试样台，直到试样与冲击锤接触为止。注意不施压力。若冲击锤与试样很服帖地全面积接触，此时记录测微器读数 r_2，一般由于试样表面不平或厚度不匀，开始时只有部分试样与冲击锤接触，此时慢慢上升试样台，直到试样面积有一半与冲击锤相接触时，停止上升试样台，并记下测微器上的读数 r_2。

(5) 降下试样台，使冲击摆摆到与垂直面成75°角的位置上，用固定夹夹住，利用测微器将试样提高到下述高度：即当冲击摆下落时，冲击锤能击透试样厚度的3/10，用定位螺丝将试样台夹紧，此时测微器读数应是 $r_2+0.3(r_1+0.5-r_2)$，$r_2<r_1+0.5$。

(6) 松开固定夹，使冲击摆快速冲击试样。只冲击一次即停止。

(7) 松开定位螺丝，下降试样台，将冲击摆摆到一边用夹夹住，取下试样。

(8) 用观察箱对被冲击的试样进行观察。

1.10.5 试验报告

试验报告应包括以下内容：

(1) 被测样品名称、来源。

(2) 冲击后试样的观察箱中的观测结果。

(3) 保存样品及试验条件。

(4) 临时出现的，可能对试验结果产生影响的因素。

1.11 皮革耐折牢度的测定

1.11.1 测定意义及原理

将革制成鞋，在使用和穿着过程中会不断地受到弯曲作用，当革粒面向外弯曲时，则粒面层受到拉伸作用，肉面层受到压缩作用；反之，则粒面层受到压缩而肉面层受到拉伸作用，如拉伸那一面所受的力达到纤维的强度极限，则革开始断裂，由于粒面层的纤维束较网状层的更为纤细脆弱。因此在重复弯曲之下，粒面层往往先出现裂痕，另外涂饰薄膜与革身的粘着牢度也会在多次弯曲作用下而减弱。为了检验轻革及其涂层的耐折耐弯曲裂面的性质，国家标准中规定用折裂仪来进行其耐折牢度的测定。

该试验是将试样夹在折裂仪的两个夹子里，保持其折叠形状，两个夹子中的一个是固定的，另一个以规定的角度往复转动，使试样随之而折叠，测定革在这种规定折叠形式下，经过多次折叠，产生各种不同程度损坏时的曲折次数。此方法只对鞋面革。

1.11.2 试样制备

(1) 干态试样　用模刀按图1-8所示的位置"5"切取大小为70mm×45mm的长方形试样，并进行空气调节。

(2) 湿态试样　用模刀按图1-8所示的位置"5"切取大小为70mm×45mm的长方形试样，将试样放入直径100mm、高25mm的玻璃盘中，加入足够的蒸馏水，把盘子放入干燥器中，将干燥器抽真空并保持真空度在4kPa以下2min，重复抽真空两次后取出试样用滤纸吸去多余水分，立刻进行湿测试。

1.11.3 仪器——轻革折裂仪

主要部件为试样夹。试样夹分上、下试样夹，下夹固定不动，上夹折角为22°31′，并往复转动，转动次数（100±5）次/min。

1.11.4　操作方法

本试验是在恒温恒湿室中进行。

（1）将试样放在上下试样夹中，其方法如下：

① 转动马达用调节器将上试样夹的底边成水平（即仪器的指针为零）。

② 将空气调节后的试样沿长边的方向相对折叠，将在试验过程中需要观察的一面（一般为粒面）折在里面。

③ 将对折试样的一端放入仪器的上夹内，并使折线与上夹的凸沿底边齐平，如图1-19（a）所示。

④ 将试样的另一端把原来折向里面的一面向外翻转，并将两角合并垂直插入下夹内，试样未夹入的部分必须与两个夹子垂直，所用的力刚好将试样拉直即可，不必施加更大的力，如图1-19（b）、图1-19（c）所示。

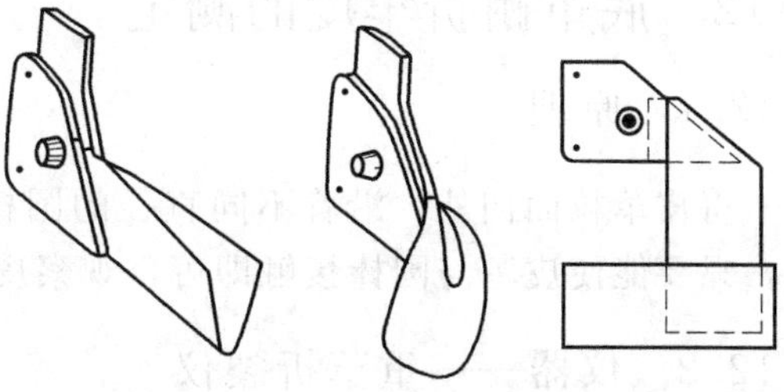

(a)　(b)　(c)

图1-19　轻革折裂仪及试样的夹持

（a）试样在上夹　（b）试样在下夹

（c）试样夹入上下夹时的位置

（2）试样夹好后，再检查一次，夹样是否符合要求，然后开动折裂仪，计数器到达规定次数时，关闭马达。

（3）用六倍放大镜观察受折部分的变化是否有变色、起毛、裂纹、起壳、掉浆、破裂等情况。

（4）可以通过耐折时间计算折裂次数。

$$折裂次数\ P=Dt$$

式中：D——仪器每分钟折叠次数（次/min）；

t——试样被折时间（min）。

1.11.5　注意事项

（1）如发现试样有损坏，可取下进行检验，然后再放回去进行曲折，试样重新夹入时，所夹的位置，应尽可能与原来一致，很多试样留有夹痕，有助于使试样夹在原处，很多试样在折叠过程中有所伸长，这样的试样取下后再夹上去时不必拉直。

（2）如果需要停机时间相当长（如过夜）。这时试样可以留在夹子内。但应转动夹子，使试样不处于完全被拉直的状态中。

（3）检查试样涂层时，必须有良好的光源和六倍放大镜。

（4）涂饰剂可能产生下列（或其他）情况。

① 涂层改变颜色（变灰色），但未损坏。

② 涂饰剂出现裂纹，表面有大小裂缝。

③ 涂饰层对革失去粘着性，在折叠处或多或少地产生颜色变化。

④ 涂饰层与涂饰层间失去粘着力，并或多或少地发生颜色变化。

⑤ 涂饰剂变成粉末，或薄片脱落，或发生颜色变化。

(5) 革本身可能产生下述损坏情况（或其他情况）：

① 产生粗的粒纹（称为管皱）。

② 粒面上失去压的花纹。

③ 粒面层起裂纹。

④ 纤维变成粉屑（常是肉面或网状层多于粒面层），这样的革可使人有空松“感觉”，即使在表面产生少量粉末也是这样。

(6) 纤维继续被破坏，最后革完全破裂，这些情况都必须记录下来。

1.12 底革耐折牢度的测定

1.12.1 原理

将皮革粒面向外，沿着不同直径的圆棒进行弯曲，使皮革弯曲所施的力应是最小的，只要能使皮革与圆棒接触即可，观察皮革粒面是否产生裂纹。

1.12.2 仪器——重革折裂仪

主要部件应符合以下要求：

(1) 固定夹 用来固定试样，位置可以调节。

(2) 测试棒 圆柱体，长 32mm，号码及对应圆直径如表 1-3。

表 1-3 测试棒号码及对应圆直径

号码	圆直径/mm	号码	圆直径/mm
1	61.67±0.03	5	13.18±0.03
2	35.00±0.03	6	10.38±0.03
3	23.57±0.03	7	8.33±0.03
4	17.22±0.03	8	6.76±0.03

(3) 滚筒 圆柱体，直径 25mm，长 32mm。滚筒安装在一个可以旋转的手柄上，到轴心的距离可以调节。滚筒的旋转轴与测试棒的轴心为同一轴心。

1.12.3 试样制备

在样块 3、4 部位外侧，沿背脊线方向，切取 150mm×25mm 的矩形试样。在标准条件下进行空气调节 48h。

1.12.4 操作方法

(1) 用定重式测厚仪测定试样中点的厚度。

(2) 安装测试棒 从直径最大的测试棒开始，顺次向直径较小的进行测试。

(3) 将试样固定在固定夹上，调节固定夹的位置，使试样的肉面与测试棒接触，固定固定夹。

（4）调整滚筒的位置，使滚筒与试样粒面相接触，固定滚筒。

（5）在5s内，将手柄旋转180°，使滚筒在试样粒面上滚过，并使试样围绕测试棒而弯曲。

（6）观察试样弯曲部分是否产生裂纹。

1.12.5　计算及结果

（1）以裂纹指数表示。

$$裂纹指数=nd$$

式中：n——试样粒面产生裂纹时所用最大测试棒的号码；

d——试样厚度（mm）。

（2）以试样粒面产生裂纹所用最大测试棒的号码表示。

1.13　皮革颜色坚牢度的测定

皮革颜色坚牢度是指皮革的颜色在加工和使用过程中对外界作用的抵抗力，而以其本身颜色的变化（包括颜色的纯度、色彩、亮度）及对附着材料（纺织品）的沾色程度进行衡量，也就是说用颜色的变化鉴定皮革颜色的坚牢度。影响颜色坚牢度的因素很复杂，在日常穿着中主要体现在耐日晒、耐热、耐水、耐洗、耐汗、耐干、湿摩擦等性能方面。测定的基本方法有褪色（皮革本身颜色的变化）和沾色（对接触皮革的纺织品的沾染）两种试验。褪色试验是使试样经受规定条件的处理后比较与未经处理的试样之间的色差（颜色变化，即试样在处理前后颜色的差别），而以标准的褪色灰色样卡作为尺度定级；沾色试验是将测定标准白色织物与试样紧密相连，接受规定条件的处理后被试样所沾色（转染）的程度，以标准灰色沾色样卡衡量定级。这两项测定可以只做一项，也可以同时进行。如耐日晒牢度只做褪色试验，而耐水、耐汗则是两项同时进行。

色差的测量方法有目测和仪器测量两种。目测法是以标准灰色样卡为尺度衡量试样及织物在处理前后的色差（褪色和沾色）。仪器测定是用色差仪（或分光光度计）进行测定，比较起来。目测法直接、简便、迅速，不需设备费。但由于颜色变化的因素复杂，必须有一定的经验才能掌握，同时也难免有个人主观成分在内。色差仪比较准确，并可测得更准确的数据，但测得数据须经过计算，不如目测法直观，因此，现在目测法还受到普遍应用，皮革颜色坚牢度一般是采用目测法。

皮革颜色坚牢度主要决定于染色时所用的染料和整理时所用涂饰剂的性能，也与染整中及染整前后的工艺有关。因此是综合性能的检验。皮革颜色如果没有很好的坚牢度，在使用的过程受到各种外界的作用，颜色容易发生改变，从而影响皮革制品的外观，所以，必须测定有色皮革颜色的坚牢度。

1.13.1　标准灰色样卡的使用

灰色样卡是衡量色差的尺度。

灰色样卡包括两张大小一样的深灰色纸板制成的长方形卡片（图 1-20）。一张评定变色用样卡自上向下沿长边共分 5 个矩形格，每格中贴有上下并列的两张标准纯灰色色样，这 5 个格分为 5 个分级标准，最上一格上下两张颜色一样说明没有色差，定为第 5 级；第二格以下每一格中上边的一张都和第一格中的色样一样，都是深灰色，而下面的那张色样变浅，第二格下面一张色样比上面的颜色略浅，说明上下两张略有差异，但色差很小，定为 4 级；第三格下面的色样比上面的色差更大一些定为 3 级；依此类推，最下格（第五格）下面的颜色最浅呈浅灰色，上下两张色样颜色的差别最大最明显，就是说色差最大定为 1 级；如果试样在试验前后的色差与第 5 级相当，说明色差等于零，没有褪色，1 级色差大说明褪色最厉害。

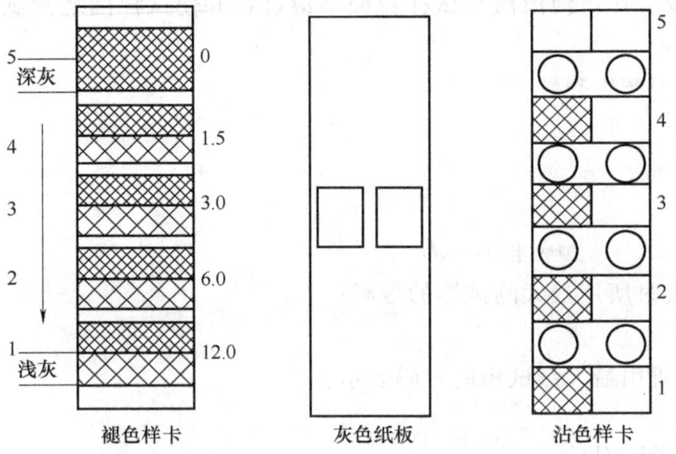

图 1-20　染色牢度褪色样卡、沾色样卡示意图

样卡中的另一块灰色纸板与上述色卡大小一样，中间挖两块大小一样并列的长方孔，孔的上下两侧略小于色卡上每一方块的长度的一半，左右两侧与色卡上方块的左右侧长度相同。

测定将两块试样（处理和未经处理的）上下并列，把深色的夹在上面；浅色的放在下面，盖在纸板右面的方孔之下，使这块纸板，与色卡放在同一平面上，左右并列使纸板左面的孔对准色卡上某一格的色样方格，在标准灯箱中或在北面方向的阳光下，使光线入射角大约为 45°，上下移动色卡进行目测，看两块试样的色差与样卡某格中的一对色样的色差一致时，即可按所相当的色样定级，注意观察方向必须与放置试样和样卡的平面垂直。

评定沾色用灰色样卡也是由长方形纸板制成，比变色样卡尺寸略小，也是由 5 对色样配合而成，右侧的一列都是白色，左侧一列自下而上依次由白色浅灰，灰色到深灰色白色。最上面的第一对色样都是白色，表示没有色差，定为 5 级。第二行左侧的色样略显浅灰色，与右侧白色色样比有色差，但不很明显定为 4 级，依次下去左侧的灰色色样与右侧的色差又依次增大则依次定为 3 级、2 级、1 级。

沾色样卡还附有白色纸板一块，上边挖 3 对圆孔，每排 3 个共两排，孔径及孔间距离与沾色样卡一致，测定时，将沾色试验前后的一对标准纺织品左右排列，深色在左，浅色在右，然后将挖有 6 个圆孔的纸板放上，使纸板右边的上下两孔对准并列的试样，左边和中间的上下两排圆孔对准沾色样卡的两对色样，将样卡上下移动，比较沾色试验前后两块织物色差与标准卡，哪一对色差相一致，如与 4 级相当则定为 4 级，如在 3 级与 4 级之间则定为 3.5 级或 3～4 级等。

1.13.2 皮革表面颜色摩擦牢度的测定

1.13.2.1 原理

衬布在规定压力作用下，在对皮革表面进行往复摩擦的过程中，皮革表面的一部分颜色转移到衬布上的程度，用灰色样卡，以目测判定等级。摩擦包括干摩擦和湿摩擦。适用于轻革。

1.13.2.2 仪器和材料

(1) 皮革表面颜色摩擦牢度测试仪 仪器主要部件如图 1-21 所示：

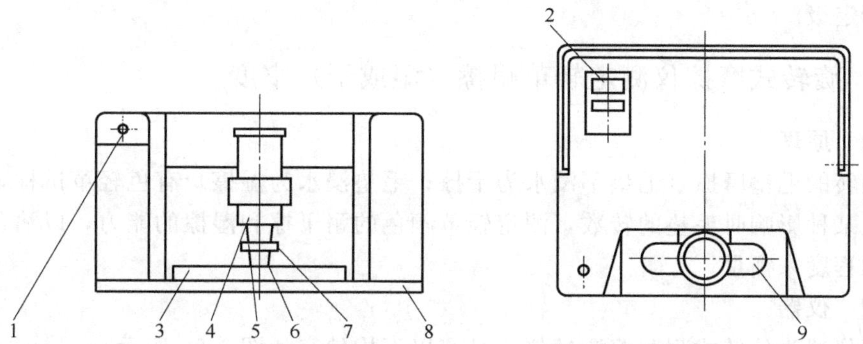

图 1-21 皮革表面颜色摩擦牢度测试仪

1—开关 2—计数器 3—试样夹 4—摩擦头 5—弹簧圈 6—固定螺钉 7—衬布 8—底座 9—底座长孔

① 往复丝杆：以 (30±2) 次/min 往复的速度，带动摩擦头产生往复运动的部件。往复运动的单向行程 100mm。

② 摩擦头：质量 (250±2)g，摩擦头端面积半径 10mm。距端面 20mm 处开有一个弹簧槽，以便用弹簧圈紧固衬布。

③ 试样夹：能将试样牢固固定住，而不影响摩擦头自由运动的夹持器。

(2) 标准灰色样卡。

(3) 衬布 白布在使用前须经脱浆处理，并剪成半径为 35mm 的圆形。并在标准条件下进行空气调节 24h。

1.13.2.3 试样制备

从样块上第 10、11 部位切取试样，并进行空气调节。未能进行空气调节的应记下实际条件。

1.13.2.4 操作方法及结果判断

测试时，仪器水平放在毛毡上。

(1) 干擦试验

① 试样的使用面向上，放入试样夹中伸平，不得起皱。将试样夹进，放置在仪器底座的长孔（长孔长 100mm，宽 30mm）与毛毡之间，利用仪器底座长孔上的螺丝将试样夹固定住。

② 将衬布紧贴摩擦头端面包裹上，并用弹簧将衬布固定在摩擦头的弹簧槽内。

③ 将裹上衬布的摩擦头放入机座内。

④ 开动仪器经 25 个往复后，停机，取下衬布。

⑤ 将由皮革表面转移到衬布上的颜色深浅程度（与未沾染的衬布比较产生的色差）与标准沾色灰色样卡比较，在标准光源灯箱或北面窗口的自然光线下，以目测方式判断等级。

（2）湿擦试验　操作同干擦试验。在干擦邻近部位进行湿擦。不同之处：

① 衬布用蒸馏水浸湿，其含水量为 70%～75%，用天平称量。

② 摩擦次数为 20 个往复。

③ 湿擦后衬布应放置在背光、常温空气中自然干燥以后，再用标准沾色灰色样卡进行判断定级。

1.13.3　旋转式摩擦仪测定轻革耐擦（湿或干）牢度

1.13.3.1　原理

用旋转的毛垫摩擦（毛垫不浸水为干擦；毛垫浸水为湿擦）有色轻革试样，并记录试样产生某种影响时毛垫的转数，测定轻革颜色的耐干擦和湿擦的能力，以沾色到摩擦材料上的程度来衡量。

1.13.3.2　仪器

所用仪器为旋转式耐摩擦测试仪。具有以下构件（如图 1-22 所示）：

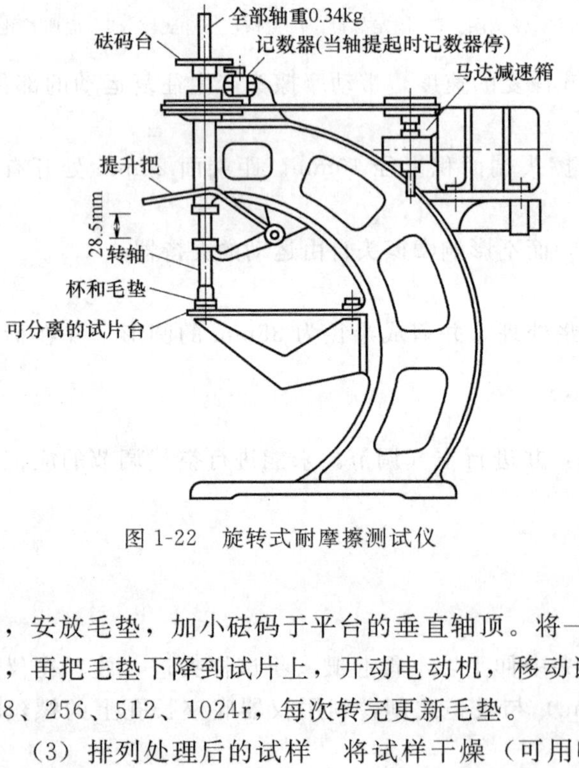

图 1-22　旋转式耐摩擦测试仪

① 夹放试样的水平台（可以装置任何大小的试样）。

② 用以夹住一个外径为 25.4mm (1in)，厚为 6.4mm (1/4in) 的圆形毛垫的夹子，毛垫对试样施加有固定压力（湿擦 0.75kg 和干擦 2.5kg），毛垫的转速为 (150±5) r/min。

毛垫为中等软度的白色毛毯。

③ 毛垫旋转数记录器。

1.13.3.3　湿擦试验

（1）毛垫浸水　先将标准毛垫浸入沸水，冷至室温，将每一湿毛垫挤水或加水调节到质量为 2.9～3.2g，浸水时间不得超过 24h。

（2）摩擦试样　置试样与平台上，安放毛垫，加小砝码于平台的垂直轴顶。将一块湿毛垫压到垂直轴顶底部的两个钉上，再把毛垫下降到试片上，开动电动机，移动试片位置，分别转动 8、16、32、64、128、256、512、1024r，每次转完更新毛垫。

（3）排列处理后的试样　将试样干燥（可用吹风机），用清洁软布擦拭试样表面，以擦拭的转数顺序排列。

（4）定 4 级色差的转数——最小色差的转数　检查摩擦过的试样表面，用染色灰色样卡依次检查湿擦前后，试样的色差，找出色差相当于样卡4级的试样并记录转数。

（5）定最大转数的色差，或定1级色差的转数——最大色差的转数 鉴定摩擦过1024r试样的色差，或找出显1级色差的试样，并记录转数。

（6）毛垫处理 将所有毛垫干燥使污面向上，放在玻璃板上待其冷至室温，沿直径切作两半块。排列在一张黑纸板上，另用半块清洁未用过的毛垫放在每块垫的旁边，使切边直径相拼合。

（7）定4级色差的转数——最小色差的转数 检查所有沾色毛垫和未用过毛垫的色差，判断哪一个色差等于沾色样卡的4级，并记录相应的转数。

（8）定最大转数的色差，或定1级色差的转数——最大色差的转数 用灰色样卡鉴定经1024r的沾色毛垫和未经擦拭的毛垫之间的色差。如果这一色差大于1级，那么找出显1级色差的试样，并记录其转数。

1.13.3.4 干擦试验

（1）装置试样 将干的试样按上述方法装置，用较大的砝码放在平台垂直于轴的顶上，毛垫旋转32r后。从试样上提起，关闭马达。

（2）摩擦试样 移动试样，将试片未摩擦过的部分放在毛垫下面，更新毛垫，重复测试64r再连续用128、256、512、1024r重复测试。

（3）定褪色色差级别 将测试过的试样依次排列，并用清洁软布擦拭其表面，必要时涂以蜡剂。用灰色样卡按擦拭次序检查试样表面，判断哪一个试样的色差是等于或大于标准灰色褪色样卡上的4级；再鉴定试样经1024r，毛垫摩擦的色差，如果这个色差大于1级，则判断试样色差最接近于这一级所需的摩擦转数，并做记录。

（4）毛垫处理 将用过的毛垫沿直径切成两半，依次排列在一张黑纸上各用半块清洁未用过的毛垫，放在旁边，将直径相互接连。

（5）定沾色色差级别 检查所有毛垫，并判断哪一个毛垫与未用过毛垫之间的色差最等于标准灰色沾色样卡4级（按摩擦顺序计），并记录转数；或挑选任何一个合适的等级作为鉴定标准。用灰色沾色样卡鉴定经1024r摩擦的毛垫，与未用过的毛垫间的色差。若大于1级，则判断哪一块毛垫相当于1级，并记录转数。

1.13.4 有色皮革耐汗牢度测定

1.13.4.1 原理

将皮革试样与毗连织物分别浸泡在人造汗液中，然后将试样与毗连织物紧贴着制成复合试样，放置在适当装置中，在一定的温度、压力下，保持一定的时间后，将皮革和毗连织物干燥，用标准灰色样卡评估皮革试样的颜色变化程度和毗连织物的沾色程度。

带有涂层（或无涂层）的皮革可以直接测试，或者去掉涂层后测试。

1.13.4.2 仪器和材料

（1）耐汗试验机 如图1-23所示，能使复合试样保持在1.23MPa的均匀压力等价于加载重物后压力为1.25MPa。

（2）加重块 平底，4.5kg。

（3）烘箱 能保持（37±2）℃的温度。

图 1-23　耐汗试验机

（4）多纤维织物　符合标准规定的 SW 型多纤维织物（由丝、漂白棉、聚酰胺、聚酯、聚丙烯腈和毛组成），大小为 100mm×36mm，用作毗连织物。

（5）砂纸　等级为 P180 的细颗粒砂纸。

（6）真空干燥器或其他适用于抽真空的玻璃容器。

（7）真空泵　4min 能将干燥器内抽成 5kPa 的真空。

（8）人造汗液：1L 人造汗液中包含以下成分：

NaCl	5.0g
三（羟甲基）甲胺 [$NH_2C(CH_2OH)_3$]	5.0g
尿素（NH_2CONH_2）	0.5g
次氮基三乙酸 [$N(CH_2COOH)_3$]	0.5g

加入盐酸调 pH 为（8.0±0.1）。

周期性的检查 pH，弃去 pH 不在（8.0±0.1）范围内的溶液，如果溶液中有肉眼可看见的微生物，则应予弃去。

1.13.4.3　试样制备

（1）没有涂层或连涂层一起测试的皮革，切割大小为 100mm×36mm 的试样。

（2）有涂层的皮革要去掉涂层测试，按如下方法准备试样：

将皮革样品切成大小为 120mm×50mm 的试样，涂层面向下，放在一张大小为 150mm×200mm 的砂纸上，砂纸放在工作面上。在皮革试样上均匀地放 1kg 重的底面平整的重物，将试样在砂纸上往复运动 100mm，共 10 次（实际上，手拿砂纸也能达到同样的效果）。再用刷子将粗糙面刷干净。从粗糙面切取尺寸为 100mm×36mm 的测试试样。去掉涂层的试验应在报告中说明。

（3）切割出一片或两片毗连织物，尺寸为 100mm×36mm。

1.13.4.4　操作方法

（1）将皮革试样和毗连织物分别浸泡在人造汗液中（如果同时检测多个样品，几个毗连织物可以浸泡在一起，但皮革试样只能分别浸泡）。将浸泡毗连织物和试样的容器放在真空干燥器中抽真空到 5kPa（在 4min 之内），并保持 2min 真空，重复该过程两次。将一片毗连织物放在玻璃板上，然后将皮革试样测试面向下，覆盖在织物上。如果两面都测试，用第二片毗连织物再盖在皮革试样的另一面，用另一块玻璃覆盖在复合试样上。

(2) 将4.5kg的加重块在 (37±2)℃的烘箱中预热1h。将在两张玻璃板之间的复合试样放在测试装置中，并将加重块放置在试样上。为了让过多的汗液流出来，将装置向每边倾斜约30s。当同时测试几个复合试样时，必须确保每个试样放在两块玻璃板中间，以便使压力均匀的施加在上面。将装有加重块的装置放在烘箱里，在 (37±2)℃中保留3h。

(3) 移去加重块，将复合试样从装置中取出，从一个角将复合试样缝在一起，在温度 (20±2)℃、湿度 (65±2)%条件下悬挂晾干，试样和它的毗连织物仅在缝合点处接触。

(4) 用标准沾色灰色样卡判定毗连织物的沾色等级；用标准变色灰色样卡判定试样的变色等级。

1.13.4.5　试验报告

报告内容包括：试样名称、编号、类型、厂家（商标）、生产日期，试样的特征；是否有涂层，是否带涂层测试；试验结果给出试样的变色等级和毗连织物的沾色等级。如实记录试验中的异常现象。

1.13.4.6　说明

皮革颜色耐汗牢度反映的是皮革的卫生性能的好坏。人们在穿着皮革服装、皮衬里的皮鞋、带皮手套的过程中，由于出汗的原因，汗液会和皮革发生化学反应，有可能会造成皮革颜色的改变，并对人体和衣物造成污染。

本方法是用一种人造汗液模拟人出汗的作用进行测试，以确定有色皮革耐汗程度的好坏。在测试过程中皮革的颜色可能发生改变，毗邻的织物可能会被沾污。

人体所排出汗液基本上含有以下成分 (g/100g)：

氯化钠	0.3～0.5	乳酸	0.1～0.3
总氮	0.02～0.03	氨态氮	0.003～0.01
氨基酸	0.05	尿素	0.05

通常，人刚出的汗是呈弱酸性 (pH=6～7)，然后在微生物作用下发生改变，pH常为弱碱性 (pH=7.5～8.5)。碱性汗液比酸性汗液对皮革颜色的影响较大。因此，通常用碱性汗液来模拟实际穿用条件进行测试。

由于各种人的汗液不同，因此不可能设计出一种普遍有效的方法，不过本方法规定的碱性人造汗液数倍于自然汗液，在较短时间内测出数据，测试结果与大多数的自然汗液是一致的。

在试样浸泡时抽真空，是为了使汗液加速向试样内渗透，缩短时间。在 (37±2)℃的环境中保持3h，是模拟人的体温环境，使试验结果尽可能与实际情况保持一致。

本方法适用于在各个加工阶段中的所有皮革，特别适合于服装革、手套革和衬里革，同时也适用于无衬里的鞋面革。

1.13.5　有色皮革耐热牢度的测定

革制品在制作和穿着过程中会接触热的机械部件或熨烫火烤，这些都能使皮革受热而发生颜色变化，从而影响皮革的美观。本试验就是测定有色皮革的颜色耐热坚牢度。

1.13.5.1 原理

试样经过空气调节后，分别与温度为150、200、250℃的金属测试头接触5s。用灰色样卡评定其颜色的变化及观察涂饰层外观的变化程度。

1.13.5.2 仪器

（1）耐热牢度测定仪　由下列部件组成：

① 测试头：直径为（28.5±1.0）mm的铜制圆形部件，测试抛光镀铬，其他几个表面都盖有一层绝热材料。

② 加热器：可使测试头连续升温最高达300℃（如一个电阻加热器），并设有热源开关或控制它的控制器。

③ 控制测试头上下升降的装置，并能使它的表面与放置在水平面上的试样相接触，其平均分布的压力为（1.36±0.05）kg。

④ 支持器：有绝缘面和铰链。在加热过程中，测试头的表面可以放在绝缘面上，支持器也可以移向一边，使测试头降在试样上。

⑤ 放置试样的平台：直径不小于38mm的圆型平台。为了使平台能获得均匀的压力，平台的支点安装在中心位置上，这样平台能向各个方向倾斜。

⑥ 温度表：测量测试头温度用。最高温度超过300℃。

（2）秒表　精度0.02s。

1.13.5.3 试样制备

尺寸为110mm×35mm的革条，可以用3个温度进行试验，试验面积之间有足够的间隔。试验前在温度（20±2）℃，湿度（65±2）%标准空气条件下调节24h以上。

1.13.5.4 操作方法

试验最好在标准空气中进行，否则试样（片）在空气调节后应立即进行试验。

（1）将放在绝缘架上的测试头加热，并将试片放在正对测试头下面的平台上，需要试验的一面向上。

（2）当温度到达大约比试验所需温度高5℃时，关闭电热器，当测试头的温度降到（150±3）℃时，将绝缘支架移向一边，并将测试头与试片的试验部分相接触，压力为20.6kPa，在接触的同时开始计时。

（3）5s后，升起测试头，使之与试片分离。

（4）连续在温度为（200±4）℃和（250±5）℃重复这样的试验，每一次试验必须在试片另一个新部位进行。

（5）测试后的试片在标准空气中调节4h，然后比较试验过的和未经试验的表面。如果皮革的外观已发生变化，用一块清洁的软布轻擦试验过的表面。如试片是绒面革，用一种绒面革刷子刷光。

（6）用标准变色灰色样卡鉴定试验过的部分与未试验过的部分之间的色差。

1.13.5.5 试验报告

试验报告包括：试样进行了试验的哪一面；实验室的温度、湿度；每个试验的温度及相应的变色等级，并说明颜色变化的性质；热处理后任何其他的影响，如涂料的熔融或破裂或失去光泽等现象。

1.13.6　有色皮革耐水牢度的测定

1.13.6.1　原理

有色皮革试样粒面、肉面与白棉标准贴衬贴在一起，浸泡在蒸馏水中 15min 后，将试样和沾色白棉标准贴衬分别干燥，观察试样粒面、肉面的颜色变化并用标准沾色灰色样卡评定白棉标准贴衬的沾色等级。

1.13.6.2　仪器

（1）平底皿　底面积大于 50mm×50mm。

（2）光面玻璃片　50mm×50mm 或稍大，质量为（50±1)g。

（3）白棉标准贴衬　50mm×50mm 两片，符合相关标准的规定。棉标准贴衬织物为纯棉平纹织物，单位面积质量（105±5)g/m^2，表面均匀平整，经浸湿和无张力烘干后，仍应保持平整。不含整理剂，无残留化学品和化学损伤的纤维。

（4）烘箱　保持温度（37±2)℃。

1.13.6.3　试样制备

将要进行试验的 50mm×40mm 的试样放在两块白棉标准贴衬中间，使白棉标准贴衬在 50mm×10mm 不与试样相重叠，并将公共有的一边缝在一起形成一个组合试样。

1.13.6.4　操作方法

（1）将组合试样平直放在平底皿内，用蒸馏水浸没，盖上玻璃板，用手均匀的轻压以除去空气泡，在室内放置 15min。

（2）在不取出玻璃板的情况下将水倒出，并在温度为（37±2)℃的烘箱中放置 4h。

（3）将试样与白棉标准贴衬分开，并在室温下分别干燥。观察试样的粒面、肉面的颜色变化，并用标准沾色灰色样卡分别判定与试样粒面、肉面相贴的白棉标准贴衬的沾色等级。

1.13.6.5　试验报告

试验报告包括：试样名称、编号、类型、厂家（商标）、生产日期，试样的特征试样粒面、肉面的颜色变化及相应白棉标准贴衬的沾色等级。

1.13.7　有色皮革耐洗坚牢度的测定

1.13.7.1　对皮革颜色的影响

本方法适用于鉴定涂饰或不涂饰的染色皮革的耐洗坚牢度。

上涂饰剂的试样在规定浓度的皂片溶液中洗涤 5 次，每次洗后用清水洗涤拧干。在(60±2)℃干燥后，用标准变色灰色样卡鉴定试样（与未洗皮革比较）的变色等级。

皂片溶液的浓度是每升蒸馏水中含 2g 皂片。试样大小为 100mm×4mm，容器为 250mL 的烧杯，皂液温度 40℃，时间 30min（每隔 15min 搅拌 10s)，30min 后用 150mL 室温蒸馏水浸洗 1min。

1.13.7.2　颜色的转染（沾色）

鉴定有色皮革经洗涤后，对附着在革表面上纺织物的沾色程度。

试样 100mm×40mm，放在两片白色纺织物之间，四边缝住，形成一个组合试样。

将皂液 150mL 置于 250mL 烧杯中，在水浴上加热至 40℃，放入组合试样，洗涤 30min，每隔 5min 搅拌 10s，30min 后取出，放入 150mL 室温蒸馏水中，静置 1min，取出，轻轻挤压，共进行 5 次，然后拆去 3 边缝线，只将试样短的一边与两片纺织物相连。在 60℃烘箱中干燥。干燥时 3 个分片不能相叠。

用标准沾色灰色样卡鉴定两片纺织物的沾色等级。

1.13.8 有色皮革沾色坚牢度的测定

鉴定皮革沾色的坚牢度，特别是在存放期间的沾色程度。

1.13.8.1 原理

皮革试样在热和压力作用下与滤纸叠放在一起。滤纸上所沾的色迹用标准沾色灰色样卡定级。

1.13.8.2 仪器与试剂

(1) 光滑玻璃板　面积 50mm×50mm，质量不超过 50g。

(2) 重锤　质量 1kg。

(3) 滤纸　100mm×40mm。

(4) 烘箱　保持 (60±2)℃。

1.13.8.3 试样制备

皮革试样：50mm×40mm。

1.13.8.4 操作方法

将一张滤纸放在试样的表面上（根据实际使用情况决定滤纸与试样哪一面相接触），使滤纸有 50mm×10mm 的部分不与试样相接触（必须保证滤纸没有污渍），盖上玻璃板，压上 1kg 的重锤，一起放入 (60±2)℃的烘箱中 4h，取出用标准沾色灰色样卡判定滤纸上被沾色的等级。

1.13.9 有色皮革沾色坚牢度的测定（DIN 标准方法）

1.13.9.1 原理

有色天然皮革（或合成材料、纺织物）试样与聚氯乙烯（PVC）受色膜或聚氨酯（PU）膜紧密接触叠合，夹于两玻璃片之间，并施以一定压力，在 (50±2)℃的恒温箱中放置一定时间后，检查试样颜色渗离到受色膜上的程度，并用标准灰色样卡定出受色膜的沾色级数。依次确定有色试样颜色耐迁移性。

1.13.9.2 仪器

(1) 玻璃片的支架。

(2) 玻璃或有机玻璃（PMMA）片。

(3) 4.5kg 的砝码。

(4) 恒温箱　(50±2)℃。

(5) 聚氯乙烯受色膜。

(6) 不超过 12 个月的标准灰色样卡。

1.13.9.3 试样制备

(1) 天然皮革 两块，分别测定正反两面的颜色迁移性。

(2) 合成材料或纺织物为一个试样。

(3) 试样尺寸 20mm×30mm。

(4) 聚氯乙烯薄膜尺寸 30mm×50mm。

1.13.9.4 操作方法

(1) 掀开聚氯乙烯膜光亮一面的保护层，确保掀开了保护层的一面用于测试。

(2) 将试样放到聚氯乙烯膜的中心位置。

(3) 将聚氯乙烯膜连同上面的试样一起放到一块玻璃片的中心位置，然后在上面盖上另外一块玻璃片。

(4) 将夹着试样的两块玻璃片放到支架上。

(5) 如果多于一件试样，可重复上述步骤，用玻璃片把试样隔开。

(6) 在玻璃叠层上放置4.5kg的砝码，然后将已压上砝码的玻璃叠层放入恒温箱内，在(50±2)℃温度下烘放16h。

(7) 将装置从恒温箱中取出，拿下砝码，并让玻璃叠层在室温下放置2h。

(8) 将试样与聚氯乙烯膜分离。

(9) 比较聚氯乙烯膜上最深颜色与原聚氯乙烯膜之间的颜色差别，并用标准灰色样卡定出色差级数。

1.13.10 耐光色牢度：氙弧

1.13.10.1 原理

试样与蓝色羊毛标准一起在人造光源下按规定的条件进行曝晒，当试样曝晒至规定的辐射能量后，将试样与所用的蓝色羊毛标准或灰色样卡进行对比，评价试样的耐光变色程度。

1.13.10.2 仪器和材料

(1) 标准材料

蓝色羊毛标准：符合相关标准的规定。

湿度控制标样：符合相关标准的规定。

评定变色用灰色样卡：符合相关标准的规定。

遮盖物：用不透明材料，如内黑外白硬卡、薄铝片等制成。

(2) 仪器

① 空冷式氙弧灯：应符合下列条件：a. 光源安装在通风良好的曝晒仓内，光源为一个或多个氙弧灯，其个数和大小取决于所用仪器的形式；b. 滤光片（窗玻璃）置于光源与试样及蓝色羊毛标准之间，以使紫外光谱稳定衰减。所用滤光玻璃的透射比在380～750nm至少为90%，对具有吸收滤光片的装置，透射比在310～320nm时应降为0；c. 滤热片，氙弧光谱中含有相当数量的红外辐射，需用吸收滤热片使之减弱；d. 湿度控制标样，试样表面上的有效湿度是低的，按规定的湿度控制标样的耐光色牢度应大于等于6级，此数据是用5～8级蓝色羊毛标准测得的；e. 试样和蓝色羊毛标准一起在

空冷式设备中曝晒，受照面上的光强度的变异不应超过平均值的±10%；f. 氙弧灯离试样和蓝色羊毛标准表面的距离应相同。

② 水冷式氙弧灯：应符合下列条件：a. 光源垂直位于试样架的中心轴，试样架以(1±0.1)r/min的速度转动，试样架为两层或三层倾斜型排列；b. 氙弧燃烧器装配石英内滤光器和S型硅溴外滤光器；c. 能够自动控制温度、水相对湿度及在340nm波长时的发光度；d. 用冷却水调整灯温，应提供足够冷却但防止灯件上出现冷凝；e. 用于保湿和冷却的水为蒸馏水或去离子水，不含硅，水不溶物总含量不大于20mg/kg。

③ 辐照度监控计：由于试样表面的辐照度随氙弧灯、光强度和氙弧灯至试样的距离函数而变化，应通过辐照度监控计来控制曝晒的一致性，即曝晒建立在辐照度（单位面积入射能）的水平上，以测试试样架上平面中的一点实现。

④ 黑色标准温度计（BSTS）：由一块平面不锈钢板制成，温度由安装在北面的导热性能良好热敏电阻测定。金属板固定在一块塑料板上，使之绝热，表面涂一层黑漆，即使在红外区域内也能达到至少95%的系数比。

1.13.10.3　试样制备

试样尺寸应满足仪器自带的试样夹尺寸，试样的尺寸随试样的数量以及仪器提供的试样夹尺寸和形状变动，超过这些尺寸的试样会得出不正确的曝光结果。试样的尺寸和形状应与蓝色羊毛标准相同，以免评级时产生误差。

1.13.10.4　操作方法

(1) 检查设备是否处于良好的运行状态，是否装上洁净的氙弧灯管。

(2) 将安好试样的试样夹安放在仪器内的试样架上，试样架上的空当要用装有白硬卡的试样夹填充。

(3) 调节设备上的控制器，已获得规定的湿度和黑色标准温度计温度。

(4) 开启该设备，连续运转至试验完成。

1.13.10.5　曝晒方法

用不透光盖条放在试样1/2处，在预定的条件下，对试样（或一组试样）和所需蓝色羊毛标准同时进行曝晒，其方法和时间要以能否对照标准完全评价出每块试样的耐光色牢度为准。

方法1：曝晒终点由试样的变色来确定。

方法2：通过检查规定为最低限度级标准来控制曝晒周期。

方法3：曝晒终点为预定的曝晒辐射量。

1.13.10.6　耐光色牢度的评定

移开所有的盖条，试样和蓝色羊毛标准上露出由采用试验方法所决定的一个或两个面积，即已曝晒过不同时间的面积，以及至少一处未经曝晒的面积。在合适的照明条件下，比较试样和相应的蓝色羊毛标准的变色。“变色”一词包括色相、饱和度、亮度的变化或这些颜色特征的任何综合变化。

(1) 按方法1试验后的评定　试样的耐光色牢度级数，用蓝色羊毛标准评定。如试样和变化相当于蓝色羊毛标准的某一级，即为该试样的等级数，如6级、7级。如果试样所显示的变色在两个相邻蓝色羊毛标准的中间级数，则应给予一个中间级数例如5～

6 级。二次曝晒的对比色差程度得出不同的评级，则可取其算术平均值作为试样的耐光色牢度。以最接近的半级或整级来表示，当级数的算术平均值为 1/4 或 3/4 时，则评定应取其邻近的高半级或整级。

用一个近似灰色样卡 1 级和 2 级之间的中性灰色（约为 Munsell N5）的遮盖框盖在试样上，并用同样孔径的遮盖框依次盖在蓝色羊毛标准周围，以便于对试样的变色和蓝色羊毛的变色进行对比。

（2）按方法 2 试验后的评定　通过试样的最低色牢度标准的变色，用蓝色羊毛标准评定。若试样的变色小于性能标准，则耐光色牢度应评定为“满意”，若试样的变色大于性能标准，则耐光色牢度应评定为“不满意”。

（3）按方法 3 试验后的评定　用灰色变色卡评定试样的变化，如试样和变化相当于灰色变色卡的某一级，即为该试样的等级数。

为了避免由于试样的光致变色性而对耐光色牢度发生错评，应在评定耐光色牢度前将试样在室温下置于暗处 24h。如果试样具有光致变色性，则耐光色牢度级数后应加括号，括号内写“P”字和光致变色试验的级数，例如 6（P3～4）。

1.14　皮革涂层粘着牢度测定方法

1.14.1　概述

皮革涂层粘着牢度是指皮革涂饰层与皮革之间或涂饰层与涂饰层之间的粘着牢度。本方法适用于经过涂饰的各类皮革和贴膜革。

1.14.2　原理

利用无溶剂型胶粘剂，将一条皮革的部分涂饰层面粘合在粘合板上，在条状皮革的自由端施加力，使皮革涂饰层剥落规定的长度，涂饰层被胶粘剂粘着在粘合板上，所施加的力的大小作为涂饰层对皮革的粘着牢度。

1.14.3　仪器和材料

（1）拉力机　垂直操作，速度（100±5）mm/min，并能自动记录力-距图。

（2）粘合板支承架（见图 1-24）　用金属制成，固定粘合板。

（3）拉力钩（见图 1-25）　用直径 1～2mm 的钢丝制成，长约 25mm，连接试样的活动端。

（4）试样夹（见图 1-26）。

（5）PVC 粘合板　70mm×20mm×3mm。

（6）烘箱　能够保持（85±3)℃的温度。

（7）加重块　平底，4.5kg。

（8）钢制模刀　内壁为长方形 600mm×10mm。

（9）真空干燥器。

（10）真空泵　能够在 4min 内将容器排成 5kPa 真空。

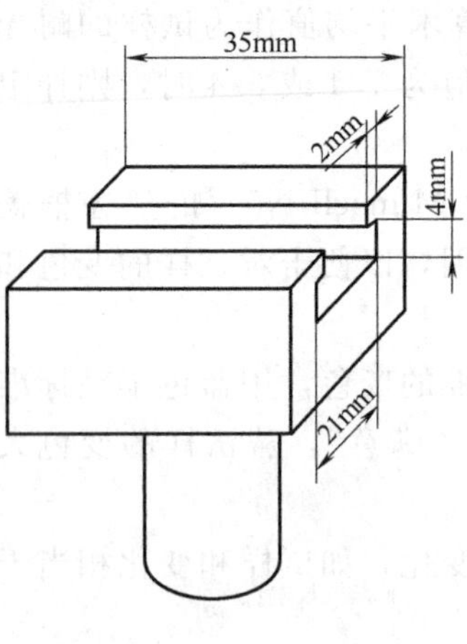

图 1-24 粘合板支承架

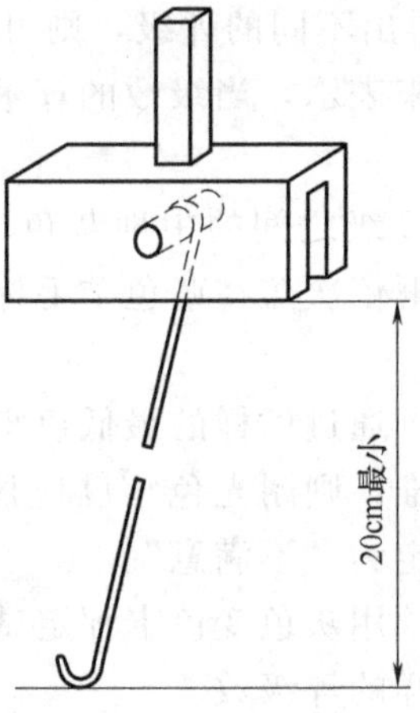

图 1-25 拉力钩

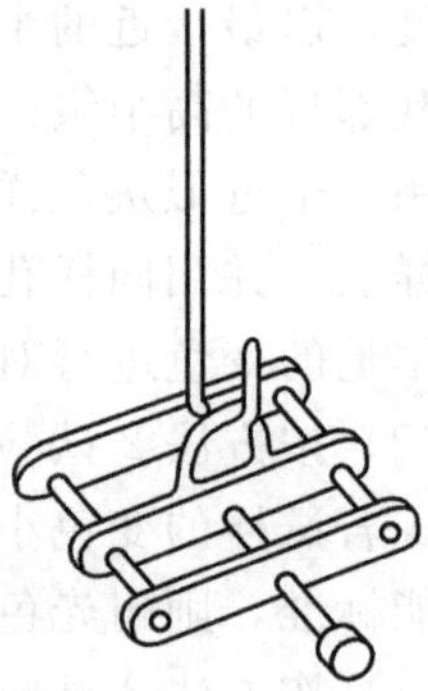

图 1-26 试样夹

(11) 聚氨酯(PU)胶粘剂 由树脂和硬化剂组成，两种成分在 80℃时发生作用。

(12) 清洗剂 己烷或石油醚，用于在粘合前清洗粘合板和皮革涂饰层表面。

1.14.4 试验条件

所有操作都必须在标准空气中进行。温度 (20±2)℃；相对湿度 (65±5)%。

1.14.5 试样制备

用模刀切取试样 4 块，其中 2 块的长边平行于背脊线，另外 2 块的长边垂直于背脊线，然后进行空气调节（湿试样除外）。

标准取样：图 1-8 中规定的部位 11 取样。

非标准取样：从皮革的肩部、腰部等其他部位取样。

1.14.6 操作方法

1.14.6.1 干试样试验

(1) 用一块干净的布蘸清洗剂将粘合板的表面和皮革涂饰层表面擦净。

(2) 在粘合板的表面均匀地涂一层薄薄的胶粘剂，在室温中保持 40min，然后放入 (85±3)℃的烘箱内加热 10min。

(3) 在试样表面均匀地涂上一层胶粘剂，然后将试样涂饰层朝下放在加热后的粘合板上，两端各超出粘合板 15mm，然后将加重块压在试样上 5min。

(4) 将粘合板插入支承架中，测试端与支承架的一端对齐，用试样夹夹住试样测试端，并挂在拉力钩上（见图 1-27）。

(5) 开动拉力机进行测试，记录下皮革与涂饰层分离 30～35mm 时的力-距图（见图 1-28）。

(6) 在支承板上将试样调换方向，按 (5) 在相反的方向上重复测试。

1.14.6.2 湿试样试验

将按干试样试验 (1)～(3) 粘好的试样放置至少 16h，然后浸没在盛有 20℃蒸馏水

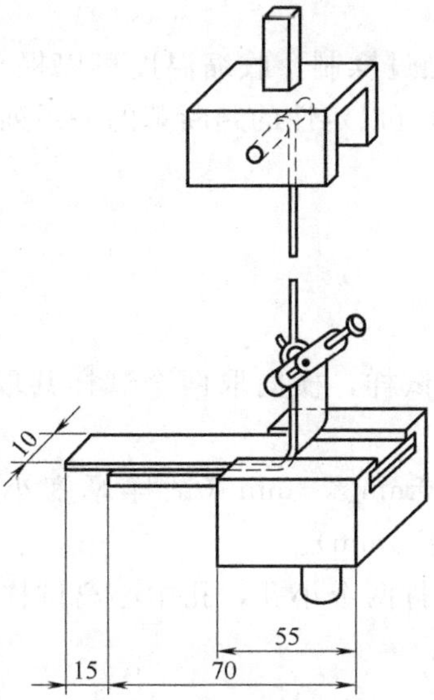

图 1-27　夹持试样方法

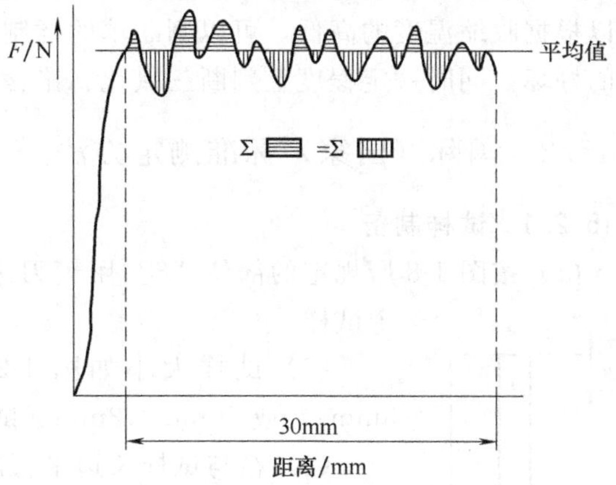

图 1-28　力-距图

的烧杯中，将烧杯放入真空干燥器内，4min 内将干燥器排成 5kPa 的真空，保持 2min，然后释放。重复排真空、释放的过程 3 次后，再浸泡 30～120min，取出试样，用滤纸吸干表面的水，然后按干试样试验（4）～（6）进行测试。

1.14.7　计算及结果

从力-距图上计算出涂层在约 30mm 长的试样上的粘合力的平均值作为粘着牢度，以 N/10mm 表示，精确到 0.1N/10mm。

1.14.8　注意

（1）胶粘剂应在硬化剂加入后的 8h 内使用。

（2）将试样和胶粘剂在一起时，应避免产生气泡。

（3）试验若出现异常现象，应如实记录。

1.15　皮革收缩温度的测定

1.15.1　定义及意义

1.15.1.1　定义

革试样在徐徐加热的水（或甘油）中开始收缩时水（或甘油）的温度就是革的收缩温度，用 T_s 表示。

1.15.1.2　测定目的

（1）革在制鞋加工过程中，要受到潮湿加热或热压的处理。如硫化鞋、模压鞋等，当温度超过一定限度时，革就会发生收缩变形甚至被破坏，结果革的强度降低，产生裂面等，从而缩短了使用寿命，因此需测定革的收缩温度来计量革的耐湿热性能以确定其可加工性。

(2) 革的收缩温度与鞣制程度有密切的关系，生皮经过鞣制，收缩温度可以提高，所以根据收缩温度的高低，可以判断革的鞣制程度，从而可以定性的判断革的一系列性能的好坏。同时一定程度上判断三氧化二铬含量的高低。

1.15.2 国际（国家）标准测定方法

1.15.2.1 试样制备

(1) 按图 1-8 所规定的部位“8”用模刀纵向取两个试样，横向取两个试样共取 4 个试样。

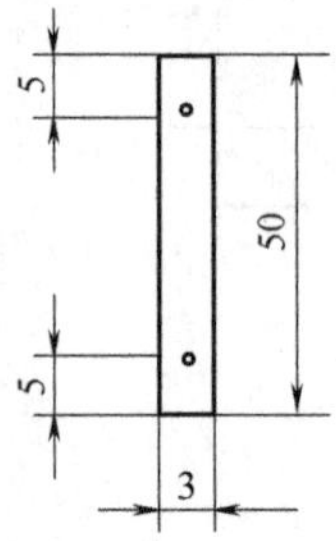

图 1-29 试样

(2) 试样大小如图 1-29 所示，50mm × 3mm（试样厚度小于 3mm），或 50mm×2mm（试样厚度大于 3mm）。

(3) 在与试样长边平行的中心线上打两个小孔，孔中心离试样两端 5mm。

1.15.2.2 仪器

(1) 真空干燥器或其他可抽真空的玻璃仪器　用以润湿试样。

(2) 真空泵　要求在 2min 内可以使容器的绝对压力降至 4kPa (30mm 汞柱) 以下。

(3) 试管　在试管中加入 5mL 水就可使试样浸没在水中。在抽真空过程中试管应在仪器内基本保持垂直。

(4) 收缩温度测定仪　如图 1-30 所示。包括下列部件：

① 容量 500mL 高型烧杯：内径 (70±2)mm，放在有磁搅拌器的平台上。

② 黄铜管：内径 4mm。底部封闭，并装有与它垂直的一棍棒和直径为 1.5mm 的钉，试样下面的一个孔就挂在钉上，钉距烧杯底部 (30±5)mm。

③ 圆形刻度盘：直径为 45mm，周边刻有间距为 1mm 的分度。

④ 指针：一枚很轻的针，牢固地装在直径为 10mm 的滑轮上，在任何位置可以保持平衡。

⑤ 钢丝钩：一端插在试样上端的孔内，另一端与线连接，绕过线，并在端点连接一个放在黄铜管中的砝码，滑轮和刻度盘与黄铜管固定在一起，因此试样长度的变化会引起指针在刻度盘上的旋转，滑轮装在轴承里，摩擦力极小。砝码的质量比钢丝钩的质量大 3g，因此试样的张力稍大于 3g。

⑥ 温度计固定在盖板上，带有附件的黄铜管也固定在这个盖板上，温度计的水银端放在靠近试样的中点，钢丝钩通过盖板上的一个孔可以自由活动，但不与温度计相碰。

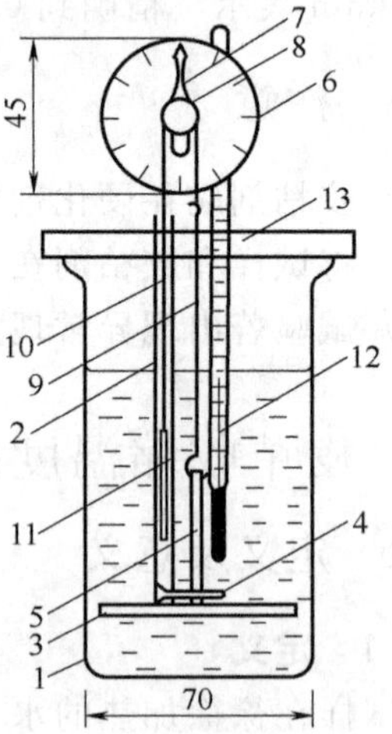

图 1-30 收缩温度测定仪

1—玻璃烧杯　2—黄铜管　3—小棍　4—钉　5—试样　6—刻度盘　7—指针　8—滑轮　9—钢丝钩　10—线　11—砝码　12—温度计　13—盖板

⑦ 电加热器　80～100W。最好具有玻璃或二氧化硅制成的外套。加热器的下端与烧杯底部的距离不要超过30mm，当烧杯内加入350mL水时，加热速度为2℃/min。

1.15.2.3　操作方法

（1）浸泡试样　将温度为（20±2）℃的蒸馏水倒入盛有试样的试管内。用玻璃棒或玻片使试样全部浸没在水中。

（2）抽真空　将试管直立于抽真空的容器中，然后抽真空并使容器中的绝对压力保持在40kPa以下1～2min。

（3）静置　停泵，让空气进入容器，试样继续保持原状，1h后进行测定。

（4）将仪器上的钉钩分别插入试样的上下孔中。

（5）烧杯内加入（350±10）mL　45～50℃的蒸馏水。

（6）开动磁搅拌器，同时开始加温，升温速度尽可能保持在2℃/min。

（7）记录，每隔30s，记录水温和相应的指针位置，直到试样明显地收缩或水强烈地沸腾为止，如果水已沸腾而试样不缩，记录沸腾时水温。

（8）查阅记录或利用指针读数与温度相应数据作相应的曲线图，找出试样开始向收缩方向移动半格后，接着大幅度移动时的温度即为这个革试样的收缩温度。

1.15.2.4　说明及注意事项

（1）溶液初始液和导热剂的选择　测得的收缩温度应至少高出试样放入烧杯时水温的5℃，否则应另取试样重新做，如果试样的收缩温度在60℃以下，加入烧杯里的水温必须低于收缩温度10℃以上；如果测定收缩温度在100℃以上的革试样，可用甘油（沸点290℃）代替蒸馏水，作导热剂，但需在报告中说明。

（2）试验现象　由于在加热过程中，皮有膨胀现象，有时也因仪器的受热部件膨胀或水的对流作用而引起的指针移动，这些现象均非革收缩而引起，所以应记录最后指针发生大幅度移动时的温度。

（3）试样浸水　如果皮革表面是疏水的，仅将皮革浸泡在水中，吸水和润湿作用缓慢。本试验采取减压浸水，是为了在真空下革中的空气被水排出而使水进入革中，达到浸透革试样的目的，再者，因为有些加油较多的革不易被水浸透，而利用减压机械作用把革样浸透。

（4）搅拌器的性能　搅拌器在使用前应鉴定，检查方法如下：

在仪器上装一条试样，并挂上两个已相互校正过的温度计。水银球的中心应靠近试样，并分别与试样的上下端在同一个水平上，加入（350±10）mL水后加热，每隔3min记录两个温度计的温度，并计算出每次记录中试样上下端之间的温差，如果计算出来的数据中，没有一个超过1℃的，这个搅拌器就符合要求。

（5）温度计的精确度　作为测定用的温度计，用标准温度计进行校准时，在50～105℃的范围内的任何一点，误差不超过0.5℃。

1.15.3　简易测定方法

1.15.3.1　试样制备

按图1-8所规定的部位“8”用模刀沿纵向切取试样。试样尺寸70mm×10mm。

1.15.3.2 仪器

简易收缩温度测定仪，可以自制，如图 1-31 所示。

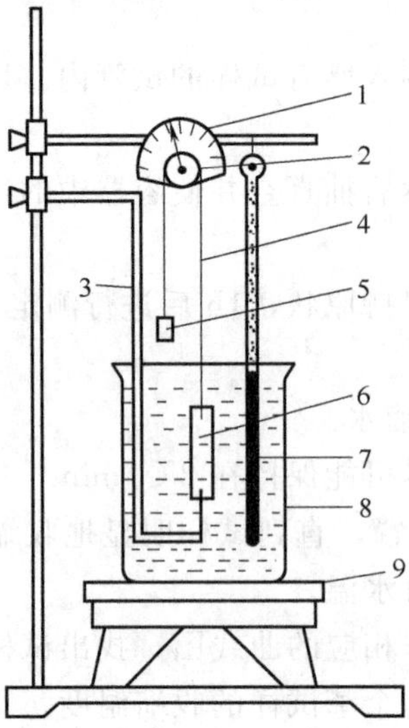

图 1-31 简易收缩温度测定仪

1—固定的刻度盘 2—有指示针的活动滑轮 3—末端有钩的粗金属丝 4—线（一端连铜钩，一端连砝码） 5—砝码 6—革样 7—温度计 8—烧杯 9—电热板或电炉

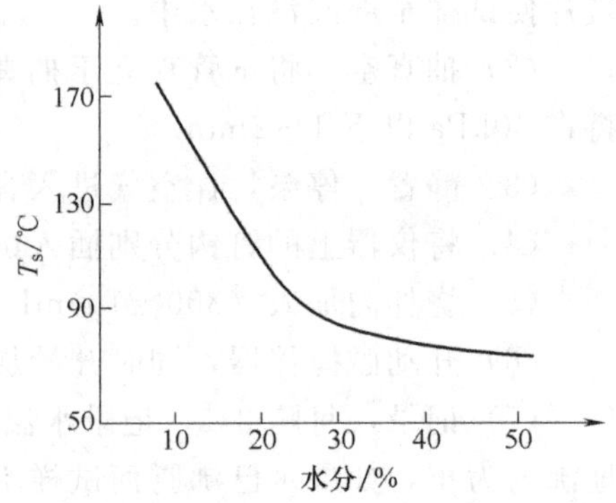

图 1-32 革中水分含量对收缩温度的影响

1.15.3.3 操作方法

试样在 (20±2)℃下充分浸水（1～2h），使革样变软，再平直夹持在夹具上，连同温度计一起浸没在盛蒸馏水（或自来水）的烧杯中，然后加热使水温逐渐上升，升温速度为 2℃/min，不断轻轻搅动水，令其保持缓慢而均匀的流动，直到革样开始收缩时，指针发生大幅度偏转，立即记下此时溶液的温度即为收缩温度。

注：① 皮革在收缩前有膨胀过程。膨胀程度大小不一，但膨胀会使指针向相反的方向偏转，应将其拨回到零点，继续升温。

② 测定植物鞣革用水作为溶剂，测定面革可用甘油（沸点 290℃）代替。因为面革的收缩温度比较高，有的超过 100℃。

1.15.4 影响收缩温度的因素

1.15.4.1 革的内部因素

（1）水分含量的影响 同一种革，其水分含量不同，耐湿热性就不同，在一定限度内降低革中水分含量可以使收缩温度提高，但革中水分增加到 30%时，收缩温度几乎不起变化，如图 1-32 所示。

试验证明，预先干燥到水分为 7%～8%的软革可以经受加热到 170℃而不收缩。但水分增加到 30%时（以绝干计为 42%），收缩温度几乎不起变化。此现象可以认为是由于胶原蛋白质的极性基已全部水合，即使再增加水分，对收缩温度也无作用，所以试样要充分浸水，使其含水量超过 30%，消除水分含量不同所带来的误差。

（2）鞣制方法的影响　鞣制使胶原（生皮）的收缩温度提高（革），不同的鞣制方法，效果也不同，如未经鞣制的生皮收缩温度为 59～68℃，植鞣底革收缩温度可提高到 70～82℃；铬鞣革可增加到 100～130℃。所以可以通过收缩温度的高低研究不同鞣剂的鞣制机理。

（3）鞣制程度的影响　对于铬鞣革来说，提高铬盐的浓度，可以提高革的收缩温度，且收缩温度几乎与其含铬量成直线关系，因此我们说收缩温度的测定，可以一定程度地代替含铬量的测定。

植鞣革也是同样，结合鞣质增多，收缩温度也提高。反过来收缩温度的高低可以判断鞣制程度。

（4）革的 pH 的影响　革含游离酸时，湿热对革的破坏作用特别明显，收缩温度显著降低，这样的革放置时间长了，由于酸对皮纤维的腐蚀作用，也使收缩温度降低。所以革的 pH 不能太低。

1.15.4.2　测定条件的影响

（1）升温速度的影响　升温速度对测定数据影响很大。如果升温太快，测定结果偏高，例如胶原纤维以 2.5℃/min 升温时，测收缩温度为 64.5℃，而以 4℃/min 升温时测收缩温度为 67.5℃，所以升温要慢且均匀，但过于慢也不好，因为升温太慢可能导致鞣质与胶原间发生配位分布的变化，在含有不稳定络合物时重新起鞣制作用，使测定值偏高。因此在测定收缩温度时必须严格控制升温速度，一般以 2℃/min 为宜。

（2）试样的大小和夹持情况对测定值有直接关系　试样越大，胶原纤维束之间的三度空间编织对热平衡的阻碍越大，胶原纤维的渐近收缩过程越长，所以收缩温度也越高，因此取样要按照统一规格。

夹持试样时，纤维方向与夹持方向一致，则收缩温度最高，若夹持过紧，是在固定状态下收缩，胶原产生了内力，这与自然收缩的情况有差别，而影响了测定结果。

（3）仪器的灵敏度　要求带动指针的轴摩擦力最小，温度计要灵敏，升温装置适当，严格控制升温速度。

1.16　皮革密度的测定

1.16.1　概述

密度是一种材料的主要物理性质，是单位体积物体的质量，由于皮革是属于多孔性疏松的材料，在革之中有许多大小不同，排列不规则的微孔，所以革的密度分为视密度（表观密度）和真密度。

单位体积的革（包括革中的孔隙在内）的质量为革的视密度，即表观密度，以 $\rho_{表}$ 表示。

将微孔所占的体积排除在外的单位体积革的紧实物质的质量，称为真密度，以 $\rho_{真}$ 表示。

视密度和真密度均以 g/cm^3 为单位。

通过视密度和真密度可以计算革的孔隙及孔率，从而研究革的多孔性质，这种性质与皮革的透气性、透水汽性、保温性能关系很大。

皮革内的孔隙是由皮纤维间的空间、毛管、汗腺管和皮脂腺管所形成的，小孔的体积所占皮革体积的百分率称为孔率（P）。

则
$$P=[(\rho_{真}-\rho_{表})/\rho_{真}]\times 100\%$$
$$P=(1-\rho_{表}/\rho_{真})\times 100\%$$

式中：P——孔率（%）；

$\rho_{表}$——革的表观密度（g/cm^3）；

$\rho_{真}$——革的真密度（g/cm^3）。

革的孔率取决于原皮组织构造的紧密度，制造过程中的操作特点，毛囊、汗腺和皮脂腺的分布情况等。机械操作中的拉软、压光等操作影响皮革的疏松程度，故对视密度影响较大。生产过程中皮革的化学组成的变化，如鞣质的结合、填充等都影响真密度。一般情况革的视密度变化范围较大，而真密度变化较小。一般铬鞣革视密度在 0.68～1.00g/cm^3；植鞣革在 0.79～1.10g/cm^3。

革的孔率与透气性、透水汽性的关系见表 1-4。

表 1-4　各种革的孔率对透气性、透水汽性影响的比较

革的种类	厚度 /cm	孔率 /%	透气性 /[mL/(m²·s)]	透水汽性 /[g/(m²·24h)]
铬鞣底革(含硫酸钡和蜡)	0.51	20	0.70	28.3
铬鞣面革	0.19	34	7.2	360.0
坚木鞣牛底革	0.43	45	38	537.0
栗木鞣牛底革	0.48	50	64	554.0
铬鞣牛底革	0.58	60	38	492.0
醛鞣鹿革	0.23	63	55.4	900.0

皮革的许多独特的性质，与它的纤维特殊编织方式造成的大量的天然微孔有关。例如，皮革的透水汽性就是由于它有许多连续的微孔网络；皮革的异常抗弯曲疲劳性是由于在微孔结构内革的细小纤维可以在压力下重新定向；在多孔结构内保留了空气，使革有高的保温性能和绝热性，这些都是革制品尤其是皮鞋所需要的。

1.16.2　视密度的测定方法

（1）试样制备　按图 1-8 所示位置“10”，用刀模切取一圆块试样，直径为 5cm，并进行空气调节。

（2）测定厚度　在试样上取 4 点，其中一点 O 为试样中心点，其他 3 点 a、b、c 离粒面中心 O 约为 2cm，a、b、c 3 个点连线为等边三角形，在定重式测厚仪上分别测定 a、b、c、O 4 点的厚度，然后计算平均值，以 d 表示厚度。

（3）测定直径　用直尺在粒面上量取两个互相垂直的直径，再在肉面上量取两个相互垂直的直径，4个数的平均值作为试样的直径，以 D 表示。

（4）称重　将试样置于精确度为0.01g的工业天平上称量，以 m 表示。

（5）计算　革试样的视密度：

$$\rho_{表}=m/V=4m/(\pi D^2 d)$$

式中：$\rho_{表}$——革样的视密度（g/cm^3）；

m——革样的质量（g）；

V——革样的体积（cm^3）；

D——革样的平均直径（cm）；

d——革样的平均厚度（cm）。

注：① 易于压缩的革，测定厚度时，测厚仪上所加的负荷可以适当减小，但应在报告上如实说明。

② 如果试样切自厚薄不均的皮革，测取的厚度点应在3个以上。

③ 测视密度的试样应留下做吸水性实验。

1.16.3　视密度和真密度同时测定

（1）仪器

① 滴定管：经过校正，并固定在架上。

② 100mL容量瓶。

（2）试样准备　将试样切成长20mm、宽2～3mm的小窄条，并仔细清除所附革屑。

（3）操作方法　在工业天平上称取试样5～10g，精确到0.01g。置入容量瓶中，然后由滴定管加入甲苯至标线。记下所用甲苯的体积，以 V_1 表示之，用瓶塞或滤纸盖住瓶口以避免尘埃。静置一昼夜，此时革内孔隙就被甲苯所充满，同时瓶内甲苯体积应减少，待达到确定不变的水平面时，再滴入甲苯以补足此减少的体积，记录此体积为 V_2，则革样紧实物质的体积 $V_{紧}$ 为：

$$V_{紧}=V_0-(V_1+V_2)$$

将瓶中甲苯及试样全部倾出，用滤纸把试样表面所附甲苯轻轻吸尽。再将试样放入容量瓶中，加入甲苯到标线，所用甲苯体积以 V_3 表示。容量瓶体积 V_0 与这次加甲苯体积 V_3 之差即为试样的紧实物质再加上它的空隙的总体积，即视体积（表观体积）$V_{表}$。即：

$$V_{表}=V_0-V_3$$

而试样孔隙的体积 $V_{孔}$ 等于：

$$\begin{aligned}V_{孔}&=V_{表}-V_{紧}\\&=V_0-V_3-V_0+(V_1+V_2)\\&=V_1+V_2-V_3\end{aligned}$$

（4）计算

$$\rho_{表}=m/V_{表}$$

$$\rho_{真}=m/V_{紧}$$

$$孔率\quad P=(V_{孔}/V_{表})\times 100\%$$

$$=(1-\rho_{真}/\rho_{表})\times 100\%$$

式中：m——革样的质量（g）；

V_0——容量瓶的体积。

1.17 皮革吸水性的测定

1.17.1 概述

革的吸水性是测定革试样在规定温度的定量水中浸泡15min和24h后所吸收水的质量或体积所占革试样质量的百分比，它是用来表征革的防水性的。吸水性越小，防水性越好。这对于底革尤为重要，因为植鞣底革在穿用时，经常与水接触，吸水性强的革则影响耐穿性，同时，在保存过程中会大量吸收空气中水分，而容易生霉。

皮革是疏松多孔的材料，它的吸水性，很大程度上取决于革的孔率的大小，但与革的纤维组织的紧密度，革中的油脂含量及填充物质有关系。如革内油脂含量高，则降低革的吸水性；底革的吸水性还随鞣制程度的增高和滚压的加强而降低；猪毛孔径大，且深入皮下，猪革比牛革更容易吸水。革吸水时，肉面比粒面快，铬鞣革的吸水性高于植鞣革，24h以后，植鞣革吸水性为46%～82%，而铬鞣革高达107%。

吸水性测定有两种方法：称重法和库柏尔皿法（容量法）。

1.17.2 称重法

1.17.2.1 试样制备

测过密度的试样（空气调节过的）。

1.17.2.2 仪器

（1）感量为1/1000的天平。

（2）容积约为100cm^{3}的圆形平底玻璃皿。

（3）镊子。

1.17.2.3 操作方法

（1）称重，记作m，准确到0.01g。

（2）将几粒玻璃珠放在平底玻璃皿内，再将试样粒面向上平放在玻璃珠上。

（3）加入比该试样重10倍左右的（20±2)℃的蒸馏水于皿中，并在试验过程中保持规定的水温，试样若有漂浮现象可以加入几枚玻片或玻棒于试样上面。

（4）经过15min后，用镊子取出试样，再用滤纸轻轻吸取试样表面的浮水。

（5）称重，记作m_1。

（6）再将称重后的试样放入原来的盛水器中继续浸泡23h 45min（加前面的15min，总共24h)，再取出用滤纸轻轻吸取表面浮水。

（7）称重，记作m_2。

1.17.2.4 计算

$$A_{15}(\%)=\frac{m_1-m}{m}\times 100$$

$$A_{24}(\%)=\frac{m_2-m}{m}\times 100$$

式中：A_{15}——试样 15min 吸水性（%）；

A_{24}——试样 24h 吸水性（%）；

m——试样原质量（g）；

m_1——试样浸泡 15min 后的质量（g）；

m_2——试样浸泡 24h 后的质量（g）。

注：试样的取放、称重以及吸取其浮水等动作必须熟练，迅速。

1.17.3　库柏尔皿法

1.17.3.1　试样

测过密度的试样，质量为 m（g）。

1.17.3.2　仪器

（1）库柏尔皿　如图 1-33 所示。

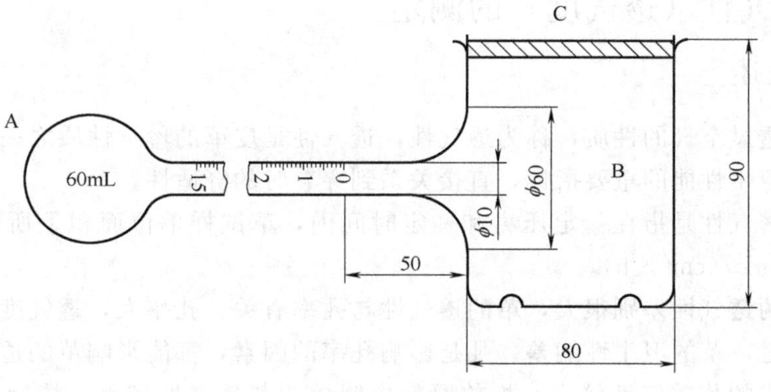

图 1-33　库伯尔皿

（2）天平　精确到 0.01g。

1.17.3.3　操作方法

（1）用蒸馏水将库伯尔皿的内壁浸湿，倾去蒸馏水，再将库伯尔皿垂直竖立，慢慢加入蒸馏水到刻度“0”处；

（2）将库伯尔皿平放于工作台上，将经调节后的试样粒面向上放入库伯尔皿 B 内，再将圆球部分慢慢抬起让蒸馏水全部流入 B 内，将试样全部浸没（如做轻革，可用小玻棒压于试样上），皿口盖上表面皿，以免水分蒸发。

（3）在室温下放置 15min 后，取下皿盖，将仪器慢慢竖立使水全部流入圆球和刻度管中，保持 1min，将试样上粘附的水，都用玻棒移入皿中，读取水分损失体积 V_1。

（4）立即放下仪器重复以上操作，总共 24h 后再读取水分损失体积 V_2。

测定时应做平行试验，并做空白试验（不加试样的以上操作），以校正水分蒸发和黏附器皿的损失量。

1.17.3.4 计算

$$A_{15}(\%)=\frac{V_1-V_{01}}{m}\times 100$$

$$A_{24}(\%)=\frac{V_2-V_{02}}{m}\times 100$$

式中：A_{15}——试样 15min 吸水性（%）；

A_{24}——试样 24h 吸水性（%）；

V_1——15min 水分损失量（mL）；

V_2——24h 水分损失量（mL）；

V_{01}——15min 空白试验水分损失量（mL）；

V_{02}——24h 空白试验水分损失量（mL）；

m——试样质量（g）。

注：控水时间不计入浸水时间内。

1.18 透气性（透气度）的测定

1.18.1 概述

革能够透过空气的性质，称为透气性，透气性是皮革的珍贵性质之一，它与透水汽性同是革的卫生性能的重要指标，直接关系到穿着时的舒适性。

皮革的透气性是指在一定压力和一定时间内，革试样单位面积上所透过空气的体积，结果以 mL/(cm^2 · h)。

各种革的透气性差别很大，革的透气性与孔率有关，孔率大，透气度大，革的卫生性能好；反之，革的卫生性能差。凡是影响孔率的因素，都能影响革的透气性，如用紧密原料皮制成的革透气性较小，松软原料皮制成的革透气性较大，植鞣革的透气性较小，一般为 80～120mL/cm^2 · h。铬鞣革的透气性较大一般为 2000～5000mL/cm^2 · h。在制革工艺过程中，凡是足以使纤维组织松软，增加纤维间隙的操作，如酸、碱、酶的处理、拉软等都可以增加革的透气性；反之，凡是使纤维组织紧密和减少纤维间隙的操作，如打光滚压、烫平、填充等都可以减少透气性，此外，涂饰剂薄膜的性质，对成革的透气性也有很大的影响。

在制鞋过程中，如鞋帮里和帮面之间涂抹糨糊的面积过大，也影响革的透气性。

1.18.2 仪器

（1）秒表。

（2）H.C 费多罗夫皮革透气性测定仪　如图 1-34 所示。主要规格如下：

① 量筒内排气口与玻璃管嘴尖端之距离为 100mm；

② 试样透过空气的面积为 10cm^2；

③ 橡皮连通管的内径为 8～10mm。

本仪器由一项具有磨塞的刻度量筒 11 容积为 100mL，及一个固定在底板上的空心圆柱形空气室（夹样筒）2 组成。空气室内有突出部分，在其上面有橡皮圈，就在橡皮圈上安放试样（若上盖与空气室接触很严密不漏气，也可不要突出部分和橡皮圈）。空气室顶部有螺纹，底侧有穿孔，在穿孔内接头连以橡皮管 10，盖帽 3 是空心的环状物，大部有螺纹，可以靠 4 个螺旋帽紧密的嵌入空气室的上部，盖帽的内径和空气室内环状突出物的直径都等于 3.56cm，相当于面积为 $10cm^2$。刻度玻璃筒底部有两根玻璃管穿进筒内，其中一根玻璃管和管口在刻度圆底面上，这根玻璃管接以橡皮管 8，再紧接带尖嘴的玻璃管 9，橡皮管用弹簧夹 7 夹住；另一根玻璃弯管 14 上部弯曲，端部微微向上，深入到刻度玻璃圆筒内，下端从筒底穿出，与橡皮管 10 相连接，在橡皮管的另一端与空气室下面的接头相接。

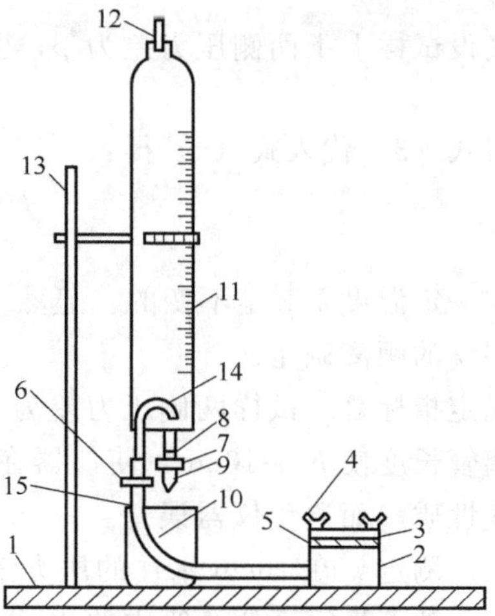

图 1-34　皮革透气性测定仪

1—底板　2—夹样筒　3—盖帽　4—元宝螺丝　5—试样　6,7—弹簧夹　8,10—橡皮管　9—玻璃管　11—刻度玻璃量筒　12—玻璃磨塞　13—铁架　14—玻璃弯管　15—烧杯

1.18.3　原理

在试样两侧相反的方向上形成空气的压力差，测量在此条件下通过试样的空气体积（mL），透气性的指标就是在试样两侧相反方向上的压力差等于 10cm 水柱（980Pa）时，每小时通过 $1cm^2$ 试样的空气体积（mL）。

(1) 仪器的标准状况（见图 1-34）　设外界大气压为 $p_大$，量筒内水柱上面空隙的压力为 p_0，由液面到玻璃管口末端 a 的高度为 H，水的密度为 ρ，弯管口 b 到液面的距离为 h_1，由 b 到 a 的距离为 h_2。

当封闭筒上，打开玻璃管弹簧夹 7（同时关闭弹簧夹 6 时）a 点大气压与量筒内压力平衡此时有，

$$p_大 = p_0 + H\rho$$

则：

$$p_0 = p_大 - H\rho \quad (1)$$

打开弹簧夹 6 和 7 时，在量筒内 b 处压力 p_b 为：

$$p_b = p_0 + h_1\rho \quad (2)$$

将（1）代入（2）得：

$$p_b = p_大 - H\rho + h_1\rho$$

因：

$$H = h_1 + h_2$$

则：

$$p_b = p_大 - H\rho + H\rho - h_2\rho$$

$$p_b = p_大 - h_2\rho \quad (3)$$

因试样筒内试样下侧与 b 点相通，所以试样下侧的压力也是 p_b（管路损失忽略

不计）。

又设试样上下两侧压力差为 p，因试样上侧暴露在空气中：所以：

$$p=p_{大}-p_0 \tag{4}$$

将式（3）代入式（4）得：

$$p=p_{大}-(p_{大}-h_2\rho)$$

$$p=h_2\rho$$

在一定温度下 ρ 是不变的。显然 p 取决于 h_2，即试样两侧的压力差由弯管口 b 到玻管口端 a 的距离确定。

规定指标是，试样两侧压力差为 10cm 水柱（980Pa），即 $p=10\rho$，所以试验前应调好玻璃管长度使 $h_2=10$cm，使仪器在标准状况下工作，使所测透气度仅反映皮革本身的透气性质，而避免仪器误差。

（2）测定　在 10cm 水柱的压力下，空气从一定面积的试样上侧流经革的孔隙从排气口进入玻璃量筒至使量筒中的水位下降，水被排出。水位由 0 下降到 100mL 时所需要的时间就相当于一定面积的试样透过 100cm³ 空气所需的时间。

1.18.4　操作方法

（1）检查仪器　试验前必须检查仪器是否安装好，并将弯管口 b 与玻璃尖端 a 之间距离调到 $h_2=10$cm，然后夹紧量筒下端弹簧夹 6 和 7 后注入水，并将量筒用玻璃塞塞紧，打开弹簧夹 7，如果无水流出，则表明仪器不漏气，符合试验要求。重新夹紧弹簧夹 7，并将与试样等面积的橡皮片放入夹样筒 2，然后上紧螺帽，先打开弹簧夹 7，再打开弹簧夹 6，如果玻璃管口 a 无水流出，则表示各接头不漏气，可确定全部装置符合要求。

（2）空白试验　在不放橡皮片及试样的情况下，测定 100mL 空气从试样进入量筒的所需时间，即为空白试验。为此先将 (20±3)℃ 的蒸馏水装满量筒，塞紧玻璃塞，先打开弹簧夹 7，再打开弹簧夹 6，水从玻璃管口 a 处流出，当量筒内水位下降到"0"位时，立即开动秒表，待水位降到刻度 100mL 时立即停止秒表记录所需时间，以 t_0（s）表示，空白试验不得少于两次，平行试验之差小于 0.5s。

t_0 应在 (20±1)s。若不在此范围内可改变玻璃管 9 的直径和橡皮管 10 的长度，以增减管路阻力。

（3）试样试验　按规定图 1-8 所示部位 10 切取一圆形试样并进行空气调节，夹紧试样，再按空白试验操作，通过试样 100mL 空气所需时间 t（s），同时做试样试验两次以上，平行试验相差小于 0.5s。

1.18.5　计算

$$K=\frac{100\times3600}{10(t-t_0)}$$

$$=36000/(t-t_0)$$

式中：K——试样透气度 [mL/(cm²·h)]；

t——规定面积试样透过 100mL 空气所需时间（s）；

t_0——空白试验所需时间（s）；

10——透过空气的试样面积（cm^2）。

如果试样透气性很小，通过100mL空气的时间在15min以上时，则应把量筒内水位调到“0”位后，记下5～10min内透过空气的量（观察记录水位下降的体积）结果可按下式计算。

$$K=\frac{3600}{10\times(t_1V-t_0/100)}$$

$$=\frac{36000V}{100t_1-Vt_0}$$

式中：K——透气度［mL/(cm^2·h)］；

t_1——规定面积（$10cm^2$）试样透过VmL空气量所需时间（s）；

t_0——空白试验所需的时间（s）；

V——规定面积试样透过的空气量（mL）。

1.19　皮革透水汽性的测定

1.19.1　概述

皮革的透水汽性，是指它们让水蒸气由湿度较大的空气中透过到湿度较小的空气中的能力，正因为皮革有这种性能，能排除穿用者身体上的汗气，使穿用者感到舒适，这是现今一切合成材料所不及的。所以常用革的透水汽性和透气性来表征革的卫生性能，是革的卫生性能的重要指标。

透水汽性定义为试样在单位面积单位时间内所透过的水蒸气量，其结果以mg/($10cm^2$·24h)或mg/(cm^2·h)计。

透水汽性的大小由革的孔率来决定，凡是影响革的孔率的因素如皮组织结构、加工过程、涂饰材料等都直接与革的透水汽性能有关。此外也依所处环境的相对湿度和温度而定，试样两边空气的温度和相对湿度的差值越大，透水汽性也越大。

测定透水汽性有两种常用的方法，一种是静态法，另一种是动态法。静态法是将试样紧密盖于盛有水的小皿或小杯内，再把小杯放在盛有干燥剂的干燥器内（或将小皿内盛有干燥剂，试样封闭于小皿上，再放入盛水的干燥器中），利用试样两边空气的湿度差，使水汽透过试样，再根据小杯在一定时间内所失去或增加的质量，来确定透过试样的水汽量；而动态法也是将试样密封在盛有干燥剂的小杯上，与静态法不同的是将小杯固定在一个转动的设备上旋转，利用杯内转动着的干燥剂来搅动杯内空气，而试样边的空气是在一定温度、湿度下，以一定速度流动着，动态法也是利用称量来测定透水汽的量。

1.19.2　静态法测定透水汽性

1.19.2.1　仪器

（1）透水汽性试验皿　如图1-35所示。

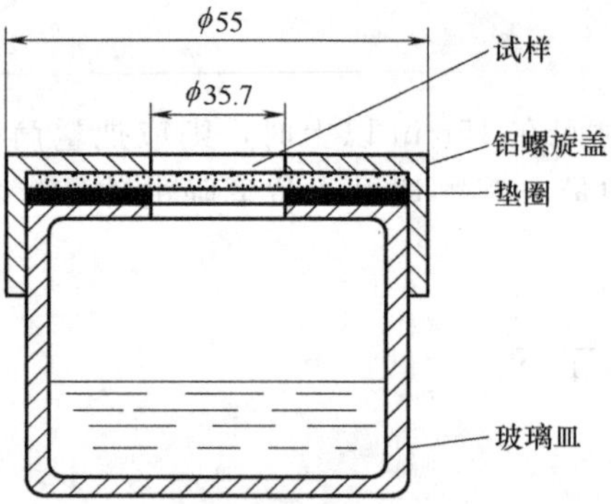

图 1-35 透水汽性试验皿

（2）天平 精密度 1/1000。

1.19.2.2 试样制备

与透气性测定用同一个试样。

1.19.2.3 操作

量取 30mL 蒸馏水置于皿内，依次放上橡皮垫圈、试样，然后将铝质螺旋盖上紧，不得漏气，再于天平上称量。然后将试验皿放入盛有相对密度为 1.84 的浓硫酸的干燥器中（干燥器直径为 25cm），再将干燥器置于（20±1)℃的空气中，静置 24h 后再称量。

1.19.2.4 计算

因透过水汽的试样面积正好为 $10cm^2$，故：

$$革的透水汽性[mg/(10cm^2 \cdot 24h)]=m_1-m_2$$

式中：m_1——试样及皿未放入干燥器前的质量（mg）；

m_2——试样及皿放入干燥器静置 24h 后的质量（mg）。

为了避免试样与试验皿密封不好而造成漏气，应将铝质螺旋盖向下压紧拧紧，若和皿密封不好，接触边缘有缝隙，可用蜂蜡密封。

1.19.3 动态法测定皮革的透水汽性

1.19.3.1 试验原理

在一定的温湿度条件下，皮革试样被固定在运动的测试瓶口，测试瓶内装有固体干燥剂，测试瓶运动时，水汽通过皮革试样被固体干燥剂吸收，在规定时间内对测试瓶称重则可确定这段时间内水汽通过皮革试样而被干燥剂吸收的质量，再根据测试瓶口内径，计算皮革试样的透水汽性［$mg/(cm^2 \cdot h)$］。

1.19.3.2 仪器和材料

（1）皮革透水汽性测定仪 包括以下零件：

① 测试瓶：如图 1-36 所示，配有带丝口的盖子，盖子上开有直径为 30mm 的圆孔，圆孔与瓶颈内径大小相等。瓶口平面与瓶颈内壁垂直。

② 测试瓶支架：由电动机带动，转速是（75±5)r/min，测试瓶放在形状像一个车轮的圆形支架上，中间有 6 个孔，如图 1-37 所示，可以同时夹住 6 个测试瓶。测试瓶的轴线应与圆轴线相平行，两轴线相距均为 67mm。

③ 风扇：正对测试瓶口前面装一只风扇。风扇有在一个平面上的三片平的叶片，它们相互间的夹角为 120°，轮轴的延长线通过叶片的平面，每个叶片的尺寸是 90mm×75mm，每个叶片的长边经过瓶口时，其最近距离不超过 15mm。风扇用的电动机转速为（1400±100)r/min。仪器在温度为（20±2)℃、相对湿度（65±2)%的空气调节室中使用。

图 1-36　测试瓶

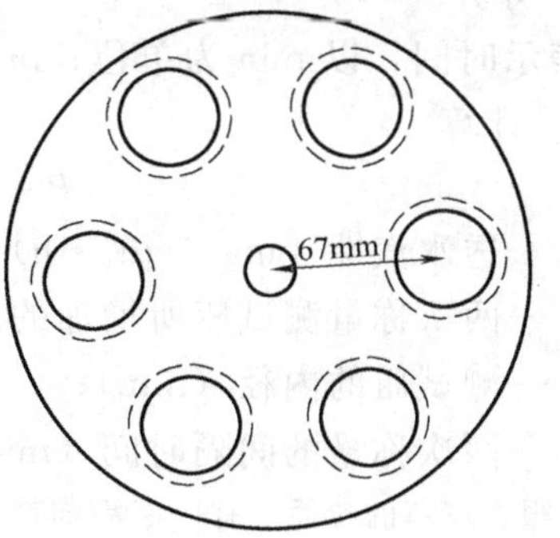

图 1-37　瓶架

（2）硅胶　必须是刚在（125±5）℃空气流通的烘箱里烘干，时间至少 16h，并须在密闭的瓶中冷却 6h 以上，硅胶的颗粒要大于 2mm 筛孔。

（3）精密度为 1/1000 的天平。

（4）计时器。

（5）游标卡尺　刻度可读至 0.1mm。

（6）圆直径为 34mm 的刀模。

1.19.3.3　试样制备

圆形试样，直径等于瓶颈的外径（约 34mm），按规定图 1-8 所示部位 10 切取。

（1）在待测的样块上切取边长为 50mm 的正方形。

（2）如无其他规定，可按下列方法轻磨革面：将革粒面向上放在桌上，用一张 180 号的金刚砂砂纸放在粒面上，然后用手压在砂纸上均匀地压向各个方向移动 10 次，所施压力大致 2000N。

（3）从磨过的革上可切取上述大小的圆形试样。

1.19.3.4　操作手续

（1）先将干燥的硅胶装入第一瓶内，只装半瓶（试验时每份试样需用两个测定瓶），将试样使用面向内盖住瓶口，加盖固定，再将此瓶放进仪器的夹持器中，开动电动机。

（2）用游标卡尺分别在两个垂直方向上测量第二只瓶颈的内径，精确到 0.1mm，算出直径的平均值 d，以 mm 为单位。

（3）必要时将第二只瓶加热升温，并在瓶颈上平滑的一端轻轻涂上一层蜂蜡以防瓶颈与试样漏气。

（4）仪器转动 16～24h 后，停住电动机，取出第一只瓶，将新干燥过的硅胶放入第二只瓶内，用量仍为所需装满此瓶的一半，立即取第一只瓶的试样，将此试样仍是使用面向内，用上法固定在第二只瓶口上。

（5）尽快称出第二只瓶、试样与硅胶的总质量，并记录称量时的时间，将瓶放进仪器上固定，开动仪器。

（6）仪器转动 7～10h，停机，取出称重并记录称重的时间。

1.19.3.5 计算

设 t 表示时间，以 min 为单位；m 为两次称量测试瓶所增加的质量，以 mg 表示，则 P 按下式计算

$$P=(76.39m)/(d^2 t)$$

式中：P——透水汽性 [$mg/(cm^2 \cdot h)$]；

m——两次称量测试瓶所增加的质量（mg）；

d——测试瓶的内径（mm）；

t——两次称量的间隔时间（min）。

注：① 很多皮革的粒面上有一层涂饰剂，会降低革的透水汽性，但涂饰剂经曲折或轻磨后对透水汽性测定就没有多大影响了。因此，如无其他规定，测定试样试验前应在粒面上轻磨，其目的不是磨去粒面上的涂层，而只是轻轻地刮一下，这样所施的力并不算很标准，2000N 的力仅仅是粗略的估计。由于革在磨面时可能产生变形，因此在未磨前，不能切取圆形试样。

② 大部分轻革试样不必用蜂蜡密封试样与瓶的连接处，因为如果将螺丝向下压紧，试样是能夹紧的。但如果试样厚度超过 3mm，往往比较硬，就有必要用蜂蜡密封。如试样的透气性低或经过压花，那么即使是轻革也要用蜂蜡密封，因这样的革仅靠夹紧不可能保证在边缘处不漏气。

③ 如需要在第二个瓶上涂蜂蜡，可在放入硅胶和试样前将瓶放在 50℃ 的烘箱内加温，然后在瓶口涂一层蜂蜡。

④ 用上式所得透水汽性 P 是温度 (20±2)℃、相对湿度 (65±2)% 的条件下的透水汽性，如温度不变而仅仅改变相对湿度，大多数的透水汽性增加的比例，大致与相对湿度之差的比例一致，在相对湿度差恒定时，透水汽性一般随温度的增加而增加，差不多与水的饱和蒸汽压的比例相同。

⑤ 硅胶在干燥前应经过筛选以除掉小粒和灰尘，如在 125℃ 的干燥温度下不会使硅胶的吸收能力降低，则干燥温度无需增高。烘箱不必用风扇通风，但不能封闭，必须使箱内的空气不断与外界的空气交换。硅胶的温度如高于试样时，绝不能使用，因为硅胶在试验瓶中慢慢冷却会影响试验条件，因此在使用前须将硅胶经长时间的冷却。

1.20 面革动态防水性的测定

皮革经常在穿着时遇水，为了测定有渗透性的鞋面材料的防水性能，设计了试样在不断曲挠状态下，使曲折部分的粒面与水相撞触的试验仪器，测定革在这种类似穿着状况下的防水性。

革的防水性与原料皮的组织结构有关，与革的鞣制、整饰关系很大。革身紧实，防水性好，加脂、填充和辊压都会提高其防水性。轻革表面使用疏水性涂饰剂时，将会得到较好的防水效果。

防水性的测定项目有：

(1) 水从试样的一面正好透过到另一面时所需的时间。

(2) 试样从开始曲折到一个或更多个规定时间内吸水质量的百分率。

(3) 在一个或更多个规定时间内，水从革的一面透到另一面的质量。

1.20.1 试样制备

75mm×60mm，长的一边与背脊线平行。

1.20.2　仪器——动态防水测定仪

包括下列部件（见图 1-38）：

（1）不易腐蚀、绝缘的钢体材料圆筒两个，直径 30mm，分别装在同一水平的两个轴上，两轴心在同一直线上。其中一圆筒固定，另一个由马达通过曲柄带动，沿轴心方向往复移动，移动速度为 50 次/min，移动幅度（以两圆筒为最大距离时的中心位置为准）是 1.0、1.5、2.0 或 3.0mm，两圆筒相邻两平面间的最大距离为 40mm，这 4 个移动幅度相当于两圆筒的间距缩短了 5%、7.5%、10%或 15%。

（2）环形夹　用来使试样较长的两边固定在两个圆筒相邻两端的周围，使试样成为一个长槽形状，其两端被圆筒封住。

（3）水槽　使长形试样的一部分浸入水中。

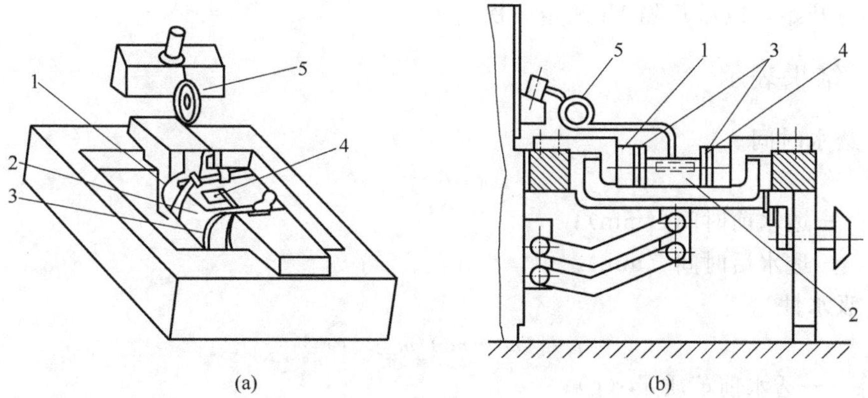

图 1-38　动态防水测定仪

（a）俯视图　（b）侧视图

1—圆筒　2—试样　3—环行夹　4—极板　5—极板连线

（4）电操纵装置　当水一透过试样时就能自动发出信号。其中包括一个细的螺旋状黄铜车床削所形成的易于压缩又能导电的垫子，上端连一个金属电极板。当电路接通后，电板与水箱内的水间的电阻降到一定数值以下时，即可发出信号。

（5）吸水布　120mm×40mm，质量约 300g/m^2。

（6）计时装置。

（7）分析天平。

1.20.3　操作

（1）用 180 号金刚砂纸轻轻摩擦试样粒面（以 9.8N 的力在砂纸上磨 10 次，每次移动 100mm）。

（2）将防水测定仪拨到所需的曲折幅度。

（3）称取试样质量为 m_1。

（4）将两圆筒放于相距最远的地方，并将试样包在圆筒相邻两端的周围，使之形成革槽，使试样较短的两端相互平行，并在同一个水平面上，粒面向外。当试样伸直时，在两圆筒之间应略显张力。要求用环形夹夹住试样时，试样两端重叠在圆筒上的长度相同（约 10mm），以使试样的活动部分等于圆筒端面间的距离。

（5）将黄铜车床车削放入革槽内，将电极板放低至与它相碰。

（6）加水入水箱至水面离圆筒上面 10mm。记时间 t_0。开动马达，当第一次透水时立刻记下时间 t_1。

（7）停止马达，取下试样，用吸水纸轻轻吸收表面的附着水，并称出其质量 m_2，尽快放回，再开动马达。

（8）称量干吸水布为 m_3，将布卷成 40mm 长的圆筒，放入革槽，将电极放在布卷上。马达运转规定时间后，立即将布取出（可用布卷吸取革槽中的浮水）称重 m_4。

（9）如无其他规定，测定吸水性应从试验开始 1h 测定一次。透水试验是在透水后第一个小时开始，以后每隔 1h 测定一次。

1.20.4 结果表示

（1）透水时间

$$t=t_1-t_0$$

式中：t_0——透水前时间（min）；

t_1——透水后时间（min）。

（2）吸水性

$$p=[(m_2-m_1)/m_1]\times 100\%$$

式中：m_1——透水前革质量（g）；

m_2——透水后革质量（g）。

（3）透水性

$$m=m_4-m_3$$

式中：m_3——干吸水布质量（g）；

m_4——透水规定时间后吸水布的质量（g）。

1.20.5 圆筒往复移动幅度的选择

革的厚度不同，曲折幅度不同，则透水速度也不同。仪器带有选择曲折幅度的辅助设备以选择适宜的往复移动幅度（见图 1-39）。

（1）该设备有如下部件

① 两个在同一轴上的圆筒和固定试样的环形夹。转动摇柄可使一个夹移向另一个夹，移动距离由量表看出。

② 一个圆筒上带有弹簧，当一个弹簧夹向另一弹簧夹移动而使革曲折缩短时，弹簧就被压缩，并表示出受压的负荷（负荷超过 120N 时，应停止试验）。

（2）操作

① 圆筒距离为 40mm，夹试样于辅助设备上，以约 5s 移动 2mm 的速度，使一个圆筒移向另一圆筒 2mm（相当于缩短试样活动部分长度的 5%）。重复如此操作，立即读

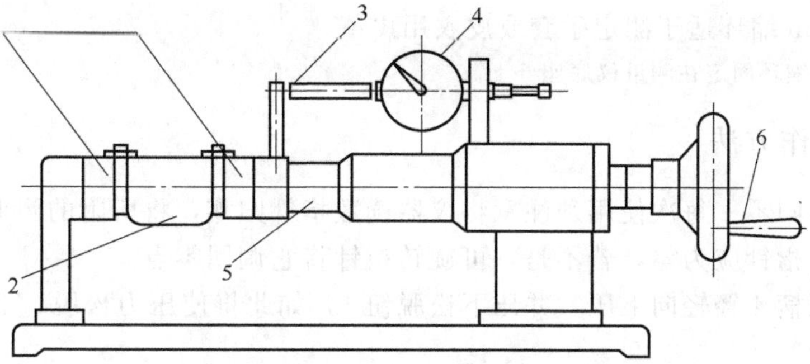

图1-39　选择曲折幅度的辅助设备

1—圆筒（试样的活动面40mm）　2—试样　3—弹簧　4—测量负荷的量表

5—刻度尺（表示圆筒的移动距离）　6—摇柄

出负荷数。

② 如①操作，只是使试样长度减少10%（4mm）。

（3）幅度的选择

① 计算上述①、②操作所得数据的平均值，若超过100N，则选用5%幅度做透水试验，若平均值在50～100N，就选用7.5%的幅度。

② 如果平均值小于50N，可选①法进行测定，但试样长度的减小是选用15%。

③ 若平均结果超过20N，可用10%幅度，小于20N者用15%。

1.21　皮革柔软度的测量

好的皮革丰满、柔软有弹性，柔软性是皮革的重要手感性能。长期以来国内对柔软性的鉴定一直沿用的是传统的感官检验，即“手膜眼看”。这种感官检验有很大的主观性。英国BLC公司的柔软度测定仪（见图1-40）可以使柔软度测定量化，从而使这一重要指标的测定更具科学性、统一性和可比性。

1.21.1　皮革柔软度测定仪结构

若需换装20、25mm缩环，可用1.5mm A/F六角扳手起子将皮革测量仪底座5侧面的螺丝旋松，放入所需缩环后再锁紧，注意不可旋太紧，否则螺丝将卡死。

1.21.2　缩环选用原则

（1）35mm缩环适于测定鞋面用皮革。

（2）25mm缩环适于测定沙发用皮革。

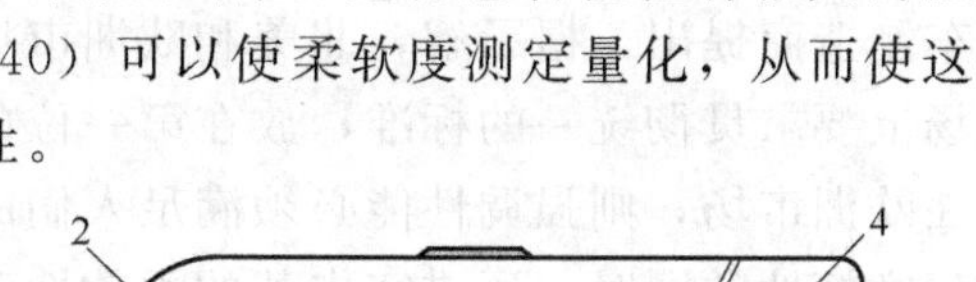

图1-40　ST-300皮革柔软度测定仪

（a）正视图　（b）俯视图

1—松脱钮　2—上臂　3—上夹具组合　4—压柄

5—测量仪底座　6—荷重触针　7—指针

(3) 20mm 缩环适于测定手套或皮衣用皮革。

注：35mm 缩环固定在测量仪底座 5 上。

1.21.3 操作方法

(1) 仪器归零　每次使用须注意将仪器读数指针归零，将所附的圆形试样放置在皮革夹座底部，指针应为零，若不是，可旋转指针将它调回零点。

(2) 将压柄 4 轻轻向下压，并压下松脱钮 1，如此将使压力松脱，上臂 2 将可向上弹起。

(3) 将皮革置于测量仪底座 5 之上，并将它完全覆盖住。

(4) 向下压操作柄 4 以使上臂 2 下降，一直降到荷重触针 6（柱塞）收缩至锁定位置并发出一种清晰响声，表示皮革已被夹妥在仪器上。

(5) 放松压柄 4，以使荷重触针 6 自然轻压在皮革表面上，荷重标准为 5000N，它是由一部小型气动调节阀所组成的。

(6) 荷重触针 6 将测定皮革受压的柔软度，并直接反映到指针 7 指出柔软度读数。

(7) 得到读数后，轻压松脱钮 1 及压柄 4，即可使上臂 2 自然弹起，以便取出被测皮革。

1.22 皮革坐垫革的性能测定

汽车装饰革是目前国际市场上的主要产品之一，市场前景宽广，在国内市场上也正在成为最重要的开发产品。汽车装饰革较其他用革需经受更为严格的测试，不仅其测试的种类和次数更多，而且测试所要求的条件也更高。据调查发现，国外有关的国际组织或国家尚无统一的汽车装饰革标准和项目检测方法，所有汽车装饰革产品标准均系由各汽车制造商提出。据了解，北美和欧洲市场对汽车装饰革的要求有很大的不同。在北美市场上要求贯彻统一的标准，放在第一位的是要使皮革具有突出的耐磨性、涂层较厚。而在欧洲市场，则强调性能必须满足人们的审美要求，尽管耐磨性越来越重要，但在强调耐摩擦性的同时，还讲究皮革的柔软性和挠曲性，涂饰较薄，以体现真皮外观。我国现行轻工业行业标准所测试的项目见表 1-5。

表 1-5　汽车装饰用皮革理化性能指标

项　目	指　标			
	一型	二型	三型	四型
厚度 d/mm	≤1.0	1.0<d≤1.2	1.2<d≤1.4	>1.4
视密度/(g/cm³)	0.6～0.8			
抗张力/N	≥100	≥120	≥130	≥140
撕裂力/N	≥16	≥20	≥20	≥25
断裂伸长率/%	35～70			
耐折牢度(Bally 屈挠仪)	100000 次无裂纹			

续表

项　目		指　标			
		一型	二型	三型	四型
摩擦牢度/级	干擦(2000 次)	≥4/5			
	湿擦(300 次)	≥4			
	碱性汗液(200 次)	≥4			
	汽油(10 次)	≥4			
	中性皂液(20 次)	≥4			
耐光性/级		≥4			
耐热性(4h/120℃)/级		≥4			
耐磨性(CS-10,1000g,500r/min)		无明显损伤、剥落			
涂层粘着牢度/(N/10mm)		≥3.5			
阻燃性/(mm/min)		≤100			
雾化值(质量法)/mg		≤5			
气味/级		≤3			
pH		≥3.5			
稀释差(当 pH＜4 时检验稀释差)		≤0.7			
禁用偶氮颜料/(mg/kg)		≤30			
游离甲醛(分光光度法)/(mg/kg)		≤20			

雾化指标是汽车装饰用皮革最重要的指标之一。雾化是指汽车内装饰如皮革中的蒸发、挥发性组分冷凝在玻璃板上，特别是在挡风板上。在不利的照明情况下，成雾冷凝物会妨碍通过挡风玻璃板的视线，对驾驶人员造成干扰，影响汽车的行驶安全。所以控制汽车用装饰皮革的雾化性非常重要。皮革的雾化性能测试有两种方法，即反射法和质量法。汽车制造商对皮革的雾化性能要求不同，两种方法都在使用，只是控制的温度和时间不同。

某些汽车生产厂商对汽车装饰革雾化性能的要求见表 1-6、表 1-7。

表 1-6　　某些汽车生产厂商对汽车装饰革雾化性能的要求（质量式）

汽车生产厂商	雾化性能要求(质量式雾化值)/mg	汽车生产厂商	雾化性能要求(质量式雾化值)/mg
奥迪	＜ 5.0	日产	＜ 10.0
宝马	＜ 7.0	保时捷	＜ 3.0
奔驰	＜ 3.0	富豪	＜ 5.0
通用	＜ 3.0		

表 1-7　　某些汽车生产厂商对汽车装饰革雾化性能的要求（反射式）

汽车生产厂商	反射式雾化测试		
	样本状态	测试时间/温度	雾化性能要求
奔驰	在干燥器中 7d	3h/100℃	＞60%
福特	在 23℃和相对湿度 50%环境停放 48h	3h/100℃	＞60%
通用	不清楚	6h/90℃	＞90%
本田	在 55℃和相对湿度 40%环境停放 48h	3h/100℃	＞70%
保时捷	在干燥器中 7d	3h/100℃	＞55%
绅宝	在 23℃和相对湿度 50%环境停放 48h	3h/100℃	＞80%
富豪	在 23℃和相对湿度 50%环境停放 48h	3h/100℃	＞90%

1.22.1 方法A——反射法

1.22.1.1 原理

将皮革试样放到玻璃杯中加热，任何易挥发性组分被冷却在玻璃片上，由反射器读得此冷凝雾玻璃片的反射值，与相同的不带成雾冷凝玻璃板的反射器值百分比，即为雾化值。测定原理如图1-41所示。

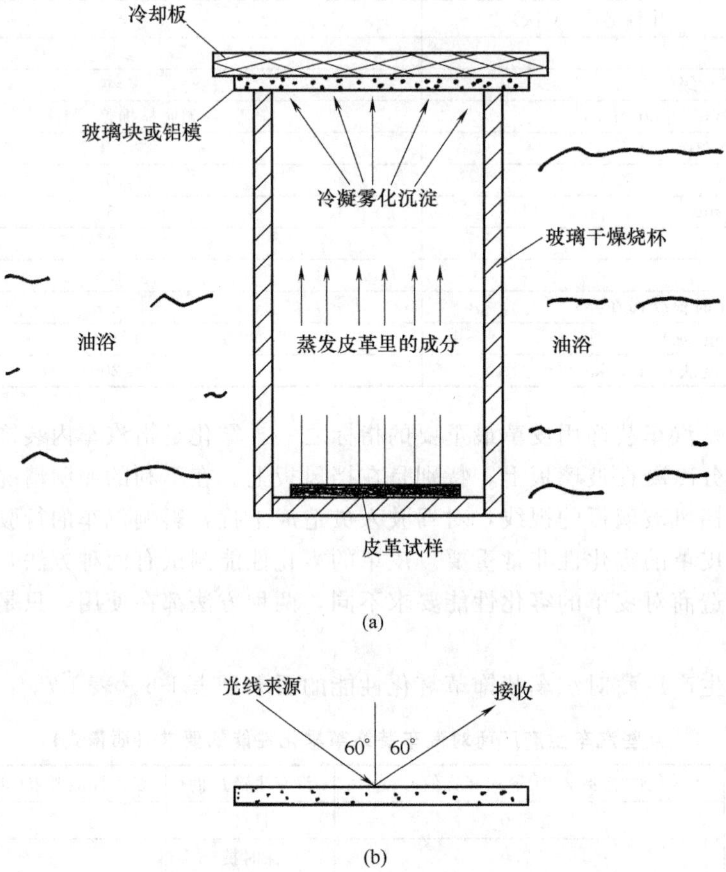

图1-41 雾化性能测试原理图

(a) 反射式雾化测试 (b) 玻璃块

1.22.1.2 仪器和材料

(1) 平底烧杯 由耐热玻璃制成，上口为环状平面杯口，烧杯外径(90±2)mm，高(190±5)mm，最小质量450g。

(2) 恒温浴装置 能恒温于(100±1)℃，至少可容纳3个测试用的平底烧杯。恒温浴的尺寸是：烧杯距离恒温浴锅边缘最小距离是30mm，烧杯底距离浴锅底75mm。

(3) 传热液体 在100℃稳定。一般水溶性的物质较好，比如多价的乙二醇，因为它易溶于水，清洗方便。

(4) 冷却系统 (21±1)℃的水通过金属冷却盘(如铝盘)循环，冷却盘的内部应耐腐蚀，用于冷却的表面必须平坦，冷却盘的质量应足以克服烧杯在恒温浴中的浮力。冲水的冷却盘质量一般不超过1kg。

(5) 金属环　外径(80±1)mm，内径(74±1)mm，高(10±1)mm，质量(55±1)g，用不锈钢制成。

(6) 密封圈　硅酮橡胶或聚氟橡胶，内径(95±1)mm，厚(4.0±0.1)mm，硬度(65±5) IRHD。

(7) 反射器　具有60°入射角和60°反射角。

(8) 时间表　精度1min。

(9) 干燥器　带有五氧化二磷。

(10) 测试玻璃片　具有家具用玻璃或挡风板玻璃相同的质量，厚(3.0±0.2)mm，最小尺寸110mm×110mm，在表面有刻度，该片最多用10次。

(11) 垫片　用适宜的材料制造，具有圆孔，厚(0.10±0.02)mm，带有刻度，允许反射镜从中心盘给出(25±5)mm的读数。此垫片是防止冷凝物对反射器的影响，实际的大小依赖于反射器的尺寸。

(12) 黑色衬垫　最小尺寸200mm×200mm。

(13) 邻苯二甲酸二异癸酯(DIDP)　分析纯。

(14) 洗涤器。

(15) 玻璃清洗剂。

(16) 蒸馏水或去离子水。

(17) 乙醇。

(18) 丙酮。

(19) 脱脂棉　用乙醇脱脂。

(20) 测试墨水　1g品红溶解于27.1mL分析纯的甲醇和72.9mL蒸馏水混合溶液中(此混合溶液的表面张力为46mN/m)。

(21) 刷子　直径为8mm。

(22) 模刀　内壁具有正确角度的圆筒形，直径(80±1)mm。

(23) 聚乙烯手套，或镊子，或钳子。

(24) 定性滤纸　直径125mm。

1.22.1.3　取样和试样的准备

(1) 用模刀从皮革的粒面切取4个试样。分两组进行试验，每个组2个试样。如果第一次的试验结果符合要求，另外2个可以不进行试验。

(2) 将试样储存于干燥器中至少2d，以五氧化二磷为干燥剂。如果试验失败，试样干燥7d后才可重新进行试验。湿的皮革试样放进干燥器前应在空气中干燥。其他的干燥剂如果能够达到同样的效果，也可以使用，如硅胶。

1.22.1.4　清洁

(1) 手工洗涤烧杯、金属环、密封圈两次或用适当的玻璃清洗剂在洗涤器中洗涤，用蒸馏水或去离子水在室温下冲洗并干燥。

(2) 人工清洗或机洗测试玻璃片。

用乙醇和脱脂棉人工洗涤测试玻璃片后，再用丙酮清洗，将玻璃片浸入丙酮中最少30min，然后干燥玻璃片。

在洗涤器中以适当的洗涤剂于（80±5)℃的温度下清洗测试玻璃片，然后用蒸馏水在室温下清洗干净并干燥。

(3) 检查玻璃片，不允许有任何污迹。

(4) 利用刷子在玻璃片没有冷凝的部位用测试墨水画一条细细的线。观察墨线，如果边沿在2s内缩小，则重新清洗。如果在重新清洗后，墨线边沿还缩小，表明玻璃片的粘着力小于测试墨水的表面张力，则该测试玻璃片不合格。

(5) 在洗干净烧杯外表面后，应用钳子或戴手套清洗其他仪器。

(6) 在无尘的环境中室温下保存清洗干净的仪器。

(7) 试验过程中不得直接用手接触试样、清洗好的与烧杯有关的任何仪器等，应使用手套、镊子或钳子。

1.22.1.5 测试程序

(1) 在恒温浴中注入有效的传热液体，液面低于烧杯边缘距离为（57±3)mm。

(2) 打开恒温浴，使液体温度升至（100±1)℃。

(3) 放置标准反射器。

(4) 把干净的玻璃片放在黑色的衬垫上，将垫片放在玻璃片上。放置反射器于垫片上，反射器边沿正对垫片的标记，记录反射器数据。

(5) 旋转反射器，通过90°转动，正对第二个标记，记录反射器数据。重复两次这样的操作，读出4次反射器的值，计算4次的平均值，记为R_1。

(6) 将试样放入干净的烧杯中，使测试面向上，将金属环放在试样上，防止试样在试验中松动。将密封圈、玻璃片和滤纸分别放置在烧杯顶部。

(7) 对试样进行（4）和（5）的操作。

(8) 将烧杯放置到（100±1)℃的恒温浴中，将冷却盘放到滤纸上，冷却面向下。(180±5)min后，小心移去玻璃片，雾化面向上水平放置在标准的环境中，避免阳光直射。

用目视检查雾化冷凝的情况：表面冷凝的颗粒、透明度和分布等，并记录在试验报告中。

(9) (50±5)min后按照（4）和（5）方法重新测量反射值。2个试样结果的平均值记为R_2。如果单个试样的结果偏离2个试样结果平均值的20%，用第二组试样重新进行试验。

1.22.1.6 空白试验

(1) 按照1.22.1.5中的（4）到（5）进行平行空白试验。干净玻璃片4个反射值的平均值记为R_3。

(2) 称取（10.0±0.1)g的DIDP代替皮革试样进行空白试验。被雾化的玻璃片4个反射值的平均值记为R_4。

DIDP对玻璃片的雾化值应该在（77±3)%。否则检查试验条件，重新进行试验。

1.22.1.7　结果表示

按照下列公式计算雾化值 F_v，空白试验 DIDP 的雾化值 F_{DIDP}，以百分比（%）表示：

$$F_v=(R_2/R_1)\times100\%$$

$$F_{DIDP}=(R_3/R_4)\times100\%$$

式中：R_1——不放试样第一次测得的玻璃片的反射值；

R_2——放入试样后进行试验测得的玻璃片的反射值；

R_3——进行空白试验时第一次测得的玻璃片的反射值；

R_4——放入 DIDP 后进行试验测得的玻璃片的反射值。

计算出所有试样雾化值的平均值，计算结果以平均值表示。

1.22.2　方法 B——质量法

1.22.2.1　原理

将皮革试样放到玻璃杯中加热，任何易挥发性组分被冷凝在铝箔片上，称量冷凝物的质量。方法 A 和方法 B 的测试结果不具有可比性。

1.22.2.2　仪器和材料

（1）平底烧杯　同方法 A。

（2）恒温浴装置　同方法 A。

（3）传热液体　同方法 A。

（4）冷却系统　同方法 A。

（5）金属环　同方法 A。

（6）密封圈　同方法 A。

（7）天平　精确至 0.01mg。

（8）时间表　同方法 A。

（9）干燥器　同方法 A。

（10）测试玻璃片　具有家具用玻璃或挡风板玻璃相同的质量，厚（3.0±0.2）mm，最小尺寸 110mm×110mm，或者最小直径为 103mm 的圆玻璃片。

反射法中不再使用的玻璃片可以在质量法中继续使用。

（11）铝箔片　厚（0.03±0.005）mm，圆形，直径（103±1）mm。

（12）二-(2-乙基-己基）邻苯二甲酸酯（DOP）　分析纯。该物质具有一定的毒性，使用时请注意。

（13）洗涤器。

（14）玻璃清洗剂。

（15）蒸馏水或去离子水。

（16）聚乙烯手套，或镊子，或钳子。

（17）模刀　内壁具有正确角度的圆筒形，直径（80±1）mm。

（18）定性滤纸　直径 125mm。

（19）干燥器　带有硅胶。

1.22.2.3 取样和试样的准备

同方法 A。

1.22.2.4 清洁

（1）手工洗涤烧杯、金属环、密封圈和测试玻璃片两次或用适当的玻璃清洗剂在洗涤器中洗涤，用蒸馏水或去离子水在室温下冲洗并干燥。

（2）在洗干净烧杯外表面后，应用钳子或戴手套清洗其他仪器。

（3）在无尘的环境中室温下保存清洗干净的仪器。

（4）试验过程中不得直接用手接触试样、清洗好的与烧杯有关的任何仪器等，应使用手套、镊子或钳子。

1.22.2.5 测试程序

（1）在恒温浴中注入有效的传热液体，液面低于烧杯边缘（57±3)mm。

（2）打开恒温浴，使液体温度升至（100±1)℃。

（3）称量铝箔片，精确至 0.01mg。从称量铝箔片到开始试验的实践间隔应超过 10min。

（4）将试样放入干净的烧杯中，使测试面向上，将金属环放在试样上，防止试样在试验中松动。将密封圈、称量后的铝箔片（光面向下）、玻璃片和滤纸分别放置在烧杯顶部。

（5）对试样重复进行（3）和（4）的操作。

（6）将烧杯放置到（100±1)℃的恒温浴中，将冷却盘放到滤纸上，冷却面向下。(16.0±0.2)h 后，从烧杯顶小心移去铝箔片，雾化面向上放置在带有硅胶干燥剂的干燥器中（3.75±0.25)h。

（7）重新称量铝箔片的质量，精确至 0.01mg，并记录。

1.22.2.6 空白试验

（1）称取（10.0±0.1)g 的 DOP 代替皮革试样放入干净的烧杯。

（2）称量铝箔片，精确至 0.01mg。从称量铝箔片到开始试验的实践间隔应超过 10min。

（3）将密封圈、称量后的铝箔片（光面向下）、测试玻璃片和滤纸分别放置在烧杯顶部。

（4）将烧杯放置到（100±1)℃的恒温浴中，将冷却盘放到滤纸上，冷却面向下。(16.0±0.2)h 后，从烧杯顶小心移去铝箔片，雾化面向上放置在带有硅胶干燥剂的干燥器中（3.75±0.25)h。

（5）重新称量铝箔片的质量，精确至 0.01mg，并记录。

（6）用带 DOP 冷凝物的铝箔片质量减去铝箔片原始的质量，计算出雾化值。雾化值应为（4.90±0.25)mg。否则检查试验条件，重新进行试验。

1.22.2.7 结果表示

按照下列公式计算雾化值 F_m，空白试验 DOP 的雾化值 F_{DOP}，以 mg 为单位：

$$F_m = m_2 - m_1$$

$$F_{DOP}=m_4-m_3$$

式中：m_1——铝箔片的原始质量（mg）；

m_2——放入试样后进行试验测得的带有冷凝物的铝箔片的质量（mg）；

m_3——进行空白试验时测得的铝箔片的质量（mg）；

m_4——放入DOP后进行空白试验测得的带有冷凝物的铝箔片的质量（mg）。

计算出所有试样雾化值的平均值，计算结果以平均值表示，准确至0.01mg。

1.23　皮革针孔撕裂强度的测定

1.23.1　测定的目的和意义

皮革在被制成皮衣、箱包、皮鞋等革制品的过程中，须经过缝纫工序。测定针孔撕裂强度可以了解皮革缝纫后在外力作用下耐撕裂的强度，可以保证革制品在穿着、使用过程中针线缝制处不再被损坏，该指标表征了皮革的使用性能，较其他方法测试皮革撕裂强度更具实际意义。该方法适用于各种皮革。

1.23.2　试样制备

用切取此试样的模刀，按图1-8规定的部位切取6个试样，纵、横各3个。试样形状和大小如图1-42所示，是一个长100mm、宽20mm的长方形，在距短边5mm处切取一个长10mm的孔。若被测皮革样品较小，切取长边为50mm的试样。当皮革试样厚度达到（或超过）1.2mm时，由于厚度可能影响取样（测试孔），因此可以用直径1.0mm的钢针直接进行测试。

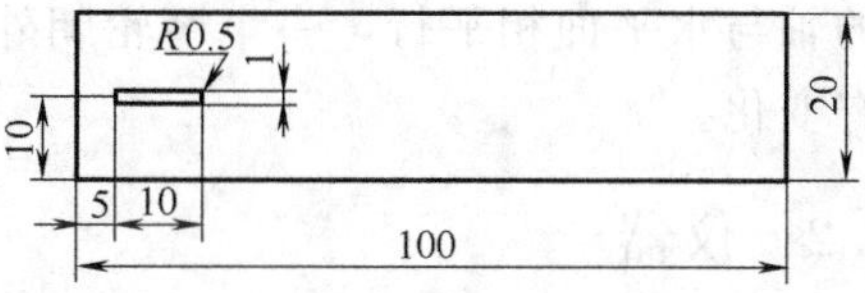

图1-42　针孔撕裂强度测试用试样（单位：mm）

1.23.3　针孔撕裂强度的测定

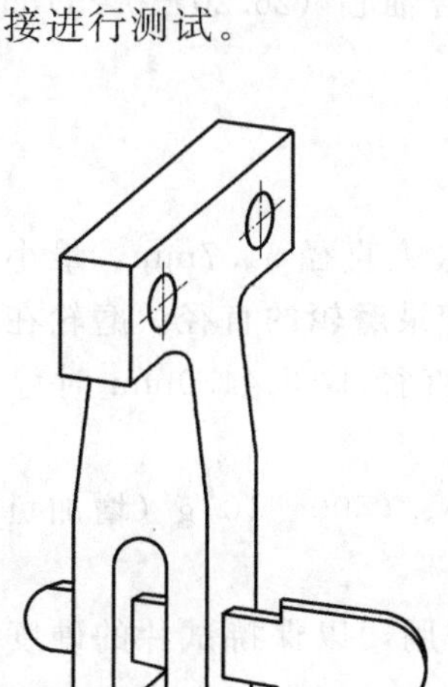
图1-43　实验夹具和针板

针孔撕裂强度测定在拉力机上进行，将如图1-43所示夹具固定在拉力机的上夹钳中。

（1）用定重式测厚仪测定试样测试孔两端部和两侧中部的厚度，取其算术平均值作为试样的厚度。

（2）将夹具固定在拉力机的上夹持器内，把试样放进上夹具的钳口，将试验针板（图1-44）穿过夹具的针孔和试样的测试孔，固定，防止试验针板跳开。当皮革试样厚度达到（或超过）1.2mm时，可以用直径1.0mm的钢针直接进行测试。

（3）将试样的下端约20mm固定在拉力机的下夹持器内。

(4) 调节拉力机，使用负荷应在校正过误差不超过1%的那段范围内，拉力机拉伸速度为（100±10)mm/min。

(5) 启动拉力机进行试验，直至试样被撕破时，记录其撕裂力。

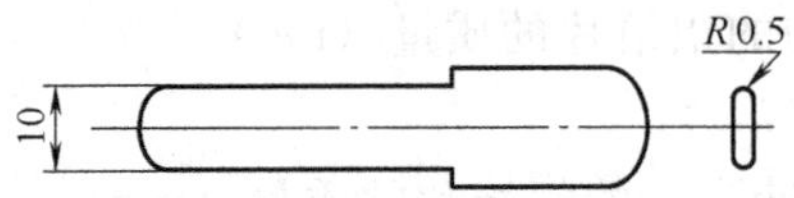

图 1-44　扁平针板

1.23.4　计算

$$T=F/d$$

式中：T——针孔撕裂强度（N/mm)；

F——针孔撕裂力（N)；

d——试样厚度（mm)。

报告结果取纵横6个试样的平均值。

1.24　皮革耐磨性能的测定

本方法适用于各种具有耐磨性能要求的皮革。

1.24.1　原理

被测试的试样放在水平平台上旋转，两个磨轮被赋予特定的压力压在试片上旋转，磨轮的轴与水平面相平行，一个磨轮朝外，另一个朝内，在一定的时间内，记录测试片的所有变化。

1.24.2　仪器

(1) 试样平台　水平旋转，旋转速度6015r/min。

(2) 试样夹持器　平面，圆形，可拆卸。

(3) 支承臂　两个，带有磨轮，磨轮内边沿距离试样平台轴心（26.20±0.25)mm，每个磨轮对被测试样施加（250±10)g的力。

(4) 真空吸嘴　位于被测试样表面的上方。

(5) 计数器　显示试样平台旋转次数。

(6) 磨轮　钨-碳轮或橡胶轮，宽度（12.7±0.1)mm，最大直径51.7mm，最小直径44.0mm。试验中磨轮的直径应保持一致，试验报告中应记录磨轮的直径。磨轮在使用中会逐渐消耗。新轮最大直径为51.7mm，用过的磨轮直径小于44.0mm时停止使用。

(7) 负重　磨轮对试样产生的力为：250g（未加负重块)、(500±10)g（增加负重块）或（1000±20)g（增加负重块)。

(8) 试样固定片　最小厚度1.0mm，在需要时起粘接作用，以保持试片的硬度和平整度。

(9) 吸尘装置　有合适的接口连接真空吸嘴。

(10) 砂纸　硅碳类，E150级。

（11）软刷子　或压缩空气。

（12）硬刷子　硬鬃毛刷。

（13）灰色样卡。

1.24.3　操作方法

1.24.3.1 试样准备

切取3个直径为（106±1）mm的圆形试样，中心有合适的孔。如果需要，用试样固定片固定。在标准空气中空调。

1.24.3.2　新橡胶磨轮的准备

① 将橡胶磨轮安装到支承臂上，保证有标签的一面朝外。

② 增加负重使每个磨轮的负重为1000g。

③ 选择合适的砂纸，放到试样夹持器上。

④ 将磨轮放到砂纸的表面，打开吸尘装置，开动机器，运行20r。

⑤ 更换砂纸，重复上述操作。

⑥ 检查磨轮，如果颜色不一致，用新的砂纸重新处理。如果颜色仍不能一致，舍掉该磨轮。

⑦ 用软刷子或压缩空气去除碎屑。

若是新的钨-碳磨轮，用硬刷子刷去表面附着物即可。

1.24.3.3　摩擦试样

① 将准备好的新磨轮或经过调整的磨轮装到支承臂上，安装正确，标签朝外。

② 选择合适的负重250、500或1000g。一般常用的负重为500g，但是汽车制造商可指定负重，使用的负重应记录在试验报告中。

③ 将试样装到试样夹持器上。

④ 将磨轮放到试样的表面，打开吸尘装置，开动机器，按设定的转数操作。

⑤ 停止机器取下试样，测量、记录试样的损坏情况，并排除试验面积边沿2mm范围内的损坏，以及因开、停机器对试样造成的挤压面积。如果需要，用灰色样卡测定试验面积内的颜色变化。

1.24.3.4　磨轮的调整

① 每次试验结束后对橡胶磨轮进行调整。

② 按规定增加负重块，使磨轮的负重为1000g。

③ 将砂纸放到试样夹持器上。

④ 将磨轮放到砂纸的表面，打开吸尘装置，开动机器，运行20r。

⑤ 用软刷刷去碎屑。

⑥ 每张砂纸最多运行60r，必须更换。

若是钨-碳磨轮用硬刷子刷去其上的附着物，用砂纸磨去磨轮边缘的毛刺。

1.24.4　结果表示

试验结束，取下试样，观察试样试验面积内的颜色变化及试样的损坏情况。用标准灰色样卡比较摩擦部分与未摩擦部分色差，测量、记录观察结果。试验报告中应注明试验条件（温度、湿度）、磨轮的类型、试验负荷、试验转数。

1.25 皮革气味的测定

1.25.1 仪器

（1）测试罐　金属罐或玻璃罐，容积大约为1L，在室温和65℃条件下都是无味的，具有适合的盖子，盖子应很容易被开启和替换。

（2）烘箱　具有空气循环系统，能够保持温度在（65±3）℃。

1.25.2 试验要求

试验应在气味自由散发和不受污染的环境中操作，调节的空间应尽可能理想，但不是必须的。试验人员应无嗅觉缺陷，吸烟者、用重香味化妆品者、传统的香味或烟草使用者等不适合作为试验人员。

1.25.3 操作方法

（1）试样的准备　切取具有代表性的试样两块，试样的尺寸为125mm×100mm。试验前，试样应在温度（23±2）℃和相对湿度（50±5）%的环境中调节24h。

（2）测试

① 为避免污染，试验前需要清理测试罐（包括盖子），先用热水冲洗，用适量的试验室清洁剂进行清洗，再用冷水冲洗、干燥，以保持洁净。

② 试样分别在干态和存在水分条件下进行测试。对于干态测试，将试样放于测试罐中，盖上盖子。对于湿态测试，将试样和2mL蒸馏水（或去离子水）一起放入测试罐中，盖上盖子。用一个空罐子做空白对比罐。

③ 将空白对比罐、测试罐一起置于预先调节到（65±3）℃的烘箱中1h（试验温度的选择是汽车应用中有代表性的温度，该测试不能用于可释放有毒气体的物质。在任何情况下，试验人员应缓慢操作吸入测试罐中的空气，以减少吸入有毒气体的危险）。

④ 从烘箱中取出空白对比罐，第一个试验人员应把头贴近空白对比罐（距离约15cm），并移去盖子，然后用手扇动，引导空气从测试罐中到鼻子处慢慢吸入。取出干态测试罐，迅速重复刚才的操作，盖子离开测试罐不应该超过5s。按照表1-8等级，记录下合适的级别。

⑤等待2min，重复上述步骤对湿态试样进行测试。

⑥重复操作时，每一次应将测试罐重新置于烘箱中，烘15min，至少需要3名试验人员进行测试半数以上一致的结果为评定等级。

1.25.4 评判等级

气味的等级应符合表1-8的规定。

表 1-8　　气味等级

等级	描　述	等级	描　述
1	没有引人注意的气味	4	强烈的、讨厌的气味
2	稍有气味，但不引人注意	5	非常强烈的讨厌气味
3	明显气味，但不令人讨厌		

1.26　皮革水平燃烧性能的测定

1.26.1　术语和定义

（1）燃烧速度　测得的燃烧距离与燃烧至此距离所用时间的比值，以 mm/min 表示。

（2）燃烧距离　指试样表面或内部已经烧损部分的长度。

本方法适用于各种具有阻燃性能要求的皮革。

1.26.2　原理

将试样水平夹持在U形支架上，在燃烧箱中点燃15s，火焰在试样的自由端点燃。试验确定火焰是否熄灭，或何时熄灭，以及试样燃烧的距离和燃烧该距离所用时间。

1.26.3　仪器

（1）燃烧箱　用不锈钢板制成（见图1-45），尺寸见图1-46。燃烧箱的前部设有一个耐热玻璃观察窗，该窗可整块盖住前面，也可做成小型观察窗。燃烧箱底部有通风孔，四壁靠近顶部四周有通风槽，整个燃烧箱有4只高10mm的支脚支承。燃烧箱一端设有可将装有试样的支架放入的可封闭的开孔，燃烧箱内部从左至右贯穿两条便于支承试样支架的水平导轨，另一端设有一个小门，门上有通燃气管用的小孔，支承煤气灯的支座及火焰高度标志板。燃烧箱底部有一只用于收集熔融滴落物的收集盘（见图1-47）。此盘放置在两排通风孔之间而又不影响通风孔的通风。

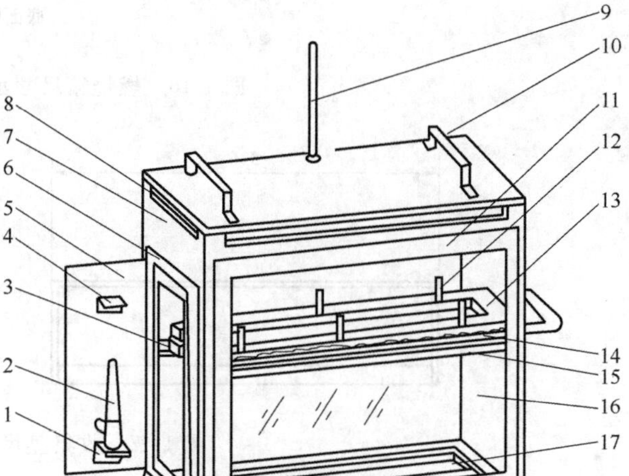

图1-45　燃烧箱

1—煤气灯底座　2—煤气灯　3—试样支架导轨　4—火焰高度标志板　5—门　6—门框　7—燃烧箱本体　8—通风槽　9—温度计　10—燃烧室提手　11—观察窗窗框　12—支架销　13—上支架　14—试样　15—支架　16—玻璃观察窗　17—收集盘　18—支脚

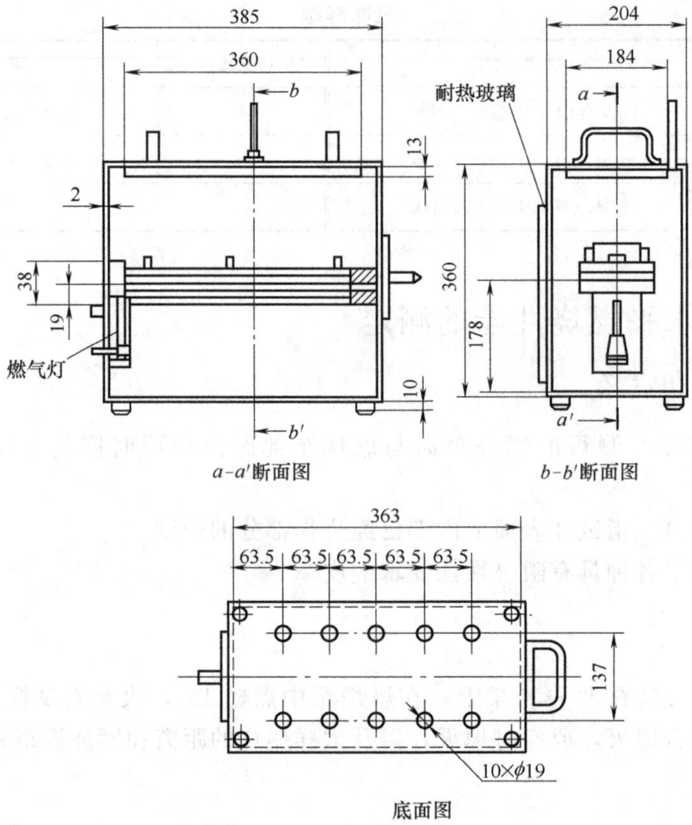

图 1-46 燃烧箱尺寸示意图

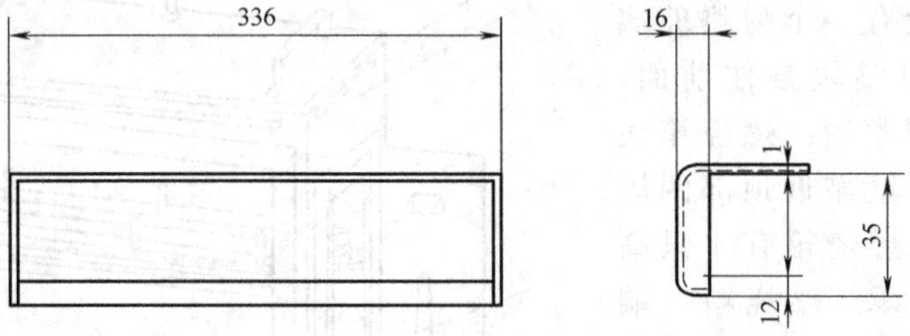

图 1-47 收集盘尺寸

(2) 试样支架 由两块 U 形耐腐蚀金属板制成的框架组成，尺寸见图 1-48。支架下板装有 6 只销子，上板相应设有销孔，以保证均匀夹持试样。销子也作为燃烧距离的起点（第一标线）和终点（第二标线）的标记。另一种支架的下板设有 6 只销子，支架下板布有距离为 25mm 的耐热金属支承线，线径 0.25mm（见图 1-49）。该种支架在特定情况下使用。安装后的试样底面应该在燃烧箱底板之上 178mm。试样支架前端距燃烧箱的内表面距离应为 22mm，试样支架两纵外侧离燃烧箱内表面距离为 50mm。

(3) 燃气灯 燃气灯喷嘴内径为 9.5mm，当燃气灯置于燃烧箱内时，其喷嘴口部中心处于试样自由端中心以下 19mm 处。

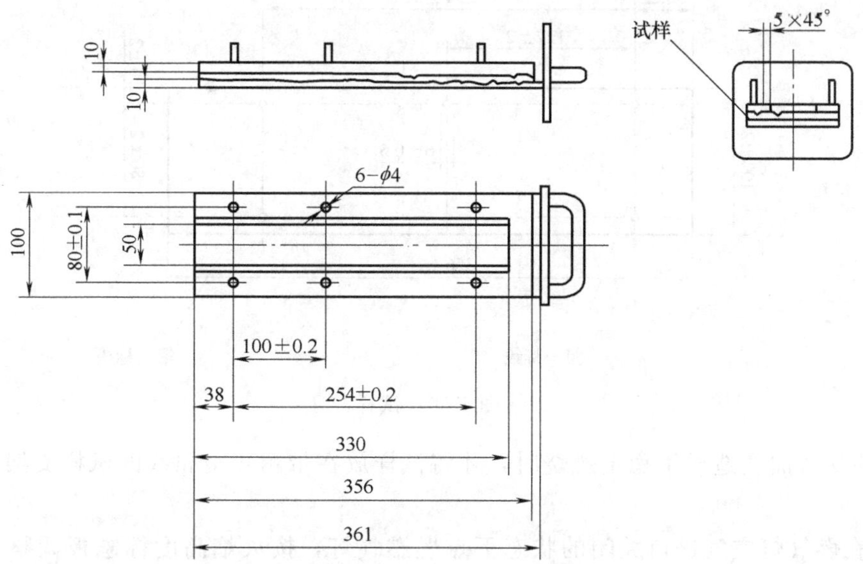

图 1-48　试样支架尺寸

(4) 试验用燃气　供给燃气灯试验用可燃性气体燃烧后的热值约为 38MJ/m^2（例如天然气、煤气、液化气）。

(5) 秒表　精度不低于 0.5s。

(6) 温度计　量程应为 150℃以上，精确到 1℃。

(7) 钢板尺　精确到 1mm。

(8) 通风橱　燃烧箱应放在通风橱中，通风橱内部容积为燃烧箱体积的 20～110 倍，而且通风橱的长、宽、高的任一尺寸不得超过另外两尺寸中任一尺寸的 2.5 倍。

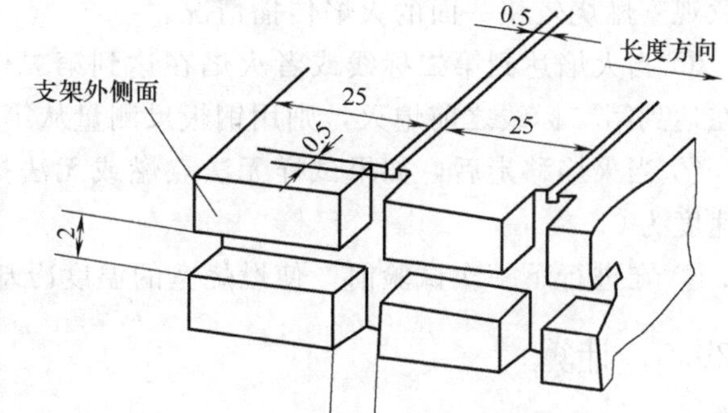

图 1-49　下支架截面图

试验前在燃烧箱最终确定位置的前后各 100mm 处测量空气流过通风橱的垂直速度，该速度应为 0.1～0.3m/s。

1.26.4　操作方法

(1) 试样的准备　切取 3 个试样，形状和尺寸见图 1-50，长边平行于背脊线。在标准空气中空调。

(2) 测试

① 测量试样的厚度。

② 将试样使用面朝下装入试样支架，使试样两长边和一端被 U 形支架夹住，自由端与 U 形支架开口对齐。仅当试样宽度不足，U 形支架不能夹住试样时，或试样自由

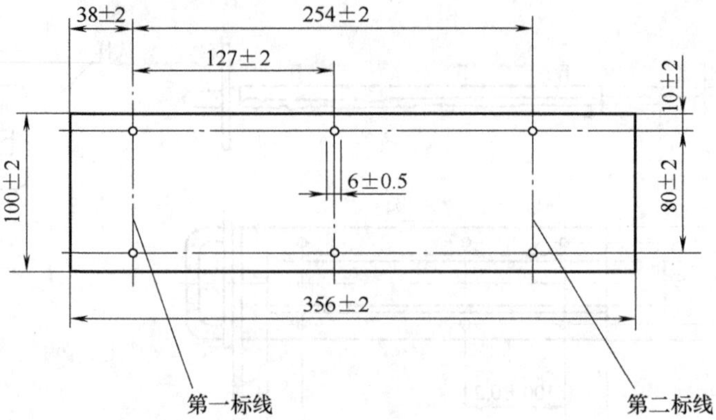

图 1-50　试样

端柔软和易弯曲会造成不稳定燃烧时，才将试样放在带耐热金属线的试样支架上进行燃烧试验。

③ 在燃气灯空气进口关闭的状态下点燃燃气灯，按火焰高度标志板调整火焰高度为（38±1)mm。在气流稳定后，火焰应在此状态下至少稳定地燃烧 5min。

④ 将试样支架推进燃烧室中，试样放在燃烧箱中央，置于水平位置，使试样自由端处于火焰中，引燃（15.0±0.5)s，然后熄掉火焰（关闭燃气灯阀门)。

⑤ 火焰从试样自由端起向前燃烧，在传播火焰底部通过第一标线的瞬间开始计时。注意观察燃烧较快一面的火焰传播情况。

⑥ 当火焰达到第二标线或者火焰在达到第二标线前熄灭时，同时停止计时。若火焰在达到第二标线之前熄灭，则用钢板尺测量从第一标线起到火焰熄灭时的燃烧距离。

⑦ 当火焰移走后，如果试样无法点燃或无法持续燃烧或在起始点前自熄，那么燃烧速度为 0。

⑧ 在进行下一次试验前，使燃烧室的温度冷却到 30℃以下。

1.26.5　计算

$$v=S/t$$

式中：v——燃烧速度（mm/min)；

S——燃烧距离（mm)；

t——燃烧 S 距离所用的时间（s)。

以燃烧速度最大值为试验结果。

附录 1：多功能材料试验机

1.1　拉力测定

电脑参数设定及拉伸过程：

(1) 在“文件”中的“开启旧档”中选择“开启报告格式”，选择“拉伸测试”。

(2) 在“报告视窗”中添加所需要的项目，分别为编号、试件名称、断裂伸长率、规定负荷伸长率、断裂值、力量最大值及能量值八项。在“规定负荷伸长率”项中输入参数为 10MPa（鞋面革)。

(3) 在“设定视窗”中输入测试开始速度 100mm/min。在进阶中设定力量极限值 1800N。

(4) 调节拉力机上下夹头间的距离为 50mm，将试片在上下夹内夹紧，保证试样在拉伸过程中不发生位移现象。

(5) 选择“测试”，在“试件规格”栏中列入编号、试件名称及试件平均厚度。开始拉伸试验，电脑自动记录整个拉伸过程。整个拉伸过程完毕，在报告单中自动记录数据。在拉断时记下断点位置，以计算断点横截面面积：面积＝宽度×厚度。

1.2　撕裂力测定

电脑参数设定及撕裂过程：

(1) 在“开启报告格式”中选择“撕裂测试”。

(2) 在“报告视窗”中添加编号、试件名称、测试厚度（测试后输入）、断裂值、力量最大值。

(3) 在“设定视窗”中输入测试开始速度为 100mm/min。

(4) 调节两个弯钩之间的距离，使其刚好接触而不相互冲撞。将弯钩插入试样的小孔中，使试样孔直边与弯钩的宽度方向相平行，并紧压试样，使其牢固地固定在弯钩上。

(5) 选择“测试”，在“试件规格”栏中列入编号、试件名称。开动拉力机，到试样任一边拉破为止。电脑自动记录整个撕裂过程。整个撕裂过程完毕，在报告单中自动记录数据。

1.3　压缩-回弹性能测定

电脑参数设定及压缩回弹过程：

(1) 在“开启报告格式”中选择“压缩测试”。

(2) 在“设定视窗”中开启新档，选择“循环实验”。

(3) 在“进阶”中设定下降过程设定点为 10N，速度 0.5mm/min。上升过程设定点设为 0N，速度 0.5mm/min。第三步为停止，输入速度 1.0mm/min。设定循环次数一次。

(4) 在“报告视窗”中添加所需项目，编号、试件名称、力量最大值、最大位移、回复位移（测试后输入）、压缩功及回弹功。

(5) 将 10g 砝码（直径为 11mm）放在试验机下压盘上，把皮样平铺在砝码上，调节两压盘之间的距离，使上压盘刚好接触到皮样。

(6) 选择“测试”，键入编号及试件名称。开始测试，电脑自动记录整个压缩回弹过程。试验完毕，记下回复位移。

第2章　代用革的分析检验

人造革材料是用高分子聚合物、增塑剂、稳定剂和其他助剂组成的混合物，涂覆在各种底基上再经加工而成的。它是主要的皮革代用材料。随着高分子聚合物的高速发展，人造革花色品种越来越多，它可以制成软型、硬型、光面型和绒面型等各种不同的制品，有着与天然皮革很相似的外表，并与天然皮革的用途基本相同，可以用来制鞋、服装、手套、箱包、裤带、飞机和车辆坐垫等（国外用于制作皮鞋鞋面的比例较大），还可以作为内底、主跟、内包头、帮里，所以其性能必须符合一定的要求，因而它的检测也是非常重要的。

人造革的检验与皮革基本相同，也同样有感官检验和物理-机械性能检验。人造革物理-机械性能测定项目有拉伸负荷，剥离负荷，表面颜色牢度，耐折牢度，不粘性，耐寒试验和耐老化试验，耐揉搓性，耐顶破性，低温耐折牢度等。有些测定项目与皮革完全相同，如耐折牢度等，有些项目则比较特殊，下面将一一分述。

2.1　聚氨酯合成革的分析检验

聚氨酯合成革是指以针刺无纺布为底基，经聚氨酯树脂浸渍、涂覆、湿法凝固等工艺所制成的具有仿天然真皮结构的合成革，是目前鞋面革主要的代用材料。

2.1.1　试样的裁取

2.1.1.1　试样裁取的位置及意义

每批产品沿经向裁取0.4m样品。按图2-1裁取。

2.1.1.2　试样状态调节和试验环境

试样在温度（23±2)℃、相对湿度55%～75%的环境中放置24h，并在此条件下进行试验。

2.1.2　厚度、宽度及面积的测定

（1）厚度　用定重式测厚仪，沿产品宽度方向平均测量15个点，并计算算术平均值作为结果，精确至0.01mm。

（2）宽度　用精确度为1mm的量具测量，精确至1mm。

（3）面积　用精度为1mm的量具测量每卷长度，计算其面积，精确至0.1m^2。

2.1.3　表观密度的测定

（1）试样　裁取50mm×50mm的试样3片，每片沿四周测量4点厚度，取其平均

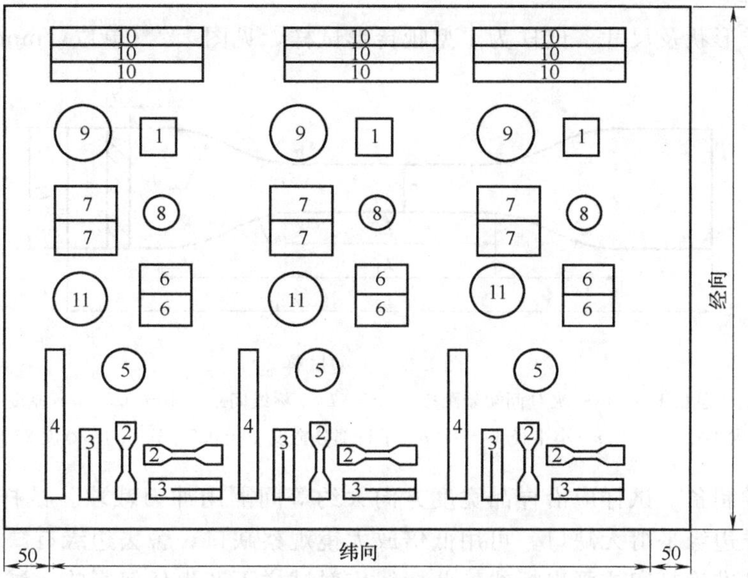

图 2-1　聚氨酯合成革试样裁取排列图

1—表观密度　2—拉伸负荷及断裂伸长率　3—撕裂负荷　4—剥离负荷　5—透湿度　6—耐折牢度
7—耐热黏着性　8—崩裂性试验　9—吸水性　10—表面颜色牢度　11—耐水度

值，准确至 0.01mm。

（2）称取试样的质量，准确至 0.1mg。

（3）计算

$$\rho = (1000 \times m)/(Ad)$$

式中：ρ——表观密度（g/cm^3）；

m——试样的质量（g）；

A——试样的面积（mm^2）；

d——试样的厚度（mm）。

取 3 个试样测试结果的算术平均值，精确至 $0.01g/cm^3$。

2.1.4　拉伸负荷及断裂伸长率的测定

2.1.4.1　试验设备

（1）任何可做拉伸试验并能满足以下（2）、（3）、（4）条要求的试验机均可使用。

（2）试验机应备有适当的夹具，该夹具不应引起试样在夹具处断裂，施加任何负荷时，试验机上的夹具应能立即对准成一条线，以使试样的长轴与同过夹具中心线的拉伸方向重合。

（3）试验夹具移动速度应满足规定要求。

（4）试验机示值在记录仪满值（或每级表盘满刻度）的 10%～90%，示值误差应在±1%以内。

2.1.4.2 试样

（1）试样形状及尺寸　试样为Ⅰ型哑铃形试样，见图 2-2（单位：mm）。

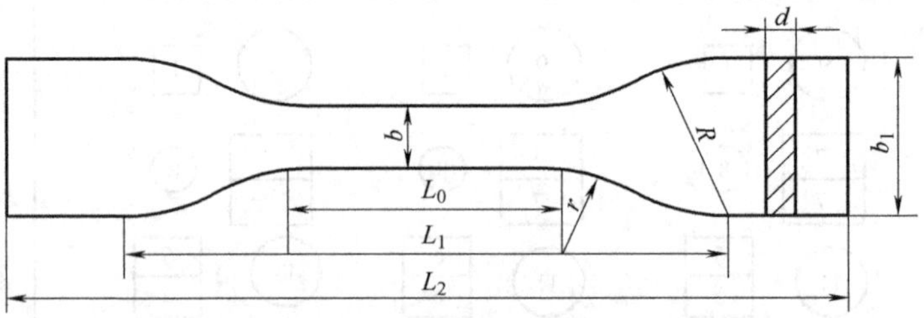

图 2-2　Ⅰ型试样

L_2—总长 120　L_1—夹具间初始距离 86±5　L_0—标线间距离 40±0.5　d—厚度

R—大半径 25±2　r—小半径 14±1　b—平行部分宽度 10±0.5　b_1—端部宽度 25±0.5

（2）试样制备　试样应沿样品宽度方向大约等间隔用冲刀裁取。试样应符合图 2-2 的要求。试样边缘平滑无缺口。可用低倍放大镜观察缺口，舍去边缘有缺口的试样。按试样尺寸要求准确打印或画出标线。此标线应对试样不产生任何影响。试样按每个试验方向为一组，每组试样不少于 5 个。

（3）试样状态调节和试验的标准环境　试样应在标准环境：温度（23±2）℃，湿度 55%～75%，进行状态调节，时间最少 4h，并在此环境下进行试验。

2.1.4.3 试验步骤

（1）拉伸速度（空载）

① 拉伸速度如下：

a.（1±0.5）mm/min

b.（2±0.5）mm/min 或（2.5±0.5）mm/min

c.（5±1）mm/min

d.（10±2）mm/min

e.（30±3）mm/min

f.（50±5）mm/min

g.（100±10）mm/min

h.（200±20）mm/min 或（250±25）mm/min

i.（500±50）mm/min

② 速度选择　应按被测试材料有关规定要求进行选择。如果没有规定速度，则硬质材料选用较低的速度，软质材料选用较高的速度。测定拉伸弹性模量时，应选择速度 a 或 b。在此拉伸速度为（100±10）mm/min。

（2）用定重式测厚仪测量试样厚度。用精度为 0.1mm 以上的量具测量试样宽度。每个试样的厚度及宽度应在标距内测量三点，取算术平均值。厚度准确至 0.01mm，宽度准确至 0.1mm。哑铃形试样中间平行部分宽度可以用冲刀的相应部分的平均宽度。

（3）将试样置于试验机的两夹具中，使试样纵轴与上、下夹具中心连线相吻合，并且要松紧适宜，以防止试样滑脱和断裂在夹具内。夹具内应衬以橡胶之类的弹性材料。

（4）如用伸长仪，在施加应力前，应调整伸长仪的两侧测量点与试样的标距相吻合。伸长仪不应使试样承受负荷。

（5）按规定速度，启动试验机进行试验。

（6）试样断裂后，读取所需负荷及相应的标线间伸长值。若试样断裂在标线外的部位时，此试样作废，另取试样重做。

2.1.4.4　结果的计算和表示

（1）拉伸强度　以 σ_1(MPa) 表示，按式（1）计算：

$$\sigma_1 = F/(bd) \quad (1)$$

式中：F——最大负荷（N）；

b——试样宽度（mm）；

d——试样厚度（mm）。

取 3 个试样测试结果的算术平均值，精确至 1N。聚氨酯合成革直接用 F 表示为拉伸负荷（N），若需计算拉伸强度，则用（1）进行。

（2）断裂伸长率 ε_1(%) 表示，按式（2）计算：

$$\varepsilon_1 = \frac{L_1 - L_0}{L_0} \times 100\% \quad (2)$$

式中：L_0——试样原始标线距离（mm）；

L_1——试样断裂时标线间距离（mm）。

2.1.5　撕裂负荷的测定

（1）试验设备　拉伸试验机。

（2）试验步骤　按图 2-1 沿经纬向各裁取 100mm×25mm 的试样 3 片，从各试样短边的中央沿着平行于长边方向将试样剪开，剪开长度为 70mm，剪开了的两端成相反方向夹于拉伸试验机的夹具上，以 (100±10)mm/min 的拉伸速度进行试验，记录试样撕裂时的最大负荷。

（3）试验结果　以每组试样测试结果的算术平均值表示，精确至 1N。

2.1.6　剥离负荷的测定

剥率负荷是指将合成革的底基和涂层剥开所需之力，用单位宽度试样剥开时所需最大力与最小力的平均值（N）表示。

（1）试验设备　拉伸试验机。

（2）操作

① 按图 2-1 所示裁取 220mm×25mm 的试样 3 片。

② 用砂纸将硬度（邵氏 A）为 (75±5)度，长 150mm、宽 30mm、厚 (5.5±0.5) mm 的丁腈胶板表面打磨 1/2 的面积，再将试样表面打磨约 1/3 的面积，备用。

③ 用丁酮对试样和胶板的打磨部分除污，风干 15min。再用氯丁胶（配用 10% 异氰酸酯胶 JQ—1）涂于两者表面，风干 10～30min 后，将其相互粘着。

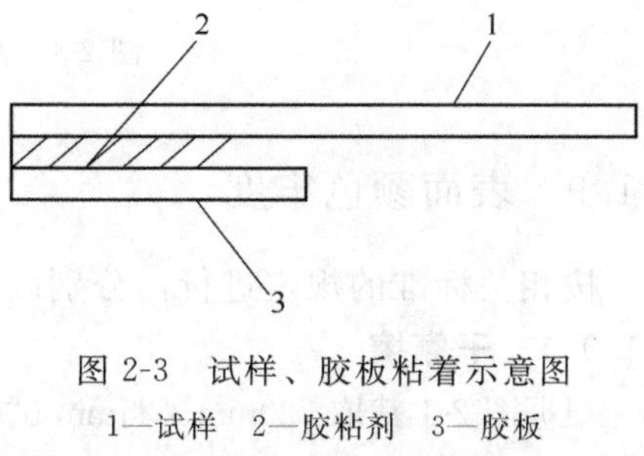

图 2-3　试样、胶板粘着示意图

1—试样　2—胶粘剂　3—胶板

④ 粘着后的试样如图 2-3 所示，用质量为

(2000±50)g 的手推辊滚压数次并放置 16h 以上。

⑤ 用手术刀将革表面层由顶端沿着经向与基体层划开，分别将胶板、试样夹在拉伸试验机上、下夹具上，以 (100±10)mm/min 的速度进行拉伸，取最大值与最小值的平均值。

⑥ 试验结果：以每组试样测试结果的算术平均值表示，精确至 1N。

2.1.7 崩裂性能的测定

同皮革崩裂试验。

试样放置时，表面层向上，基体层与钢球正好相接。记录试样伸长 7.0mm 高时的负荷和表面裂纹或破裂时的伸展高度。

试验结果以每组试样测试结果的算术平均值表示，精确到 1N 和 0.1mm。

2.1.8 耐折牢度

同轻革耐折牢度的测定。

(1) 按图 2-1 裁取两组试样，每组 3 片，试样表面层向里折叠，分别将两组试样在 (23±2)℃折叠 50 万次和－10℃折叠 2.5 万次，然后用六倍放大镜观察受折部分的变化情况。

(2) 结果判断

5 级　表面层与基体层无裂纹。

4 级　表面层和基体层有轻微裂纹。

3 级　稍露出基体层，无纺织布层产生裂纹。

2 级　无纺织布层中出现裂纹，连续微细多孔层产生裂纹。

1 级　表面层和基体层部分产生断裂。

结果判断如图 2-4 所示。

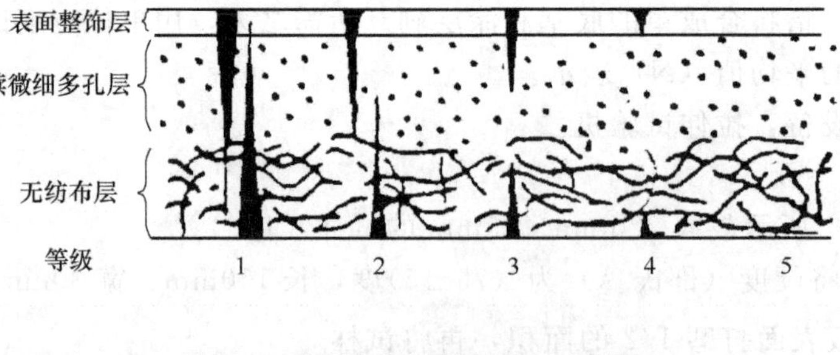

图 2-4　耐折牢度结果判断示意图

2.1.9 表面颜色牢度

按相关标准的规定进行，分别以每组试样试验结果的最低级表示。

2.1.9.1 干摩擦

根据图 2-1 裁取 220mm×25mm 试样 3 片，试验负荷为 1.96N，往复速度 30 次/min，摩擦次数 100 次，按标准沾色样卡判定等级。

2.1.9.2　湿摩擦

将白棉布浸入蒸馏水中 10min 后，按干摩擦的方法进行试验，并判定等级。

2.1.9.3　汗液摩擦

（1）人造汗液的配制　磷酸氢二钠（12 份结晶水）8g；氯化钠（化学纯）8g；醋酸（化学纯）5g。将以上各试剂溶入蒸馏水配成 1L 溶液即为人造汗液。

（2）将白棉布浸入人造汗液中 10min 后，按干擦方法进行试验，并判定等级。

2.1.10　透湿度的测定

透湿度是测定合成革透过水蒸气的能力，单位为 $mg/(cm^2 \cdot h)$。

2.1.10.1　仪器

（1）带有空气循环装置的透湿试验箱。

（2）透湿杯　透湿面积为 $10.179cm^2$。

（3）感量 0.1mg 的分析天平。

2.1.10.2　试样

如图 2-1 所示裁取直径为 57mm 试样 3 片。

2.1.10.3　试验步骤

透湿杯中放入约 20g 粒度为 2.5～3.5mm 的氯化钙，试样表面层向下放入透湿杯，旋紧杯盖，称量后，放入温度（30±1)℃、相对湿度（80±5)%的透湿试验箱内，1h 后将透湿杯取出，立即称量，称量后继续放入试验箱内，以后每 1h 称一次，连续称量 3 次，准确至 0.1mg。

2.1.10.4　试验结果

按式（3）计算透湿度，取 3 个试样测试结果的算术平均值，精确至 0.1mg。

$$P=\frac{(m_1-m_0)+(m_2-m_1)+(m_3-m_2)}{3A} \tag{3}$$

式中：P——透湿度 $[mg/(cm^2 \cdot h)]$；

m_0——第一次称量杯和试样的质量（mg）；

m_1——第二次称量杯和试样的质量（mg）；

m_2——第三次称量杯和试样的质量（mg）；

m_3——第四次称量杯和试样的质量（mg）；

A——试样的透湿面积（$10.179cm^2$）。

2.1.11　耐水度

耐水度是指合成革的防水性，测定在一定水压下，水从合成革试样的一面透过到试样另一面所需的时间。

2.1.11.1　试验装置

（1）耐水度装置　见图 2-5。

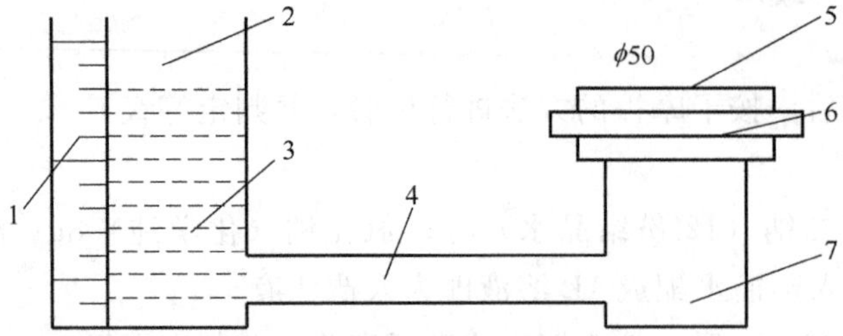

图 2-5　耐水度装置示意图

1—流体压力计　2—水准装置　3—水　4—软管

5—压环　6—试样　7—水容器

（2）液体压力计刻度值为 0.1kPa，水准装置的最小压力值应大于 15kPa。

2.1.11.2　试验步骤

按图 2-1 的规定裁取 φ60mm 的试样 3 片，表面层向下安置在图 2-5 所示的耐水试验仪的压环下，试样下表面浸在水中，浸水面为直径 50mm 的圆。以 10mm/s 的速度向水准装置注水，当水的压力达到 14.7kPa 时停止注水，1min 后目测试样上表面有无水珠，无水珠者为合格。

2.1.12　吸水度

吸水度是指合成革试样的吸水能力，测定合成革试样，一定温度下，在定量的水中浸泡一定时间，吸收水的质量所占合成革试样质量的百分比。

2.1.12.1　试验装置

玻璃吸水皿，同底革吸水性测定用库伯尔皿，见图 1-33。

2.1.12.2　试验步骤

将蒸馏水注入吸水皿Ⅰ中（参见第一章图 1-33）至零刻度处，吸水皿平放于工作台上。称量 φ(70±2)mm 试样，将试样表面向上放入吸水皿Ⅱ中，把圆球（参见第一章图 1-33）部慢慢抬起，使蒸馏水完全浸没试样。皿口盖上表面皿。放置 24h。将水移至Ⅰ中，1min 后读取刻度值。做两个平行试验，同时做空白试验。

2.1.12.3　结果计算

按式（4）计算，取 2 个试片测试结果的算术平均值，精确到 0.1%。

$$Q=\frac{m_1-m_0}{m}\times 100 \qquad (4)$$

式中：Q——吸水度（%）；

m_1——试样浸泡规定时间后的吸水量（mg）；

m_0——空白试验水分损失量（mg）；

m——试样浸泡之前的质量（g）。

2.1.13　耐热粘着性

2.1.13.1　试验步骤

将 2 片 60mm×90mm 的试样，表面层相对并在一起，夹在两块 60mm×60mm 的玻璃之间，再用底面长、宽各 60mm、质量 3kg 的砝码对齐玻璃的四边并压在玻璃上。一同放置在（100±2)℃的鼓风恒温箱内 1h 后取出，除去砝码，在室温下放置 1h，用手轻轻地揭开对合的试样。

2.1.13.2　结果判断

5 级　表面层无变化。

4 级　光泽及表面层形状稍有变化。

3 级　光泽及表面层形状发生变化。

2 级　表面涂饰层出现损伤。

1 级　表面层以下出现损伤。

以 3 组试样试验结果的最低级表示。

2.2　聚氯乙烯人造革的分析检验

聚氯乙烯人造革是指以聚氯乙烯树脂为主要原料，加入增塑剂和其他添加剂经压延或涂覆等方法而制成的人造革，也是鞋面革代用材料的一种。

2.2.1　试样制备

从产品上沿经向裁取 1m 以上作为样品。样品维向两端各除去宽 50mm 后进行试样制备，试样的裁取数量及尺寸按表 2-1 和图 2-6 规定进行。

表 2-1　　试样裁取的数量及尺寸

序号	试样名称		记号	试样大小（长×宽）/mm	数量/块
1	拉伸负荷及断裂伸长率	经向	A_1	200×30	3
		维向	A_2	200×30	3
2	撕裂负荷	经向	B_1	150×30	3
		维向	B_2	150×30	3
3	剥离负荷	经向	C	150×30	3
4	表面颜色牢度	经向	D	220×60	2
5	不粘着试验	经向	E	90×60	2
6	耐寒试验	经向	F	60×20	3
7	老化试验	经向	G	200×50	3
8	耐揉搓试验	经向	H_1	120×30	2
		维向	H_2	120×30	2
9	耐折牢度及低温耐折牢度	经向	I_1	70×45	6
		维向	I_2	70×45	6
10	耐顶破性试验		L	100×100	3

裁取的试样应在温度（23±2）℃、相对湿度（50±5）%的环境中进行状态调节不少于 4h，并在此标准条件下进行试验。

2.2.2　宽度、长度和厚度的测定

用精度为 1mm 的钢卷尺或仪表沿长度方向任意测量 3 处的宽度，结果取最大值或最小值。精确至 1mm。长度精确到 1cm。

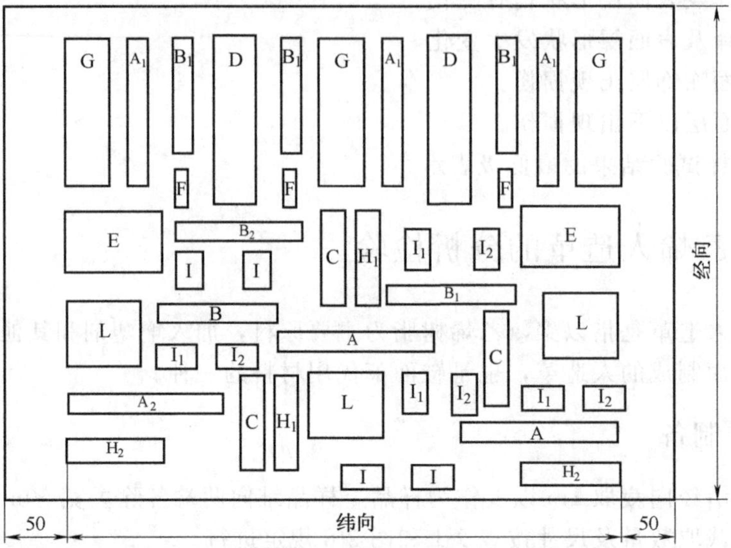

图 2-6　试样裁取位置

厚度用百分表测厚仪测定。百分表测厚仪技术要求为：测力 0.8～1.5N；测头直径 7～10mm；分度值 0.01mm；量限 0～10mm。

用百分表测厚仪沿产品宽度方向左、中、右 3 个点测量，结果以算术平均值表示，精确至 0.01mm。

2.2.3　拉伸负荷及断裂伸长率的测定

哑铃形试样标线间距为 100mm，拉伸速度为 200mm/min。

2.2.4　撕裂负荷的测定

在试样宽度的中心线处沿平行于长度的方向切开 75mm，将切开的两端成相反方向夹在拉力机的上下夹钳之间，以 200mm/min 的拉伸速度进行试验，记录试样最大撕裂负荷，结果以经、纬各 3 块的算术平均值表示，精确至 0.1N。

2.2.5　不粘着性能的测定

将两块试样的聚氯乙烯涂层面相互贴合在一起，用两块长、宽各约 60mm 的平滑玻璃板使之与试样的宽度对齐，然后把试样夹在两块玻璃板之间。再用底面长、宽各约 60mm、质量 3kg 的砝码压在玻璃板上，一同放置在 (70±2)℃ 的恒温干燥箱内，24h 后取出，除去砝码，在室温下冷却 1h，然后慢慢地将两块试样剥开，观察膜面有无损伤等异状产生。

2.2.6　剥离负荷的测定

剥离负荷是指将规定宽度的试样，在一定的速度下进行“T”形剥离，复合层与基材的平均剥离力。

2.2.6.1　试验仪器

带有图形记录装置的拉伸试验机，或能满足本试验要求的其他装置。

2.2.6.2　试样制备

试样的尺寸为 150mm×30mm，沿试样长度方向将复合层与基层预先剥开 50mm，被剥开部分不得有明显损伤。若试样不易剥开，可将试样一端约 20mm 浸入适当的溶剂中处理，待溶剂完全挥发，再进行剥离力的试验。若复合层经过这种处理，仍不能与基材分离，则试验不可进行。

2.2.6.3　试验步骤

将试样剥开部分两端分别夹在试验机的上、下夹具中，使试样剥开部分的纵轴与上、下夹具中心连线重合，并松紧适宜。试验时，未剥开部分与拉伸方向呈“T”形，如图 2-7 所示。拉伸速度为 (200±50)mm/min。记录试样玻璃过程中的剥离力曲线。

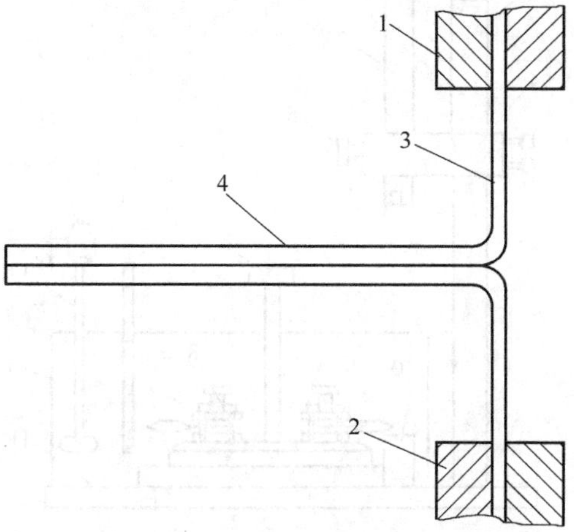

图 2-7　试样夹持示意图

1— 上夹具　2—下夹具　3—试样剥开部分　4—未剥离试样

2.2.6.4　试验结果的表示

根据试验所得曲线的形状（参照图2-8 中三种典型曲线），采取其中相近的一种取值方法。每组试样计算其算术平均值，取两位有效数字，以 N 为单位。

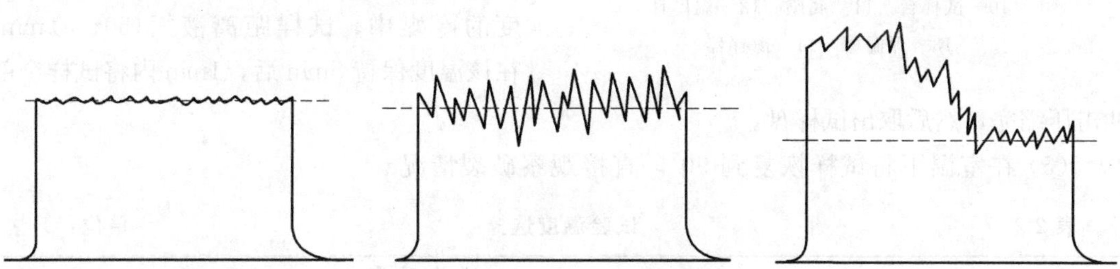

图 2-8　剥离力典型曲线的取值

虚线示值为该试样的平均值

2.2.7　耐寒性能的测定

耐寒试验是指把人造革试样对折起来使其受到一定力的打击，不产生裂纹的最低温度。

2.2.7.1　仪器

低温冲击试验机（如图 2-9 所示），必须满足下列要求：

(1) 冲锤冲击能 W=(50±2.0)kg·cm，速度 v=(2±0.05)m/s。

(2) 冲头底面与试样台面保持平行。

(3) 保温良好的保温槽，并备有加热装置和搅拌器。

(4) 冷媒为工业乙醇和干冰。

2.2.7.2 试验步骤

(1) 测量试样厚度，准确至 0.05mm。

(2) 将试样夹于试样盘的夹具上，如图 2-10 所示。

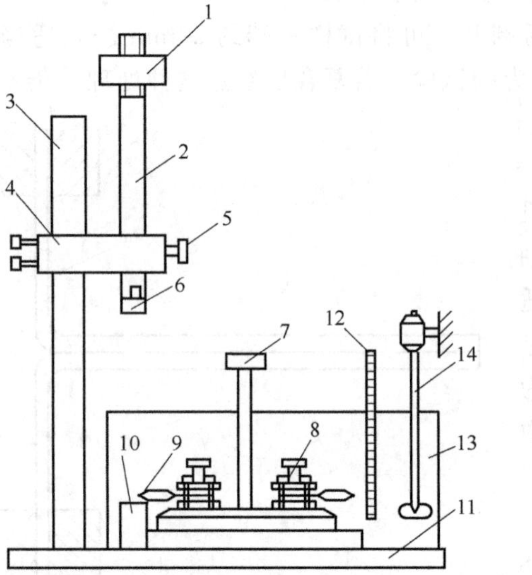

图 2-9 低温冲击试验机

1—主负荷 2—冲击杆 3—支柱 4—负荷架 5—活动销 6—冲头 7—试样转盘 8—试样夹具 9—试样 10—试样台 11—底座 12—温度计 13—保温槽 14—搅拌器

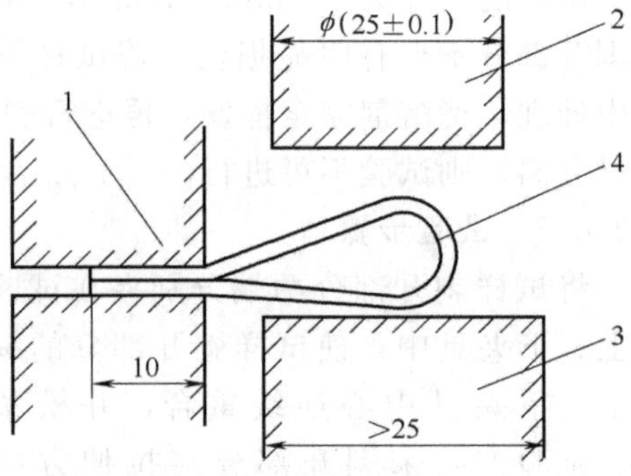

图 2-10 夹试样示意图

1—试样夹 2—冲击锤 3—底座 4—试样

(3) 在盛有工业乙醇的保温槽中加干冰，使其降温到所需温度为止。以后每隔一段时间加入少量干冰以保持恒温，经常搅拌，温度控制在±1℃范围内。试验温度应符合表 2-2 的要求。

(4) 将装好试样的试样盘置于所需温度的冷媒中，试样距离液面(50±5) mm，在该温度保持 5min 后，1min 内将试样全部冲击压缩完，然后取出试样盘。

(5) 在室温下将试样恢复到 90°，直接观察破裂情况。

表 2-2 **试验温度选择** 单位：℃

项 目	试验温度		
	优等品	一等品	合格品
耐寒性	−20±1	−10±1	−5±1
耐老化性	−10±1	−5±1	−5±1

2.2.7.3 试验结果

3 块试样中若有一块破裂，则耐寒性不合格。

2.2.8 耐老化性能的测定

在高温条件或日光照射下，人造革材料表面的高分子聚合物分子链容易发生断裂，使材料表面出现老化现象。耐老化试验就是测定人造革试样在 (100±2)℃温度下放置一定的时间后的耐寒性能。

将试样悬挂在温度为 (100±2)℃的热老化试验箱中，在转动鼓风条件下保持 24h

后取出，在室温下冷却 0.5h 以上，然后从每个试样上裁取长 60mm、宽 20mm 的试样一块，进行耐寒性试验。3 块试样中若有一块破裂，则耐寒性不合格，也即耐老化性能不合格。

2.2.9　耐折牢度的测定

同皮革的耐折牢度测定。

2.2.10　耐揉搓性能的测定

2.2.10.1　试验仪器

斯科特型揉搓试验机。

2.2.10.2　试验步骤

将同一方向的两块试样布面相互重合，然后装入夹具间隔为 30mm 的揉搓机夹具中，逐步缩小夹具的距离，使两块试样的布面轻轻接触后施加载荷，间距缩小到载荷为 1kg 为止。在频率为 120 次/min、行程为 50mm 的条件下，往复 1000 次，观察人造革表面有无裂纹、损伤或布基与涂层分离等现象。如果有一块试样有上述现象，则判该试样的耐揉搓性不合格。

2.2.11　耐顶破性能的测定

2.2.11.1　仪器

缪伦式破裂强度试验机，应符合下列要求：

(1) 试样夹子　上夹环孔直径 (31.5±0.05)mm，下夹环孔直径 (31.5±0.05)mm。上、下夹环和试样接触面刻有 V 形 60°角、深 0.25mm 的同心凹槽，夹持试样后，上、下夹环应同心，而整个接触面受力应均匀，试验时试样不得松动。

(2) 胶膜　厚度 (2.5±0.2)mm，各部位详细规格如图 2-11 所示。

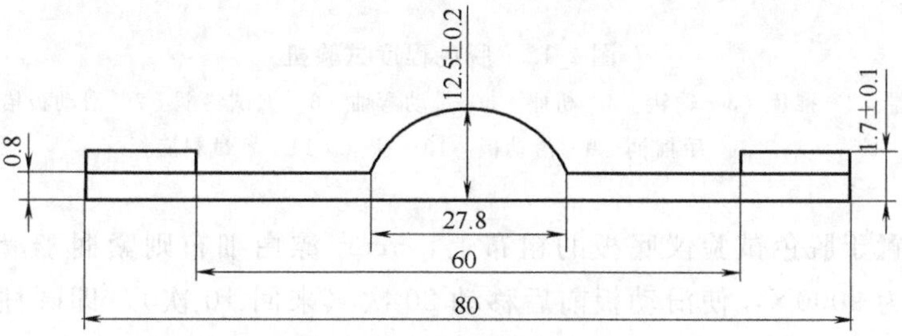

图 2-11　胶膜各部位详细规格

(3) 加压速度（加油量）　(170±15)mL/min

(4) 压力表的指示精度　压力范围 0～2MPa，指示精度 0.01MPa；压力范围 0～4.5MPa，指示精度 0.025MPa。

2.2.11.2　试验步骤

将试样涂层面朝下，用环形夹具夹紧，均匀加压至试样被顶破为止。耐顶破性用试样被顶破时的压力表示，应符合表 2-3 的要求。试验结果取 3 块试样的算术平均值，精确至 0.1MPa。

2.2.12 低温耐折牢度

2.2.12.1 试验仪器

低温耐折牢度试验机。

2.2.12.2 试验步骤

以试样的中心线为准，涂层向内对折，将对折试样的一端放入仪器的上夹内，使顶端与螺丝接触，折线与夹的底边平齐。再将试样另一端布基向内对折，并插入下夹内。然后调整箱内温度为（−10±2)℃，当计数器达到 3 万次时，停止试验。观察受折部分的变化情况，如有一块试样表面出现破裂时，则该试样低温耐折牢度不合格。

此方法也可以用于测定皮革试样的低温耐折性能。

表 2-3 耐顶破性指标要求

类别	规定
A	≥1.0MPa
B	≥1.2MPa

2.2.13 表面颜色牢度测试

脱色程度试验机见图 2-12。

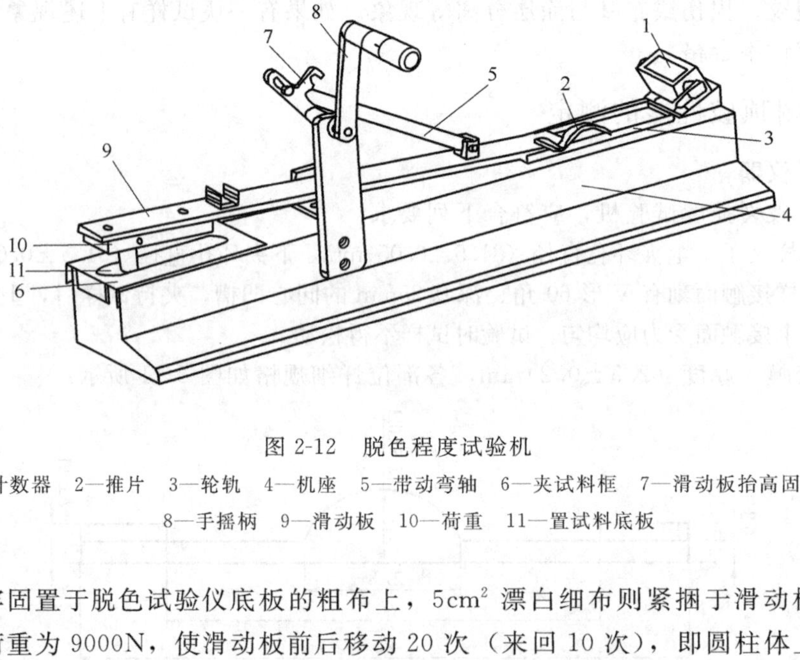

图 2-12 脱色程度试验机

1—计数器 2—推片 3—轮轨 4—机座 5—带动弯轴 6—夹试料框 7—滑动板抬高固定栓 8—手摇柄 9—滑动板 10—荷重 11—置试料底板

试样牢固置于脱色试验仪底板的粗布上，$5cm^2$ 漂白细布则紧捆于滑动板的圆柱体上，摩擦荷重为 9000N，使滑动板前后移动 20 次（来回 10 次），即圆柱体上的白布与试样摩擦 20 次，每次前后距离为（10±1.5)cm，其手动速度为每 1s 往复一次。试验结束取下被沾白布与标准白布比较色差，并用标准沾色样卡定级。

2.3 鞋用纤维板屈挠指数

本方法主要用于鞋用内底纤维板的耐屈挠性能测试。适用于一般穿用皮鞋、旅游鞋内底纤维板，不适用于主跟、包头及鞋内垫、半托底和特殊要求的皮鞋、旅游鞋内底纤维板。

2.3.1　试验原理

鞋用纤维板经反复机械屈挠直至断裂，以断裂时的屈挠次数计算出屈挠指数。

2.3.2　试样

（1）试样的空气调节　在温度为（23±2)℃、相对湿度为（65±5)%的环境里放置 48h。

（2）试条的制备　在经过空气调节的试样上裁切两组尺寸长 80mm（允许偏差－1mm)、宽（10±0.2)mm 的试条各 3 条，第一组试条的长边方向平行于鞋用纤维板的机加工方向（称其为纵向)，第二组试条的长边方向垂直于鞋用纤维板的机加工方向（称其为横向)。

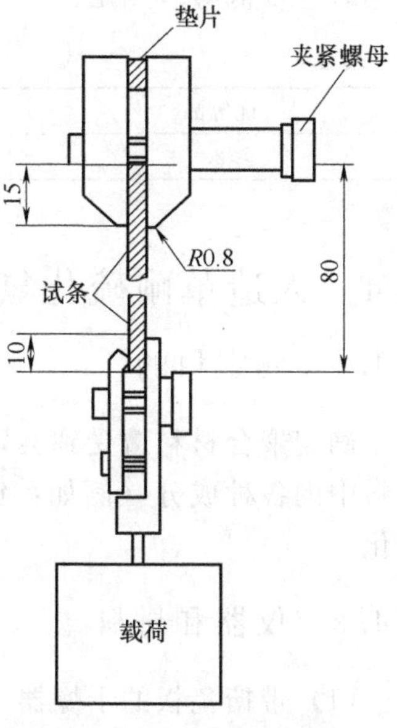

图 2-13　夹持器示意图

2.3.3　试验设备

XQ-1 型屈挠试验仪。

（1）夹持器由上夹持器和下夹持器（包括载荷）组成（如图 2-13 所示)。

上夹持器的屈挠角度为左右各（90±1)°，屈挠频率为（60±10）次/min（左右各屈挠一次为 1 屈挠次数)。

下夹持器（包括载荷）的质量为（2±0.01)kg。限制在试条屈挠部位下垂直运动。

（2）计数器可分别记录每个试条断裂时的屈挠次数，试条全部断裂后试验仪自动停车。

2.3.4　试验条件

试验温度为（23±2)℃，相对湿度为（65±5)%。

2.3.5　试验步骤

（1）每一组的 3 条试条应同时试验。

（2）将试条顺序夹在上夹持器里，试条的长边垂直于水平面，夹持长度约 15mm，并在试片上方夹具的另一端里垫入与试片相同厚度的小纤维板，以保证两个夹持面的平行。

（3）将下夹持器（包括载荷）夹挂在试条的另一端，夹持长度约 10mm。

（4）将计数器清零后开机试验，直至全部试条断裂。

2.3.6　试验结果

按以下公式计算屈挠指数 X

$$X=1/3(\lg X_1+\lg X_2+\lg X_3)$$

式中：X_1、X_2、X_3——同组 3 个试条各自的断裂屈挠次数。

结果保留一位小数。纵、横方向的结果分别表示。结果以屈挠指数 X 表示，并按表 2-4 的要求做出优等、一等、合格或不合格的判定。试验结果中纵、横两个方向等级不同时，以低等级判定。

表 2-4　　鞋用内底纤维板屈挠指数

优等品	一等品	合格品
≥2.9	≥2.5	≥1.9

2.4　人造革耐硫化氢性能的测定

2.4.1　测定目的

确定聚合材料遭受到会导致脱色的硫化氢及其他含硫的化合物作用时的颜色转变。材料中的各种成分（例如：铅、软化剂和镉稳定剂）和硫之间的化学反应会导致颜色变化。

2.4.2　仪器和材料

（1）带搪瓷板的干燥器。
（2）尺寸为 20mm×100mm 的过滤纸。
（3）玻璃皿盘。
（4）标准的灰色样卡（存放时间不超过 12 个月）。
（5）硫化钠（Na_2S）。
（6）100mL 10%的甲酸（HCOOH）。

2.4.3　试样制备

尺寸为 30mm×70mm 的试样。

2.4.4　测定步骤

请在通风橱中进行下列操作。
（1）将装有浓度为 10%的 100mL 甲酸溶液的玻璃皿盘放入干燥器中。
（2）将搪瓷盖板放到玻璃皿盘上。
（3）将试样放到玻璃皿盘上。
（4）称出 5g Na_2S 并加到甲酸溶液中。
（5）马上盖上干燥器。
（6）测试时间为 16h。
（7）将试样从干燥器中取出并在通风橱中放置 3h。
（8）比较处理过的试样和没有处理过的试样的颜色差别，并用标准灰色样卡定出试样的变色级数。

第 3 章　鞋用硫化橡胶物理-机械性能的分析检验

橡胶是一种高分子化合物，它具有一些独特的优良性能，它不仅具有高弹性、高耐磨性及耐曲挠性，同时还具有不透水、不透气性、耐酸碱性和绝缘性等，用它做成的皮鞋底轻便而柔软，摩擦损耗小，可经受多次弯曲，拉伸压缩而不受到破坏，因而它是一种良好的皮鞋代用材料，可满足于各种皮鞋的特点及要求，取代了天然皮革的鞋底部件或其他部件如主跟及鞋用装饰等，在制鞋工业中有着广泛的应用，所以橡胶的检测就显得非常重要了。

鞋用橡胶制品质量的检测，同样需通过感官检验和物理-机械性能的检验。感官检验就是靠直观感觉来检验制品的外观质量，如缺胶、起泡、棱角不清、花纹粘连、表面不光滑、裂口及杂物等，按其缺陷的面积大小深度和数量，根据标准规定，鉴定制品的等级。也可凭长期经验，检验橡胶的内在质量，如欠硫、过硫及胶质的好坏。但只用感官检验外观质量往往引起误差。即便是长期的经验，也难免带有一定的主观性。因此，通过测试仪器测出橡胶制品的物理-机械性能的检验是十分必要的。物理-机械性能的测试主要包括：拉伸性能、相对密度、硬度、耐磨耗、耐老化、耐曲挠等项目，下面将一一分述。

3.1　橡胶物理机械试验方法试样制备和调节

3.1.1　标准试验室条件

3.1.1.1　标准试验室温度

标准试验室温度应为（23±2)℃或（27±2)℃。

如果更严格要求，温度公差应为±1℃。

23℃通常适用于温带地区的标准试验室温度，27℃通常使用于热带或亚热带地区的标准试验室温度。

3.1.1.2　标准试验室湿度

当温度和湿度都需要控制时，应从表 3-1 进行优先选择。

表 3-1　　优先选择的湿度

温度/℃	相对湿度/%	湿度公差/%
23	50	±10
27	65	

注：更严格的公差为±5%。

比对试验的标准试验室温度为（23±1)℃，相对湿度为（50±5)%。含有橡胶且用于橡胶产品的纺织材料，用于试验室间比对试验的标准试验室温度为（20±2)℃，相对湿度为（65±4)%。

3.1.1.3 其他

当不需要控制温度和湿度时，应使用经常出现的环境温度和湿度。

3.1.2 样品和试样的停放

(1) 用于制备试样的样品及试样进行调节之前，应远离热、光或污染物保存，避免老化，并且要防止其他样品的交叉污染。

(2) 所有试验，试样形成与试验之间的最短时间间隔为16h。若试样是从成品上裁下来或者用整个成品进行实验时，例如成型鞋底，可能需要停放16h以上。

(3) 非成品试验，试样形成与试验之间的最长间隔是4周。对于要求对比评估的试验应尽可能在相同的时间间隔内进行。

(4) 成品试验，只要有可能，成品形成与试验之间的时间间隔不应该超过3个月。其他情况时，应在消费者收到产品之日起的2个月内进行试验。

(5) 这些要求仅与在初始和交付阶段的原始橡胶材料试验及成品有关。其他目的的特殊试验可以在任何时间进行，例如对工艺控制或对一个产品在非正常环境停放影响的评估，这样的原因应在试验报告中明确陈述。

(6) 如果是未硫化橡胶，应在某一标准试验室温度下调节2～24h，宜放在密闭的容器中，以防止其在空气中受潮，或者在一个相对湿度控制在(50±5)%的房间内。

3.1.3 试样的制备

3.1.3.1 试样的厚度

试样厚度应符合相关试验方法的规定。除非技术原因采用其他厚度，所有试验都推荐使用表3-2给出的试样厚度用来做特制的模压胶片。

表3-2 首选的试样厚度 单位：mm

试样厚度	公差	试样厚度	公差
1.0	±0.1	6.3	±0.3
2.0	±0.2	12.5	±0.5
4.0	±0.2		

3.1.3.2 厚度调整

(1) 总则　需要试验的材料，特别是成品，可能不具备表3-2规定的厚度，因此需要将厚度调整到规定的限度之内，推荐用下列方法。在大多数情况下，厚度的调整应在裁切试样之前的材料上进行。

(2) 方法

① 去除与橡胶相粘合的纺织物：分离织物应尽量避免使用引起橡胶溶胀的溶液。如果不可避免，则可以使用像异辛烷这样的低沸点的无毒液体来润湿接触面。为避免橡胶的过度拉伸，分离过程中应小心地固定靠近分离点的橡胶，每次分离很少一点。如果使用了溶液，在试样被裁切和进行试验之前，橡胶应停放至少16h，使溶液有足够的时间完全自由挥发。

② 裁切方法：当需要切掉相当厚度的橡胶或从一个厚的胶片制成若干薄片时，应使用旋转刀具设备切割机进行裁切。

③ 打磨方法：需要去除表面不平时，如织物的压痕或由于硫化的水包布或织物组件的接触引起的褶皱，或由于裁切引起的不平，应使用相应的设备进行打磨。

（3）制备试样的设备

① 旋转刀具设备：此设备参照工业切片机。机器由具有一个适当直径的、电机或手动驱动的圆盘状裁刀组成，并带有一个可移动的切割机，可将样品送到刀具边缘。切割台上装有一个可慢速调节的装置，用来将橡胶送至切割线，并控制切片的厚度。设备还应装有固定橡胶的夹紧装置。为了便于切割操作，刀具最好使用稀释的洗涤液润滑。

② 切割机：该设备以商业化的皮革切片机为基础，可适用于切割宽度约为 50mm、厚度不超过 12mm 的胶片。通过调整可切割不同的厚度，并具有使胶料通过刀具的供料辊。裁刀的刀刃要保持锋利。辅助装置可以从电缆外护胶上冲切及裁切断面。

③ 砂轮：打磨装置是包括一个装有电机驱动砂轮的打磨机。砂轮运行应平稳无震颤，氧化铝或碳化硅磨面应锋利准确。打磨机应装有慢速供料装置，可进行极轻微的磨削以避免橡胶过热。还应采用适当的方法以固定橡胶，防止过度变形并控制橡胶相对砂轮横向移动。

第一次打磨时打磨深度不应超过 0.2mm。连续打磨应逐渐减小打磨深度以避免橡胶过热。除厚度不平整的位置打磨以外，其他部位不应打磨。需去掉较大厚度的橡胶，应使用切割设备。

④ 挠性打磨带：该装置包括固定有旋转形打磨带的电动转鼓或两个滑轮，其中一个由电动机传动，另一个可以拉紧和调整打磨带。打磨带由织物、纸或两者并用制得。表面粘有一层用防水树脂粘合的氧化铝或碳化硅磨料。设备应装有慢速供料装置并防止橡胶过度变形。打磨带线速度为 (20±5)m/s 比较合适。

操作时，橡胶打磨的厚度为零点几毫米比较合适，用这种方法比用砂轮打磨时产生的热量要少得多。打磨时可以靠着转鼓进行，也可靠着一个滑轮或靠着滑轮之间绷紧的打磨带进行。

3.1.3.3　试样裁刀

（1）裁刀设计　所用的裁刀或裁切器结构和型号，应依据试验材料的厚度和硬度而定。裁切薄的材料时应使用冲切或旋转裁刀。对于较厚的材料，通常是 4mm 以上，使用旋转裁刀，以减轻裁切过程中因橡胶压缩引起的切边凹陷程度。对没有替换刀片的裁刀，裁刀刃口的设计如图3-1所示。

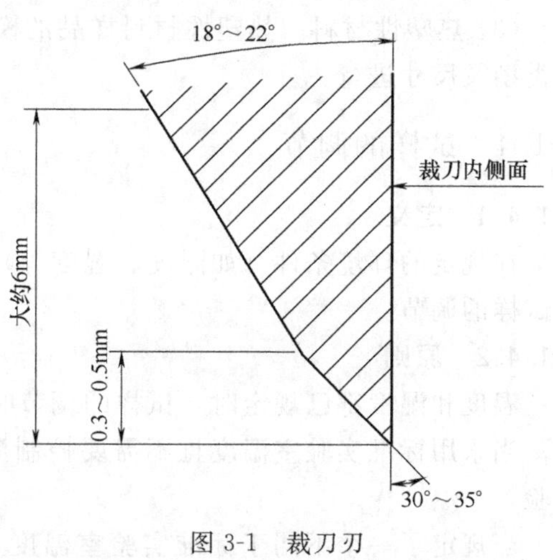

图 3-1　裁刀刃

（2）固定刀刃的裁刀　这类裁刀应使用优质的工具钢制造，可以采用整体结构也可采用两件式结构。裁刀可设计成一次能够冲切一个或多个试样。裁刀结构应具有足够的硬度防止裁切时变形。裁刀宜装有顶出装置以便取出试样。顶出装置的设计应适于裁切厚度在 4.2mm 以下的样品。如果没有顶出装置，则应有从裁刀后部通至刃口的通道，以便操作人员在不损伤刃口的情况下取出试样。刃口应保持锋利没有缺口，以防止试样形成粗糙的边缘。

（3）可更换刀片的裁刀　这类裁刀使用磨快的高碳钢条，如单刃刀片，其柔韧性足以满足裁刀的形状要求，刀片与裁刀形状应吻合，并能固定在刀体上。刀体应有足够的厚度用以支撑裁切刀片，刀片通常伸出表面不超过 2.5mm。裁刀刀片的背面应嵌在一个固定的金属底座上。裁刀应装有顶出装置以便取出试样。此装置的设计适应于裁切厚度在 2.2mm 以下的样品。如果没有顶出装置，则应有从裁刀后部通至刃口的通道，以便操作人员在不损伤刃口的情况下取出试样。应经常对刀片进行检查，确保裁刀裁切时，特别是裁切高硬度样品时刀片不发生形变。

（4）旋转裁刀　将环形或弧形裁刀固定在钻床的合适刀架上。裁切过程中应有固定橡胶的装置，这个装置包括安装到刀架的压足，用于固定样品中心部位的柱塞和中心孔尺寸大于裁切尺寸的金属压板，或者可在样品下面施加负压的真空固定器。应设置在裁切过程中向橡胶表面提供润滑剂的装置。为了得到环形试样的垂直切口，同时使用内外环同时裁切。刀片的型号和钻头的速度和进程应充分满足被裁切样品厚度的要求。弧形裁刀的前沿要有一定的角度并保持锋利，以便切入样品。裁切区域应装有一个透明罩以便对裁切的过程进行监控。也可以采用试样围绕固定裁刀相对旋转的其他设备。

3.1.3.4　裁刀的保养

应经常维护和保养裁刀的刃口，因为刃口变钝、崩刃或卷刃都会使试样带有缺陷，影响试验结果。裁刀不使用时刃口部位应放置在柔软的物体（例如海绵）上，或者使刃口部位不与任何表面接触。

3.1.3.5　模压法试样的制备

（1）片状试样　用模压法硫化片状试样时，应尽可能使他们接近产品的硫化程度。首先，按照相应实验方法规定的厚度，模压硫化胶片，然后用裁刀裁切试样。

（2）圆形试样　用模压硫化圆形试样时，应尽可能使它们接近产品的硫化程度。

（3）热塑性材料　热塑性材料样品的模压应按照制造商对材料的说明，应用和模压的类型及尺寸进行。

3.1.4　试样的调节

3.1.4.1　定义

在规定的环境条件（如温度、湿度等）下将橡胶试样或材料放置规定时间的过程，叫试样的调节。

3.1.4.2　原则

温度和湿度都已规定时，试样的调节时间应不少于 16h，然后立即试验。

当采用标准实验室温度且不需要控制湿度时，试样的调节应不少于 3h，然后立即试验。

当规定了一个不同于标准实验室温度且要控制湿度条件时，应经过足够长调节时间，以使试样与环境温度相平衡，或者根据试验材料和产品的有关规定处理。

经过打磨样品制备的试样在实验前应该进行调节。

3.1.5　试样尺寸的测量

3.1.5.1　方法 A——用于小于 30mm 的尺寸的测量

该方法适用于测量 30mm 以下的尺寸，试样放置于两个平行平面之间，也适用于测量施加压力而不引起任何明显变形的其他产品。

设备由放置试样或制品的平整坚硬的基座平台和一个可在试样或制品上施加规定压力，直径为 2～10mm 的扁平圆形压足组成。

该仪器测量厚度的误差应不大于 1%或 0.01mm 或更小。

圆形压足不应超出试样或制品的边缘。对硬度等于或大于 35IRHD（国际硬度）的固体橡胶施加（22±5)kPa 的压力；对硬度小于 35IRHD 的施加（10±2)kPa 的压力。在不同的直径下，压足产生（22±5)kPa 和（10±2)kPa 的规定压力，所需标准质量可参考表 3-3。

表 3-3　不同直径压足表面压力所需质量

压足直径/mm	施加规定压力所需质量/g	
	(10±2)kPa	(22±5)kPa
2	3	7
3	7	16
4	13	28
5	20	44
6	39	63
8	51	113
10	80	176

每个被测尺寸至少应获取 3 个测量值，结果取 3 个测量值的中值。

测厚计的组成包括：

① 坚硬平整的基座平台。

② 分度值为 0.01mm 的百分表。

③ 一根坚硬的小杆。小杆下端可安装不同直径的平头圆形测足，小杆上端有一与铁轭相结合的凸缘；小杆的总质量应为 7.2g，适用于直径为 3mm 的测足，测量硬度小于 35IRHD 的橡胶。采用其他测足进行测量时，可以加附加砝码，以便达到规定的压力。

④ 锁闭旋钮。当锁紧旋钮时，可使小杆固定在任一垂直位置，当松开旋钮时，可使小杆完全自由地垂直上下移动。

⑤ 使铁轭和小杆垂直移动的操纵杆。

每个被测尺寸至少要取 3 个测量值，并报告其中位数。

3.1.5.2　方法 B——用于 30～100mm（包括 100mm）的尺寸

该测量采用误差不大于 1%的游标卡尺来测量尺寸。测量与试样或制品的相对表面垂直方向的尺寸。固定试样或样品，使测量尺寸不受试样或制品形变的影响。

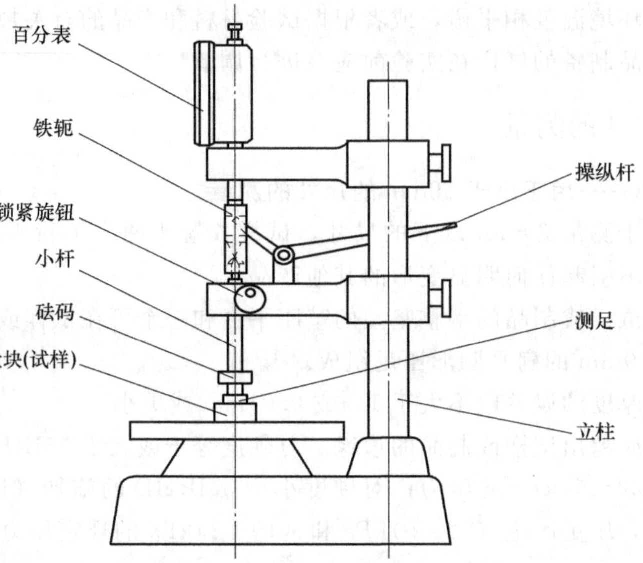

图 3-2　测厚计示意图

调节卡尺，使测量试样或样品的面，在不压缩情况下与其相接触。

每个被测尺寸至少应获取 3 个测量值，结果取 3 个测量值的中值。

3.1.5.3　方法 C——用于超过 100mm 的尺寸

采用误差不超过 1mm 的直尺或卷尺来测量。测量与试样或制品的相对表面垂直方向的尺寸。

每个被测尺寸至少应获取 3 个测量值，结果取 3 个测量值的中值。

3.1.5.4　方法 D——非接触法

这种不和橡胶有任何接触的测量，特别适用于具有特殊形状的试样或样品（如 O 形圈或取自胶管的试样）。可采用各种类型的光学设备，例如：移动式显微镜，投影式显微镜或 X 光摄影仪。

这些仪器厚度测量的误差应不大于 1％或 0.01mm，或更小。

每个被测尺寸至少应获取 3 个测量值，结果取 3 个测量值的中值。

3.1.6　试验条件

3.1.6.1　试验时间

获得某一试样的任何指定变化（比如老化）程度的时间主要依赖橡胶的类型、其配方和硫化状态、自然环境及实验环境的严格控制。通常会在进行一组不同时间周期的试验通过监测其变化来实现一个全面的研究。出于控制的目的，一个单一的试验时间可能就足够了，通常不需要上述程序。这两种情况下，推荐选择表 3-4 中给出的试验时间。

表 3-4　首选试验时间 单位：h

试验时间	公差
8	±0.25
16	
24	0 −2
48	
72	
168	±2
168 的倍数	

如果出于技术原因可能需要更小的公差，应符合有关试验方法中的规定。

3.1.6.2　温度和湿度

当需要高温或低温时，温度应从表 3-5 中选择。出于技术原因，可选择其他的温度。为了实验结果能得到更好的重现性，可以规定更严格的公差。

表 3-5　　**试验温度**　　单位：℃

实验温度	公　差	实验温度	公　差
−85	±2	85	±1
−70		100	
−55		125	±2
−40		150	
−25		175	
−10		200	
0		225	
40	±1	250	
55		275	
70		300	

3.1.7　试验箱

3.1.7.1　温度箱的一般要求

试验箱中的浸泡介质应对橡胶的性能没有显著影响。箱内放置试样的部分，其温度应控制在相应试验方法规定的公差范围内；浸泡介质在箱内完全的流通；首选的是自动温度控制机；在放入试样或实验装置后，按照最小过调量和最小失调量的要求，尽快使温度恢复到设定值，在任何情况下，不应超过 15min，对气体介质要特别注意到这一点。

箱体应是热绝缘的，以防止低温实验时外表形成冷凝汽，并防止高温时难以接触。如果需要一个窗口来观察仪器，例如读表，这个窗口应能够确保足够的热绝缘并避免冷凝。

箱体的结构取决于传热介质的类型。对于气体介质，箱体侧面开口对放入试样是方便的，对于侧面操作实验仪器是必要的。箱体内壁应由热的良导体制作，最好是铝制或镀锌的铜，以保证温度均匀并将辐射效应减少。当需要人工操作箱内仪器时（试样的装卸除外），应在箱壁上装设带有手套或绝缘套袖的操作孔。

对于液体介质，可用浸在介质中的元件或向外热交换系统的循环介质来控制温度。

3.1.7.2　高温时控制箱的操作

（1）气体传热介质控制箱　气体应通过适宜的电热元件来加热，用风扇或吹风机来确保气体充分循环。加热元件应被隔离以防止热辐射直接作用在试样上。

为了达到所需温度控制的精度，热传递系统应：

① 采用循环气体系统；

② 设计温度控制所需的大部分热量为连续供给，其余则间隙供给，或采用热量供给的比例调节装置，以防止温度发生大的周期性变化。

（2）液体传热介质控制箱　这种控制箱应遵循气体传热介质控制箱的相同原理，用浸泡加热器代替气体传热介质控制箱中的热元件和用一个搅拌器或者泵代替风扇或吹风机。

（3）沸腾床　这种控制箱利用一个惰性材料床，当一种合适的气体以适当的速度通过该床时，惰性材料达到沸腾。

3.1.7.3　低温时控制箱的操作

（1）机械冷却装置　通常机械冷却低温控制箱有一个多极压缩机和一个围绕试验箱的冷却螺旋管。

（2）固体二氧化碳冷却装置（直接冷却）　在固体二氧化碳直接冷却低温控制箱中，有一个合适的风扇或吹风机位于固体二氧化碳隔层中，使二氧化碳从固体二氧化碳隔层中气化流动到试样隔层饼返回。

（3）固体二氧化碳装置（间接冷却）　在固体二氧化碳间接冷却低温控制箱中，空气作为热传输介质，没有二氧化碳气体与试样接触。

（4）整体冷却装置　将实验装置放入实验控制箱中，循环调节温度的冷空气或二氧化碳气体从一个单独的冷却装置通过绝热管流通到实验箱并返回，这是最理想的。

（5）液氨　可以将液氨按需要注入来控制温度，或由箱内足够体积的气体经由箱外的液氨容器循环流动，以达到所要求的温度。液氨注入时，应完全气化，氨气应接触实验装置或试样之前达到实验温度。

3.1.8　试验数据的整理

标准中规定用算术平均值或中位数表示试验项目的试验结果，其数据整理按以下规定进行。试验数据的取值方法和允许偏差应符合相应试验方法标准的规定。

（1）用同一项全部试验数据计算出算术平均值，各试验数据对算术平均值的偏差如超过有关规定时，则应把这个数据舍去，取舍后，剩下的数据不应少于原数据的60%，然后再计算平均值。

（2）取同一项全部试验数据的中位数，试验数据应按数值递增的顺序排列，若试验数据个数为奇数，取中间的一个数值为中位数，若试验数据个数为偶数，取中间2个数值的平均值为中位数。

（3）表示试验结果平均值的试样数量不准少于试验方法中规定的最少数量，否则试验数据全部作废，重做试验。

3.2　硫化橡胶密度的测定

3.2.1　定义及意义

硫化橡胶的密度是指在给定温度下，单位体积硫化橡胶的质量，以 g/cm^3 或 Mg/m^3 表示。

密度是物质重要的物理性能指标之一。不同的硫化橡胶有不同的密度，通过测定硫化橡胶的密度，可以鉴定不同橡胶的轻重、弹性大小、软硬等。密度小的橡胶轻，做成的鞋轻便舒适，如新型合成橡胶聚氨酯橡胶，密度只有 0.4～0.5g/cm³，是任何橡胶所不能相比的，具有高弹性、高抗撕裂性、耐曲挠性，因而鞋底制品轻便舒适。另外测定密度也为后面的耐磨性计算提供依据。

3.2.2　试验原理

3.2.2.1　密度的测定——天平法

硫化橡胶的密度采用液体静力学原理进行测定，用天平称量橡胶在空气和水中的质量，当试样浸没于水中时，其质量小于在空气中的质量，减小值为试样排开水的质量，试样的体积等于排开水的体积。

3.2.2.2　相对密度的测定——直读法

用直读式密度计测定橡胶密度是依据力矩平衡原理及液体静力学原理，密度值 ρ 用指针旋转的角度 φ 来度量，其关系式如下：

$$\rho=(1+\mathrm{tg}\varphi)\rho_{水}$$

式中：ρ——橡胶的密度（g/cm³）；

φ——试样浸入水中后，指针从刻度线的起点（1.00）转过的角度（°）；

$\rho_{水}$——蒸馏水在试验温度下的密度（g/cm³）。在标准实验室温度下，水的密度可视为 1.00g/cm³。

3.2.3　试样制备

试样为任意形状的，质量为 5～12g。试样不应有气泡、气孔和裂缝，表面光滑，无油污杂质。应避免阳光直射。试样的环境调节及试验的标准温度按照有关规定执行。

3.2.4　天平法测定硫化橡胶密度

3.2.4.1　仪器

（1）天平感量为 0.001g。

（2）天平盘跨架应有适当的尺寸以便放置在天平盘和吊篮的空当中，如图 3-3 所示。

（3）试验用烧杯 250mL，根据天平结构也可小一些。

3.2.4.2　操作步骤

（1）称量试样在空气中的质量，准确到 0.001g。

（2）将跨架放置在天平盘和吊篮的空当中，彼此不能有任何部位接触。

（3）将盛有蒸馏水的烧杯放置在跨架上。

（4）将用直径小于 0.2mm 的铜丝制的吊环挂在天平吊钩上，在吊环上另挂上一个坠子，称吊环和坠子在水中的质量，准确到 0.001g。

（5）先用蒸馏水润湿在空气中称过质量的试样的表面，然后将其套在吊环上，称其在水中的质量，准确到 0.001g。

注意，试样应都浸没于水中，其表面不应附有气泡，蒸馏水的温度应同试样的温度

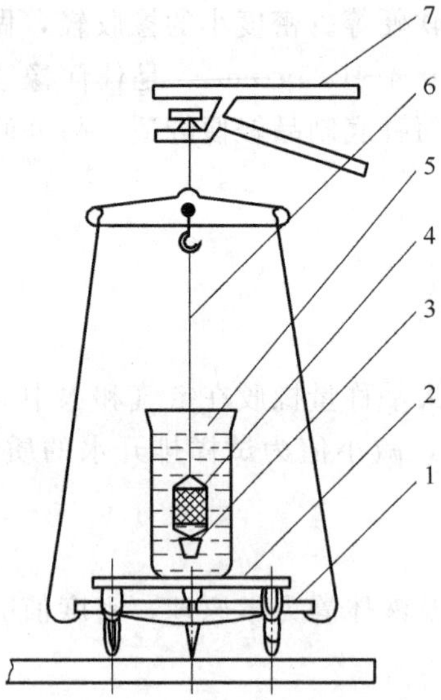

图 3-3 天平法测定密度

1—天平盘 2—跨架 3—坠子 4—试样 5—烧杯 6—吊环 7—天平梁臂

相接近。

3.2.4.3 计算

试样在试验温度下的密度（ρ）按下式计算

$$\rho=\frac{m_1}{m_1-m_2}\rho_0=\frac{m_1}{m_1+m_3-m_4}\rho_0$$

式中：m_1——试样在空气中的质量（g）；

m_2——试样在水中的质量（g）；

m_3——坠子吊环在水中的质量（g）；

m_4——试样、坠子、吊环在水中的总质量（g）；

ρ_0——蒸馏水在试验温度下的密度（g/cm^3）。

每种试验样品的试样数量不得少于 2 个，取其算术平均值作为试验结果。

3.2.5 电脑系统密度天平法测定硫化橡胶密度

3.2.5.1 操作步骤

（1）按 ON/OFF 打开电源，出现 0.998012g/mm^3 等数据，此数据表明蒸馏水在 20℃时的密度。

（2）按 REF 键，出现此时的质量。

（3）按 T 键，进行清零，出现质量为 0.000g，AIR 为空气中质量。

（4）将待测试片放在支架上，显示试片质量，关闭玻璃门，等质量稳定，质量后面出现“g”字样即可。

（5）按 REF 键，出现 LIQUET 和质量，将待测试片用镊子取下，放入水中小筐中，关闭玻璃门，等质量稳定，质量后面出现“g”字样即可。

（6）按下 REF 键，2s 后出现材料的密度值。

3.2.5.2 密度天平校准程序

（1）把支架、烧杯、托架等拿下。

（2）按住 T 键 3s 不放，出现 000 字样，放开手，屏幕上 000 会不断闪烁，然后变成 200，并不断闪烁。

（3）将 200g 砝码放在天平上，等屏幕停止闪烁，并显示 200.000g，上下波动 0.003g 可判定为合格。

3.2.6 密度瓶法测定硫化橡胶密度

3.2.6.1 仪器

密度瓶，容量为 100cm^3。

3.2.6.2 试样

试样为片状硫化橡胶，其质量不少于 2.5g。内部质量控制试验的试样质量不少于 1g。试样不应有气泡、裂缝、杂质且表面光滑。

3.2.6.3 操作

（1）用天平称量密度瓶（包括瓶塞，下同）的质量 m_1，精确到 0.001g。

（2）称量密度瓶和试样的质量 m_2，精确到 0.001g。

（3）把试样装入密度瓶内，注满蒸馏水，盖上瓶塞，称量其质量 m_3，精确到 0.001g。

（4）将瓶子完全倒空，注满蒸馏水，称量其质量 m_4，精确到 0.001g。

在进行操作时，应使瓶外干燥，瓶内及毛细管内不能有气泡，以减少误差。

注：消除瓶内气泡可用如下方法：

① 将瓶子及内含物加热到约 50℃，以除气泡，但必须在称量前将瓶子及内含物冷却到试验室温度。

② 将瓶子放入真空干燥器内，使其形成真空并排气数次，直到瓶内空气抽完为止。

3.2.6.4　计算

（1）试样的密度　按下式计算：

$$\rho = \frac{m_2 - m_1}{m_4 - m_3 + m_2 - m_1} \rho_0$$

式中：ρ——试样的密度（Mg/m^3）；

m_1——密度瓶的质量（g）；

m_2——密度瓶与试样的质量（g）；

m_3——密度瓶与试样和水的质量（g）；

m_4——注满水的密度瓶的质量（g）；

ρ_0——蒸馏水的密度。

（2）在标准试验室温度下，水的密度可定为 $1Mg/m^3$，如进行精确测定，则应按水在试验温度下的精确密度值进行计算。

（3）每种试验样品的试样数量不得少于 2 个，试验结果精确到小数点后两位，取算术平均值。

3.2.7　直读法测定硫化橡胶密度

3.2.7.1　仪器

（1）直读式密度计　由底座刻度盘升降装置及测量装置组成，结构如图 3-4 所示。

（2）玻璃烧杯　500mL。

3.2.7.2　试验操作

（1）仪器校正　仪器安装及位移后均需校正检查，平时每周校正一次，其步骤如下：

① 将带有连针锤 7 的插针 6 插入插针套 8 内，将长臂 14 上的两个滑动砝码 15 滑动到它的底端。

② 调整基准螺丝 19，使指针 16 准确地指到比质值刻度线的 1.00 位置上。

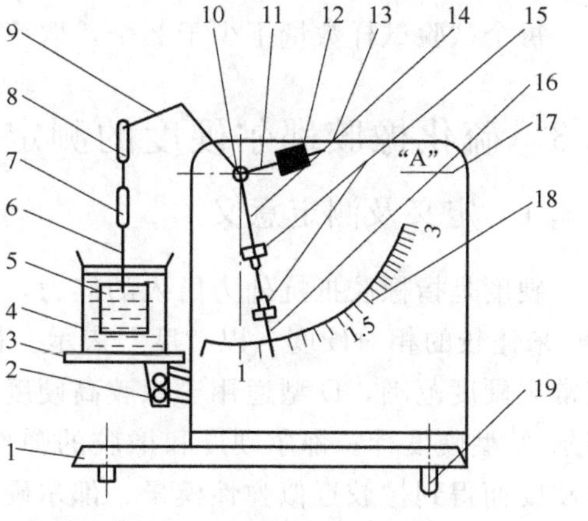

图 3-4　直读式密度计结构图

1—底座　2—升降装置　3—托盘　4—烧杯　5—试样　6—插针　7—连针锤　8—插针套　9—梁　10—滚动轴承　11—短臂　12—短臂上的螺丝砝码　13—刻度盘　14—长臂　15—长臂上的滑动砝码　16—指针　17—水平标记“A”　18—比质值刻度线　19—基准螺丝

③ 在连针锤 7 上放置 3 个标定砝码。

④ 调整长臂 14 上的两个滑动砝码 15，使指针 16 准确地指到 17 水平标“A”的位置上。

⑤ 从连针锤 7 上除去一个标定砝码，此时指针 16 应指在比质值刻度线的 3.00 位置上，除去第二个标定砝码，此时指针 16 应指在比质值刻度线的 1.50 位置上；除去第三个标定砝码，此时指针 16 应指在比质值刻度线的 1.00 位置上。

⑥ 如经⑤步骤的检查发现指针超过它所应指的范围时再按下步进行调整。

⑦ 重复①到②操作步骤。

⑧ 把长臂 14 上面的一个滑动砝码滑动到它的顶端。

⑨ 如果指针 16 未指到 1.00 位置上时，则调整短臂 11 上的螺丝砝码 12，直到指针 16 准确地指到 1.00 位置上为止（短臂上的螺丝砝码 12 调整好之后应立即锁住）。

⑩ 连续校正两次，每次均合格即校正完毕。

（2）将长臂上的两个滑动砝码滑动到长臂底端。

（3）调整基准螺丝，使指针准确地指在比质值刻度线的 1.00 位置上。

（4）将试片垂直地插在插针上，调整长臂上的滑动砝码，使指针准确地指到水平标记“A”的位置上。

（5）抬起梁，提起试片，将装有蒸馏水的玻璃烧杯放在托盘上，先用蒸馏水润湿试样表面，然后放下试片，慢慢抬起托盘，使试样完全浸入蒸馏水中为止（插针浸入深度为 15～20mm），试样不得与烧杯的边和底相接触，表面不得附有气泡，为减少气泡，可在蒸馏水中加约 0.01%的乙醇或混有甲醇的工业酒精等。

3.2.7.3 试验结果

试样浸入水中后，指针稳定地指在比质值刻度线上的指示值，即为该样品的比质值。每个试验试样数量不少于 2 个，取算术平均值作为试验结果，允许偏差为±1%。

3.3 硫化橡胶邵尔硬度的测定

3.3.1 定义及测定意义

硬度是指橡胶抵抗外力压入的能力，一般用邵尔硬度来表示，它是以玻璃的硬度为 100 来比较的相对硬度，以“度”表示。邵尔硬度计有两种：邵尔 A 型硬度计适用于橡胶常规硬度范围，D 型适用于橡胶高硬度范围。我国目前使用的橡胶硬度计绝大多数是邵尔 A 型硬度计。邵尔硬度和橡胶的弹性模量有着一定关系，可以通过测定橡胶的邵尔硬度而得到橡胶近似弹性模量。邵尔硬度计携带方便、操作方便、测量迅速，特别适合于现场的硬度测定，长期以来，一直用于成品和半成品硬度性能的测定以及控制橡胶产品的质量。而鞋用橡胶鞋底属于常规硬度范围，使用邵尔 A 型硬度计。

硬度也是硫化橡胶物理性能指标之一。硬度数值的大小反映了橡胶底的软硬程度。根据鞋用制品的不同，其硬度要求各有不同，硬度过低会影响制品强度，挺性差。硬度过高，会影响其弹性，耐弯曲性及耐磨性，且穿着不舒适，易发生断裂。故需测定硫化橡胶的硬度，确定其使用性。

硫化橡胶硬度测定就是用外力将硬度计压针压在硫化橡胶试样表面上，观察硬度计指针所示的度数。

3.3.2　邵尔硬度计试验的基本原理

邵尔硬度试验的试验弹簧力是随硬度值不同而变化的，由压针的压入深度确定。当压针压入试样时，弹簧受到压缩，产生弹簧力，和试样表面的反作用于压针的力相平衡。试样硬度越高，反作用于压针的力越大，压针压入试样表面的深度就越浅；相反，试样硬度越低，反作用于压针的力越小，压针压入试样表面的深度就越深。压针压入试样表面的深度与硬度值的关系可用下式表示：

$$T=2.5-0.025h$$

式中：T——压针压入试样表面的深度（mm）；

2.5——压针长度（mm）；

h——硬度计的示值；

0.025——示值为一个硬度单位时，压针压入试样表面的深度（mm）。

从上式可看出，压针压入试样表面的深度越大，其硬度值 h 就越小，反之，h 就越大。

3.3.3　试样

（1）试样的厚度应不小于 6mm，上下两面平行。试样必须有足够的面积，使压针和试样接触位置距离边缘至少 12mm，试样的表面和压足接触的区域必须平整。

试样厚度达不到要求时，可用同样胶片质叠起来测定，但不得超过 3 层，并要上下两面平行。

（2）试样表面光滑、平整，不应有缺胶、气泡、机械损伤及杂质等。

（3）成品试样按照相关规定制备。

3.3.4　试验仪器

所用仪器为邵尔 A 型硬度计。

（1）硬度计压针的形状和尺寸应符合图 3-5 和表 3-6 的规定，并且压针应位于孔的中心。

（2）硬度计压针在自由状态时，其指针应指零度；当压针被压入小孔，其端面与硬度计底面在同一平面时，硬度计所指刻度应为 100 度。

（3）对压针所施力的大小同硬度计指示值的关系应符合下列公式，允许偏差为 75mN（即硬度 1 度）：

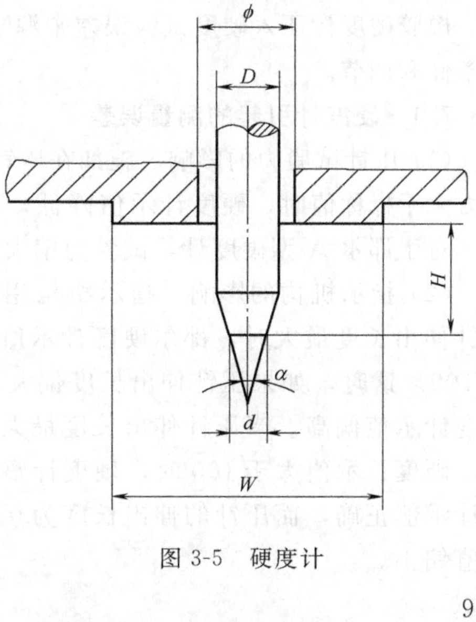

图 3-5　硬度计

表 3-6　　硬度计压针的尺寸

代号	D/mm	d/mm	H/mm	α/(°)	ϕ/mm	W/mm
尺寸	1.25±0.15	0.79±0.03	2.50±0.04	35±0.25	$3.0\pm^{0.2}_{0.6}$	>12

$$F=550+75HA$$

式中：F——对硬度计所施加的力（mN）；

550——压针未压入试样时（硬度计指零时）弹簧的力（550mN）；

75——硬度计每 1 度所对应的力（75mN）；

HA——邵尔 A 型硬度计指示的度数。

3.3.5　试验步骤

（1）试样环境调节和试验的标准温度、湿度及时间，按相关规定进行。

（2）试验前检查试样，如表面有杂物须用纱布蘸酒精擦净。

（3）试样下面应垫厚度 5mm 以上的光滑、平整的玻璃板或硬金属板。

（4）硬度计用定负荷架辅助测定或手持测定试样的硬度时，在试样缓慢地完全受到质量为 1 kg 的负荷时起 1s 内读数，手持硬度计测定时，当硬度计的底面与试样表面平稳地完全接合时起 1s 内读数。

（5）试样上的每一点只准测量一次，测量点间距离不小于 6mm，与试样边缘的距离均不小于 12mm。

3.3.6　试验结果的表示

（1）以硬度计示值为测定值。

（2）每个试样的测量点应不少于 3 个点，取测定值中位数为试验结果。

3.3.7　试验的影响因素

橡胶硬度计压入硬度试验误差来源于以下 4 个方面：硬度计、试验操作、试样、环境条件和调节。

3.3.7.1　硬度计引起的测量误差

（1）压针试验力的影响　施加在压针上的试验力直接影响到硬度计的指示值。当试验力大于标称值时，硬度计示值降低，当试验力小于标称值时，硬度计示值升高。例如：对于邵尔 A 型硬度计，试验力偏大 75mN，硬度计示值偏低 1 度。

（2）指示机构的影响　指示机构用于读取压针伸出部分相对压足底面的伸出量。压针伸出长度最大时，邵尔硬度计示值为 0 度；压针的伸出长度为 0 时，硬度计示值为 100。这时，如果压针伸出长度偏大，则硬度计示值偏低；压针伸出长度偏小，则硬度计示值偏高。当压针伸出长度最大时，硬度计示值正确，而压针的伸出长度为 0 时，硬度计示值大于 100 时，硬度计整个量程示值偏大；当压针伸出长度最大时，硬度计示值正确，而压针的伸出长度为 0 时，硬度计示值小于 100 时，硬度计整个量程示值偏小。

压针伸出长度最大时，邵尔硬度计示值为偏离 0 度；如果偏离量为正，硬度计整个量程示值偏大；如果偏离量为负，硬度计整个量程示值偏小。

(3) 压针的影响　邵尔硬度计压针锥角对硬度计示值也有影响，锥角偏大，示值升高；锥角偏小，示值降低。但目前标准对邵尔 A 压针锥角为 $35°±15'$的要求显得过于苛刻，因为一方面压针锥角偏离标称值对示值的影响要比其他因素小得多，另一方面，很多邵尔 A 硬度计因为压针锥角超出 $35°±15'$而不合格。

邵尔 A 型硬度计压针端面直径偏大时，硬度计示值偏高；压针端面直径偏小时，硬度计示值偏低。邵尔 D 型硬度计或袖珍橡胶国际硬度计压针端部球面径偏大，硬度计示值偏高；端部球面径偏小，硬度计示值偏低。

硬度计长期测定硬度，压针端部会受到磨损，对于邵尔 A 型硬度计，一般是压针端面边缘受到磨损，使压针和试样的接触面积减少，硬度计的示值降低。

3.3.7.2　硬度计操作引起的测量误差

邵尔硬度计可使用架子固定硬度计或在压针轴上用砝码加力使压足和试样接触，或两种方法兼用，以提高测量准确度。使用架子，只要注意压足底面和试样表面平行、加力平稳、读取示值时间正确，不同人员的测量结果基本是一致的。当压足底面和试样表面平行性控制不好时，硬度计示值偏低；当加力不够平稳时，硬度计示值不稳定。本标准规定，在压足与试样表面完全接触后 1s 之内读数，如果是其他时间间隔读数则必须说明。读数时间不同，试验结果一般也不同。随着读数时间的延长，硬度值有所降低，特别是一些蠕变性较大的胶料，这种现象更为明显。

3.3.7.3　试样引起的测量误差

硬度试样制备有两种方法：一种是模压试样；另一种是从成品上裁取，并经打磨，裁切制备成符合本标准要求的具有一定形状、规格尺寸的试样。成品试样的制备，应按各产品标准的有关规定进行。无论用哪一种方法制备的试样，其表面都应光滑、平整，不应有缺胶、气泡、机械损伤及杂质等缺陷，试样厚度至少 6mm。在厚度小于 6mm 的情况下，试样可用不多于 3 层，每层的厚度不少于 2mm 叠加而成，各层须光滑、平行。试样厚度直接影响硬度结果的准确性。同一橡胶试样厚度小于 6mm，在单层测量的情况下，所得硬度值随着试样厚度的减少而增加，尤其低硬度的试样更为明显，其原因是硬度计所测得的硬度值是由压针压入试样表面的深度确定的。当试验受到压针压力后产生形变，使试样受压部分变薄。如果试样越薄压针受到承托试样的玻璃或金属板的影响就越大，压针压入试样表面的深度减少，从而使硬度值增高。若试样达到足够的厚度，则有利于克服承托试样的玻璃或金属板的反作用力，相应减少了玻璃或金属板的影响。虽然标准统一规定了试样厚度至少 6mm，但一般情况下，当试样厚度小于 6mm 时，低硬度影响比高硬度大。

3.3.7.4　环境条件和调节引起的测量误差

橡胶硬度和其他物理性能一样，随着温度的变化而变化，温度升高，硬度降低。因为橡胶材料属于高分子材料，它通过硫化使分子交联。温度升高，分子的热运动加剧，分子链更加蜷曲，并使柔性分子增加，当外力作用在橡胶上，其变形增大，压针压入试样的深度增加，硬度值就降低。如果进行对比试验，必须在同一温度下进行。在可能的情况下，试样在测试前应进行调节。

试样环境调节时间的长短对试验结果有一定的影响。这是由于试样温度与试验环境温度之间的差异造成的。随着调节时间的增加，试验结果逐步趋向平稳。

3.4 硫化橡胶回弹性的测定

3.4.1 原理

回弹性就是形变试样在快速而充分地回复时，输出能与输入能的比值（即回弹值）。对于由重力而产生回复力的摆锤，回弹性由式（1）计算。

$$R=\frac{h}{H}\times 100\% \tag{1}$$

式中：R——回弹值（%）；

h——回弹高度（mm）；

H——降落高度（mm）。

对于由弹簧或扭转钢丝而产生回复力的摆锤，回弹性由式（2）计算。

$$R=\frac{\alpha_R}{\alpha_1}\times 100\% \tag{2}$$

式中：R——回弹值（%）；

α_R——回弹角（°）；

α_1——冲击角（°）。

当冲击角 α_1 为 90°时，式（2），可表达为式（3）。

$$R=(1-\cos\alpha)\times 100 \tag{3}$$

式中：R——回弹值（%）；

α——冲击角与回弹角之差即为（$\alpha_1-\alpha_R$）（°）。

本方法是在小范围的冲击应变和应变速率下，以冲击方式测定橡胶回弹性的方法。适用于试验温度下硬度在 30～85IRHD 范围内的硫化橡胶。

3.4.2 仪器

3.4.2.1 组成

试验仪器由两部分构成：一部分是一个摆状、单自由度的机械摆动装置，另一部分由一个试样夹具和一个经校正的指示弹性值的刻度盘组成。这两部分应固定在一个校正的带有试样台的机座上，机座的质量至少是冲击质量的 200 倍，以保证在冲击过程中机座不产生位移。

3.4.2.2 仪器基本参数

用摆杆和半球形击锤组成摆锤来冲击试样，摆锤的冲击质量、冲头和被冲击试样的特性应在下列规定的范围内：

冲头直径（D）	12.45～15.05mm	冲击速度（v）	1.4m/s
试样厚度（d）	12.5±0.5mm	表观应变能密度（mv^2/Dd^2）	$351+112kJ/m^3$
冲击质量（m）	0.350kg		

注：表观应变能密度 $[mv^2/(Dd^2)]$ 即冲击能与等体积之比，它与冲击应变有关，取决于 m、V、D 和 d 的数值。

凡符合上述规定的各种设计的仪器都可使用。即这些仪器能在各种参数规定的范围内操作，而且经过准确校正后能得出基本相同的回弹性数值。

3.4.2.3　仪器主要部件

（1）摆动装置　由摆杆和半球形击锤组成摆锤。摆锤可在质力作用下沿弧形轨道运动，也可在弹簧或扭转钢丝的回复力作用下作线性运动。在冲击点，球形冲头表面速度是水平方向的，即冲头与试样的接触方向必须与试样垂直。

（2）试样夹具　试样夹具必须保证能牢固地将试样夹住在试样台上，没有摩擦移动。可为机械夹具、真空吸附夹具或机械真空综合夹具。不管用何种夹具，所测结果相互之间误差不超过 0.02（绝对回弹值）。夹具侧面不能挤压试样，至少在试样周围留有 2mm 的空隙，以便在冲击时试样能自由地凸起。

（3）仪器校正　仪器须定期检查。可针对仪器装置的特点，按照下列程序进行：

① 摆轴承摩擦和空气摩擦的检验：摆锤的灵活程度要经常进行检查。对于垂直悬挂的摆锤，检查时将机座倾斜大于 45°角，使摆锤呈静止垂直状态，然后抬起摆锤至 45°角，在不带随动指针的情况下自由摆动，单程摆动次数不应少于 300 次。

② 指针摩擦的检验：用线或不大于 5g 的夹子将随动指针和摆相连接，并进行摆动，其单程摆动次数不低于 35 次。

③ 用求对数衰减 Λ 来校正摩擦损耗：

$$\Lambda=\frac{1}{n}\ln\frac{L_x}{L_{x+n}}=\frac{1}{2n}\ln\frac{R_x}{R_{x+n}}$$

式中：　n——观察到的全部摆动次数；

L_x、L_{x+n}——均匀刻度尺上读到的摆幅；

R_x、R_{x+n}——在两次方刻度尺上读到的摆幅。

取五次摆动的平均值计算对数衰减率（Λ）：

若 $\Lambda-\Lambda_i\leqslant\pm0.01$ 可以忽略；

$0.01<\Lambda-\Lambda_i<0.03$ 回弹结果加此修正值 Λ；

$\Lambda_i\geqslant0.03$ 需移动摆的起点。

注：在大多数情况下，可以不进行校正计算。如需进行较精确的分析时，可采用以上计算进行校正。

3.4.3　试样

3.4.3.1　试样制备

试样应按照规定方法进行制备，模压或冲切都可以。试样中应无纤维或增强骨架材料。

试样表面应平整、光滑，且上下表面平行，若有需要可以打磨，如果受冲击面发黏时，可以在表面上少量地撒上一些隔离剂，如滑石粉就可以避免其影响。

如果从成品上直接切取试样，而厚度达不到要求时，可以用几层叠起测量，但最多不得超过3层。各层间严格要求平行、光滑。

3.4.3.2 试样尺寸

标准试样厚度（d）应是（12.5±0.5）mm。直径为（29±0.5）mm的圆盘。如果需要也可采用直径大于29mm直至53mm的非标准尺寸的试样进行对比测量。

3.4.3.3 尺寸测量

试样厚度的测量应精确至0.05mm，直径测量应精确至0.2mm。

3.4.3.4 试样数量

每一种材料应连续测量2个试样。

3.4.3.5 试样调节

（1）在硫化和试验之间的时间间隔应符合相关标准的规定。

（2）在硫化和试验过程中尽可能完全避免光的照射。

（3）如果试样是经过打磨的，在打磨和试验之间的间隔不应超过72h。

（4）制备好的试样在直接试验之前，应在规定的标准试验室温度下进行调节。

3.4.3.6 试验温度

优先采用相关标准规定的标准试验室温度，试验也可在下列一种或更多种的温度下的恒温箱或冷却室里进行，采用控温的专用试样夹具：－75、－55、－40、－25、－10、0、40、55、70、85、100℃，温度偏差应不超过±1℃。在试验温度下，仪器应具备规定的精度。

在回弹性随温度变化很迅速时，也可用其他间隔更小的温度。

3.4.4 试验步骤

（1）调整试验机呈水平，将试样平稳地夹紧在夹持器上。

（2）使击锤同试样表面相切，抬起摆锤至水平位置，并用机架上的挂钩钩住，将指针调至零位。

（3）松开挂钩，摆锤自由落下冲击试样，对试样进行不少于3次但不多于7次的连续冲击，作为机械调节。

（4）在进行机械调节后，立即以相同的速度对试样进行3次冲击，记下3次的回弹读数，以它们的中位数表示试样的回弹性。以2个试样中位数的算术平均值作为该试样的回弹性。

3.5 硫化橡胶恒定形变压缩永久变形的测定

3.5.1 概述

本方法适用于测定硫化橡胶恒定形变压缩永久变形特性。本试验是将硫化橡胶试样压缩到规定高度下，经一定温度和时间，或经介质浸润后，测定试样压缩永久变形率。

压缩率可根据试样硬度（邵尔 A 型）选择：硬度在 50 以下压缩率可选用 40%；硬度在 50～70 压缩率可选用 30%；硬度在 75 以上压缩率可选用 20%。

3.5.2　装置

3.5.2.1　试验夹具

（1）压缩面要求平整，其 R_a>0.63～1.25（光洁度不小于▽7）。

（2）压缩板在试验时不应产生变形，建议采用钢板，尺寸为长约 75mm，宽约 50mm，厚约 10mm。

（3）限制器的高度分别为(8±0.02)mm、(7±0.02)mm、(6±0.02)mm。

试验夹具的装置见图 3-6。

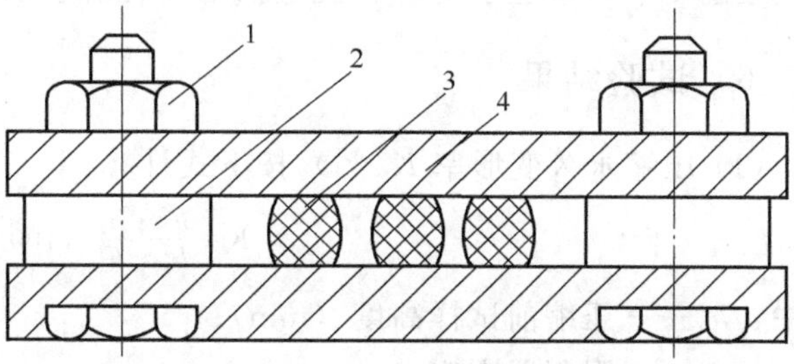

图 3-6　试验夹具的装置图

1—螺栓　2—限制器　3—试样　4—压缩板

3.5.2.2　恒温箱

要有连续鼓风装置，箱内试验温度均匀，恒温箱内试验区的温度波动范围：100℃以下为±1℃，100～200℃为±2℃。

3.5.3　试样

（1）试样为圆柱体，直径为（10±0.2)mm，高为（10±0.2)mm。

（2）试样用模型硫化，其表面应平整且互相垂直、平行。

3.5.4　试验步骤

（1）根据压缩率选用限制器。

① 压缩率为 20%，用（8±0.02)mm 的限制器。

② 压缩率为 30%，用（7±0.02)mm 的限制器。

③ 压缩率为 40%，用（6±0.02)mm 的限制器。

（2）调整厚度计百分表指针为零。并测量试样压缩前的高度（h_0），然后把试样和限制器放于夹具中，均匀地压缩到规定的高度（h_1）。压缩时，试样、限制器不能互相接触。

注：在夹具的压缩面上涂一层不影响橡胶性能的隔离剂，使试样不粘夹具。

（3）耐介质试验时，夹具应放入密闭容器内进行，试验用介质不能重复使用。

（4）在规定温度条件下试验，将夹具或容器放入恒温箱中，即开始计算试验时间。

（5）到达规定时间，从恒温箱中取出夹具或容器，在室温下冷却 2h，然后打开容器、夹具，取出试样，在自由状态下停放 1h，测量试样压缩后的恢复高度（h_2）。

（6）经不易挥发介质试验后，在打开夹具前可用汽油等洗涤，时间不超过 30s。

3.5.5 试验时间和温度

(1) 试验时间　可选用 22～24h、46～48h、70～72h、94～96h、118～120h、142～144h、166～168h 等。

(2) 试验温度

① 标准试验室温度 (23±2)℃。

② 试验温度 (70±1)℃、(85±1)℃，(100±1)℃、(125±2)℃、(150±2)℃、(175±2)℃、(200±2)℃、(225±2)℃、(250±2)℃。

3.5.6 试验结果

(1) 压缩永久变形率 K(%) 按下式计算

$$K=\frac{h_0-h_2}{h_0-h_1}\times 100\%$$

式中：h_0——压缩前试样高度 (mm)；

h_1——限制器高度 (mm)；

h_2——压缩后试样恢复高度 (mm)。

(2) 试验后试样出现破裂，该试验数据作废。

(3) 代表每一样品性能的试样数不应少于 3 个，取其算术平均值，允许偏差为：压缩永久变形值小于 10%者，取允许绝对偏差为±1%；压缩永久变形值大于 10%者，取允许相对偏差为±10%。经取舍后的试样个数不应少于原试样数量的 60%。

3.6 硫化橡胶短时间静压缩性能测试

3.6.1 概述

在硫化橡胶试样两端加上适当的静压力，可做达到规定变形率所需负荷的试验；可做规定静负荷作用下的变形率试验以及压缩永久变形试验。

3.6.2 试样

(1) 试样为圆柱形，可选用下列两种规格中的任意一种进行试验，两种试样的试验结果不能相比。

直径 (29.0±0.5)mm，高度 (12.5±0.5)mm；直径 (32.0±1.0)mm，高度 (38.0±1.0)mm。

(2) 试样应光滑，不应有缺陷，上下面应平行。

3.6.3 试验设备

(1) 拉力机　需要一般的拉力试验机，其机速能够达到 (25±3) mm/min。

(2) 压缩器　压缩器 (如图 3-7) 可安装在拉力试验机上。在压缩器 3 处钻孔安装百分表（百分表精度 0.01mm）。操作时，首先校正百分表零点。试验中百分表中所示数值为试样已压缩的厚度（mm）。

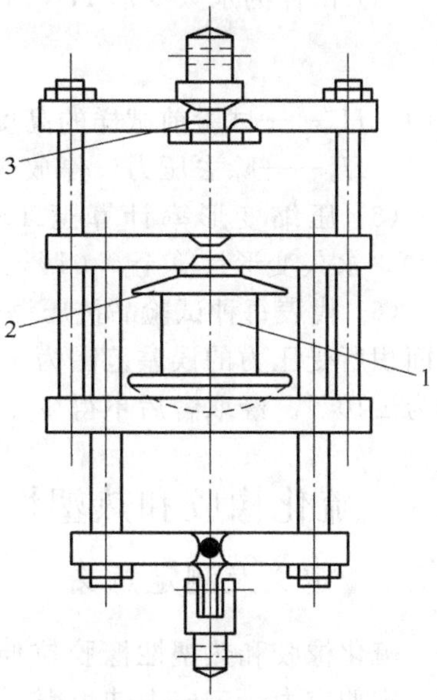

图 3-7　压缩器
1— 试样　2—压缩器　3—安装百分表处

3.6.4　试验步骤

（1）试样在试验室温度下停放，试验室温度及试样停放时间按相关标准中的有关规定进行。

（2）用厚度计测量试样高度，用卡尺测量试样直径（精确到 0.01mm）。

（3）试验前，在试样两端面涂上一薄层滑石粉，放在压缩器下平台中央。

（4）调整拉力机的平衡装置，使负荷指针指于零点。开动拉力机以（25±3）mm/min 的速度压缩试样。

（5）试样被压缩到规定的变形率或达到规定的压力时，停上压缩。变形率或压力应根据试验品的性能确定。

（6）使试验机以原速度向相反方向运转，上平台与试样表面刚一分开，就可重新再进行试样压缩。

（7）每个试样反复压缩 3 次，记录试样在第三次受规定压力作用下的高度，精确到 0.01mm；记录试样第三次被压至规定压缩率所需负荷，精确到 0.98N（0.1kg）。

（8）把试样从拉力机上取下，停放 3min 测量其高度，精确到 0.01mm。计算永久变形率。

3.6.5　试验结果

（1）用下列数值表示试验结果

① 在规定压力下试样的压缩变形。

② 达到规定的压缩变形时，试样单位面积所受的压力。

③ 试样的永久变形。

（2）压缩变形（H）（%）按式（1）计算

$$H=\frac{H_0-H_1}{H_0}\times 100\% \tag{1}$$

式中：H_0——试验前试样的高度（mm）；

H_1——在规定的压力作用下试样的高度（mm）。

（3）试样单位横断面积所受压力 σ（N/m^2）按式（2）计算

$$\sigma=F/S_0 \tag{2}$$

式中：F——作用于试样上的负荷（N）；

S_0——试样在被压缩前的横断面积（m^2 或 cm^2）。

(4) 试样的永久变形 H'(%) 按式 (3) 计算

$$H'=\frac{H_0-H_2}{H_0}\times100\% \tag{3}$$

式中：H_0——试验前试样的高度 (mm)；

H_2——除去压力，停放 3min 后试样的高度 (mm)。

(5) 压缩变形率计算至 1%，试样单位面积所受压力计算至 $1N/cm^2$ ($0.1kgf/cm^2$)，永久变形计算至 0.01%。

(6) 代表每种试验品抗压缩性能的试样数量不应少于 3 个，取算术平均值。试样单位面积所受压力的误差范围为±5%；压缩变形率误差范围为±5%；永久变形率误差范围为±10%。经取舍后不得少于试样数量的 60%。

3.7 硫化橡胶和热塑性橡胶拉伸性能的测定

3.7.1 定义及测定意义

硫化橡胶和热塑性橡胶拉伸性能的测定包括拉伸强度、断裂拉伸强度、拉断伸长率、定伸应力、定应力伸长率、屈服点拉伸应力、屈服点伸长率及拉断永久变形等性能的测定。

3.7.1.1 拉伸应力 *S*

硫化橡胶试样在拉伸时产生的应力，其值为所施加的力与试样的初始横截面积之比，以 MPa 表示。

3.7.1.2 伸长率 *E*

由于拉伸应力而引起的试样形变，其值称为伸长率，用伸长增量与原长之比的百分数表示。伸长率的大小能够反映出橡胶的变形能力及弹性，伸长率并不是越大越好，而是有一定的范围，伸长率太大，挺性差；伸长率太小，鞋底不耐弯曲。所以一般在拉断力达到一定值时，伸长率的增大会使弹性好，耐弯曲不易断裂。

3.7.1.3 拉伸强度 *TS*

试样拉伸至断裂过程的最大拉伸应力，以 MPa 表示（见图 3-8）。

拉伸强度又称抗张强度或抗张强力，是表示橡胶试样拉伸到断裂时的最大拉伸应力。拉伸强度的强弱表明胶底有坚韧性及承受外力作用的能力，同时也决定着橡胶各方面的性能，若拉断力良好，则其耐磨性、抗撕裂性也良好。

3.7.1.4 断裂拉伸强度 TS_b

试样拉伸至断裂时刻所记录的拉伸应力，以 MPa 表示（见图 3-8）。如果在屈服点 S_y 以后。试样继续伸长并伴随着应力下降，这时 TS 和 TS_b 的值不相同，TS_b 小于 TS [见图 3-8 (c)]。

3.7.1.5 拉断伸长率 E_b

拉断伸长率是指试样橡胶在拉断时的伸长率 [见图 3-8 (a)]。

3.7.1.6 定应力伸长率 E_s

定应力伸长率是指试样在给定拉伸应力下的伸长率。

3.7.1.7 定伸应力 S_e

定伸应力也叫定伸强力，是表示橡胶试样在拉伸到一定长度时的拉伸应力，也即试

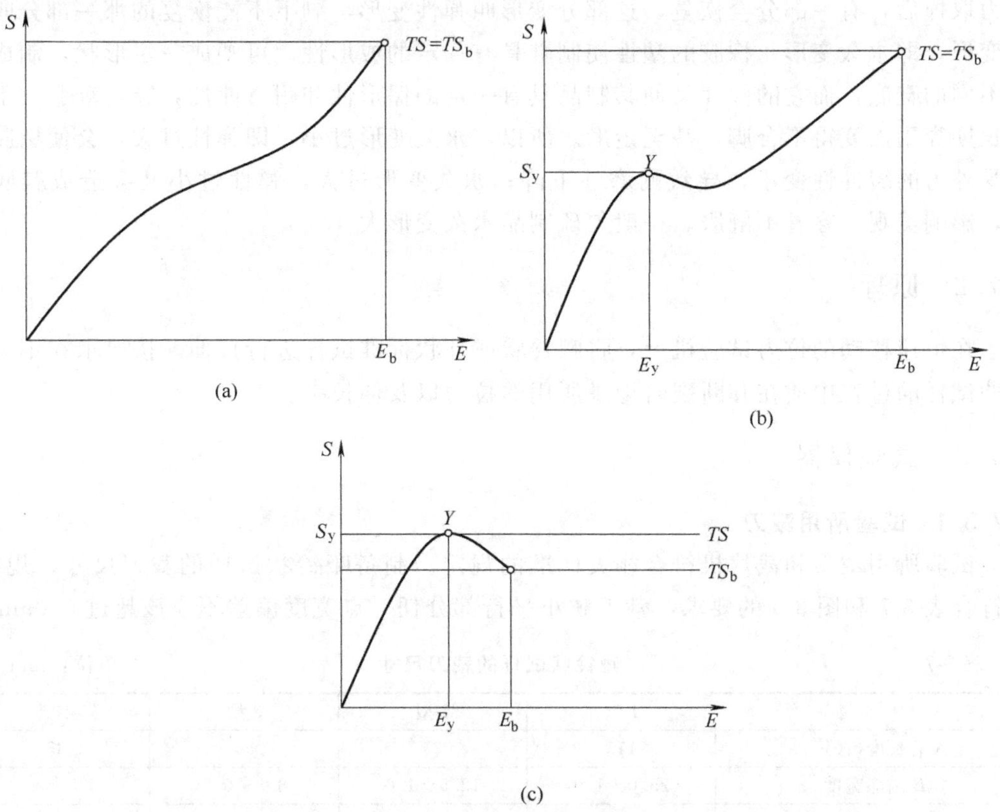

图 3-8　拉伸术语示意图

E—伸长率　S_y—屈服应力　E_b—拉断伸长率　TS—拉伸强度　E_y—屈服点伸长率
TS_b—断裂拉伸强度　S—应力　Y—屈服点

样标距达到规定伸长时的拉伸应力。

定伸应力的大小表明胶底在穿用过程中抵抗外力而发生变形能力的大小。定伸强度高，不易发生变形，但降低了缓冲性能，影响耐磨性，因而，定伸强度应保持一定值，不可过高。

3.7.1.8　屈服点拉伸应力 S_y

应力-应变曲线上出现应变进一步增加而应力不增加的第一个点对应的应力即为屈服点拉伸应力。该点可以是拐点，也可以是极大值点［见图 3-8（b）和图 3-8（c）］。

3.7.1.9　屈服点伸长率 E_y

应力-应变曲线上出现应变进一步增加而应力不增加的第一个点对应的拉伸应变。

3.7.1.10　拉断永久变形

永久变形是指将试样拉伸到断裂，再使其在自由状态下，恢复一定的时间后所剩余的变形，其值为工作部分伸长的增量与初始长度之比，用%表示。

永久变形是表示橡胶在拉伸后试样的恢复情况，即橡胶的塑性变形，橡胶是一种高弹性物料，但也需要有一定的塑性，测定橡胶的伸长率和永久变形就可以反映出它的弹塑性，橡胶在受到外力作用时要产生变形，这种变形同时包括弹性变形和塑性变形，当外力取掉后，有一部分会恢复，这部分变形叫弹性变形，剩下不能恢复的那一部分叫塑性变形，即永久变形。橡胶的塑性使制鞋具有一定的成形性。可塑成一定形状，制成各种不同的鞋底，而它的弹性又使其制品具有一定的保形性和耐弯曲性，穿着舒服，不致因长期穿用而变得不合脚，甚至走形。所以，永久变形过小，即弹性过大，会使橡胶底承受外力的缓冲性变小，导致耐磨性下降；永久变形过大，弹性过小又会造成鞋底变形，影响美观，穿着不舒服。一般欠硫制品永久变形大。

3.7.2 原理

在恒速移动的拉力试验机上，将哑铃状或环状标准试样进行拉伸。按要求在不中断拉伸试样的过程中或在其断裂时记录所用的拉力以及伸长率。

3.7.3 试验仪器

3.7.3.1 试验所用裁刀

试验所用裁刀和裁片机符合相关标准的规定。制备哑铃状试样的裁刀尺寸、规格，应符合表 3-7 和图 3-9 的要求，裁刀狭小平行部分任一点宽度偏差不应该超过 0.05mm。

表 3-7　　哑铃状试样的裁刀尺寸　　单位：mm

尺　寸	1 型	2 型	3 型	4 型
A 总长度(最短)	115	75	50	35
B 端部宽度	25.0±1.0	12.5±1.0	8.5±0.5	6.0±0.5
C 狭小平行部分长度	33.0±2.0	25.0±1.0	16.0±1.0	12.0±0.5
D 狭小平行部分宽度	$6.0^{+0.4}_{0.0}$	4.0±0.1	4.0±0.1	2.0±0.1
E 外过渡边半径	14.0±1.0	8.0±0.5	7.5±0.5	3.0±0.1
F 内过渡边半径	25.0±2.0	12.5±1.0	10.0±0.5	3.0±0.1

注：为确保试样端部与夹持器接触，有助于避免“肩部断裂”，可使总长度稍大些。

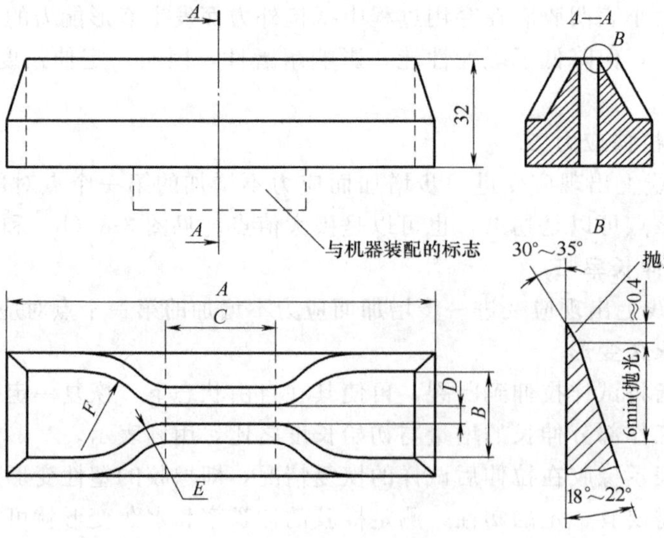

图 3-9　哑铃状试样用裁刀

3.7.3.2　测厚计

测量哑铃状试样厚度所用的测量计应符合相关标准的规定。

3.7.3.3　拉力试验机

拉力试验机应符合 HG/T 2369—1992 的规定，其测量精度应为 B 级；对于非标准温度下的试验，拉力试验机应配备有一个合适的恒温箱。高于或低于正常温度的试验，应符合相关标准的要求。

3.7.4　试样

3.7.4.1　试样的形状和尺寸

哑铃状试样的形状如图 3-10 所示。

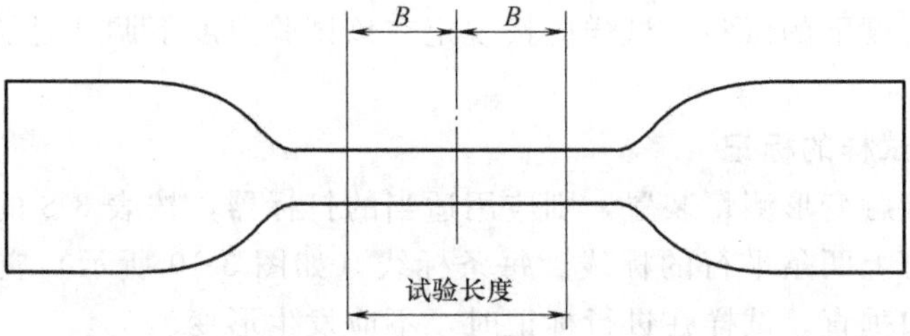

图 3-10　哑铃状试样的形状

试样狭窄部分的标准厚度，1 型、2 型、3 型为（2.0±0.2）mm，4 型为（1.0±0.1）mm。试样长度符合表 3-8 规定。哑铃状试样的其他尺寸应由相应的裁刀（见表 3-8）给出。

表 3-8　　哑铃状试样的试验长度　　单位：mm

试样类型	1 型	2 型	3 型	4 型
试验长度	25.0±0.5	20.0±0.5	10.0±0.5	10.0±0.5

注：对于非标准试样，即取自成品的试样，其狭窄部分的最大厚度，1 型试样为 3.0mm，2 型和 3 型试样为 2.5mm，4 型试样为 2.0mm。

3.7.4.2　试样的数量

试验的试样应不少于 3 个。

3.7.4.3　试样的制备

试样应按规定的方法进行制备。在可能的情况下，哑铃状试样应沿着材料的压延方向截切。在研究压延效应时，还应截切垂直于压延方向的试样。

3.7.4.4　样品和试样的调节

（1）硫化和试验之间的时间间隔　对所有试验，硫化和试验之间的最短时间间隔应为 16h。

对非制品试验，从制造到试验之间的时间间隔最长为 28 天，对于对比试验，应尽可能在相同的时间间隔进行。

对制品试验，只要有可能，硫化和试验之间的时间间隔应不超过 3 个月，在其他情况下，从用户收到产品之日，应在 2 个月内进行试验。

（2）样品和试样的防护　在硫化到试验的时间间隔内，样品和试样应尽量防护好，使其不受有可能导致其损害的外来影响，例如应避光、隔热。

（3）样品的调节　在截取试样前。来源于胶乳以外的所有样品，在标准温度下（不控制湿度）调节至少 3h。

在截取试样前，对所有的乳胶制备的样品，应在标准温度下（控制湿度）调节至少 96h。

（4）试样的调节　试样应进行调节，如果试样需要进行打磨，则打磨和试验之间的时间间隔应不少于 16h，也不应多于 72h。

对于在标准温度下的试验，如果从经调节的试验样品上截取试样，则打磨和试验之间的时间间隔应不少于 16h，也不多于 72h。

对于在标准温度下的试验，如果从经调节的试验样品上截取试样，则试样可直接进行试验，对于需要进一步制备的试样，应使其在标准温度下至少调节 3h。

对于非标准温度下的试验，试样应按规定在该试验温度下调节足够长的时间，以保证试样达到平衡。

3.7.4.5　哑铃状试样的标记

如果使用无接触变形测量装置，则应用适当的打标器，按表 3-8 的要求，在试样的狭小平行部分，打上两条平行的标线。每条标线（如图 3-10 所示）应与试样中心等距且与试样长轴方向垂直。试样在进行标记时，不应发生形变。

3.7.4.6　试样的测量

哑铃状试样用测量计在试样的中部和试样长度的两端测量其厚度。取 3 个测量值的中位数计算横截面的面积，在任何一个哑铃状试样中，狭小平行部分的 2/3 厚度值均不应超出中位数的 2%。若两组试样进行对比，每组厚度中位数不应超出两组的厚度中位数的 7.5%。取裁刀狭小平行部分刀刃间距作为试样的宽度，并按规定进行测量，精确到 0.05mm。

3.7.5　试验步骤

将哑铃状试样匀称的置于上下夹持器上，使拉力分布到横截面上。根据试验需要，可安装一个变形测定装置，开动试验机，在整个试验过程中，连续检测试验长度和力的变化，按试验项目的要求进行记录和计算并精确到±2%。

对于 1 型和 2 型试样，夹持器移动速度应为（500±50)mm/min，对于 3 型和 4 型试样，速度应为（200±20)mm/mim。

如果在狭小平行部分之外发生断裂，则该试验结果应予以舍弃，并应领取一试样重复试验。

3.7.6　试验温度

试验温度在标准温度下进行。当需要采用其他温度时，应从规定的温度中选择。在进行对比试验时，应采用相同的温度。

3.7.7　试验结果的计算

（1）拉伸强度按式（1）计算

$$Ts=\frac{F_m}{bd} \tag{1}$$

式中：Ts——拉伸强度（MPa）；

F_m——记录的最大力（N）；

b——裁刀狭小平行部分宽度（mm）；

d——试验长度部分的厚度（mm）。

（2）断裂拉伸强度按式（2）计算

$$Ts_b=\frac{F_b}{bd} \tag{2}$$

式中：Ts_b——断裂拉伸强度（MPa）；

F_b——试样断裂时记录的力（N）；

b——裁刀狭小平行部分宽度（mm）；

d——试验长度部分的厚度（mm）。

（3）拉断伸长率按式（3）计算

$$E_b=\frac{100(L_b-L_0)}{L_0} \tag{3}$$

式中：E_b——拉断伸长率（%）；

L_b——试样断裂的标准（mm）；

L_0——试样的初始标距（mm）。

（4）定伸应力按式（4）计算

$$S_e=\frac{F_e}{bd} \tag{4}$$

式中：S_e——定伸应力（MPa）；

F_e——给定应力记录的力（N）；

b——裁刀狭小平行部分宽度（mm）；

d——试验长度部分的厚度（mm）。

（5）定应力伸长率按式（5）计算

$$E_s=\frac{100(L_s-L_0)}{L_0} \tag{5}$$

式中：E_s——定应力伸长率（%）；

L_s——达到给定应力时的标距（mm）；

L_0——试样的初始标距（mm）。

（6）屈服点拉升应力按式（6）计算

$$S_y=\frac{F_y}{bd} \tag{6}$$

式中：S_y——屈服点拉伸应力（MPa）；

F_y——屈服点时记录的力（N）；

b——裁刀狭小平行部分宽度（mm）；

d——试验长度部分的厚度（mm）。

（7）屈服点伸长率按式（7）计算

$$E_y=\frac{100(L_y-L_0)}{L_0} \tag{7}$$

式中：E_y——屈服点伸长率（%）；

L_y——屈服点时的标距（mm）；

L_0——试样的初始标距（mm）。

（8）扯断永久变形

将断裂后的试样放置 3min，再把断裂的两部分吻合在一起，用精度为 0.05mm 的量具测量吻合后的两条平行标线间的距离并按照式（8）计算扯断永久变形值。

$$S_b=[100(L_t-L_0)]/L_0 \tag{8}$$

式中：S_b——扯断永久变形（%）；

L_t——试样断裂后，放置 3min 对起来的标距（mm）；

L_0——初始试验长度（mm）。

3.7.8 试验结果的表示

如果在同一试样上测定几种拉伸应力应变性能，则每种拉伸应力应变的试验数据可视为独立得到的，并按此分别予以计算。

在所有的情况下，应报告每一性能的中位数。

3.8 硫化橡胶撕裂强度的测定

3.8.1 定义

撕裂强度依赖于试样形状、拉伸速度、试验温度和硫化橡胶的压延效应。本方法用三种试样测定硫化橡胶撕裂强度，即裤形试样、直角形试样（割口或不割口）、新月形试样。

3.8.1.1 裤形撕裂强度

用平行于割口平面的外力作用于规定的裤形试样上，将试样撕裂所需的力除以试样厚度，计算得到的中位数。

3.8.1.2 无割口直角撕裂强度

用与试样长度方向一致的外力作用于规定的直角试样，将试样撕断所需的最大力除以试样的厚度。

3.8.1.3 割口直角或新月形撕裂强度

垂直于割口平面的外力作用于规定的直角或新月形试样，拉伸试样撕断割口所需的最大力除以试样的厚度。

3.8.2 试验原理

用拉力试验机，对有割口或无割口的试样在规定的速度下进行拉伸，直至试样撕断。将测定的力值按规定的计算方法求出撕裂强度。

不同类型的试样测定的试验结果无可比性。

3.8.3　装置

3.8.3.1　裁刀

（1）裤形试样所用的裁刀，其尺寸如图 3-11 所示的规定。

（2）直角形试样所用的裁刀，其尺寸如图 3-12 所示的规定。

（3）新月形试样所用的裁刀，其尺寸如图 3-13 所示的规定。

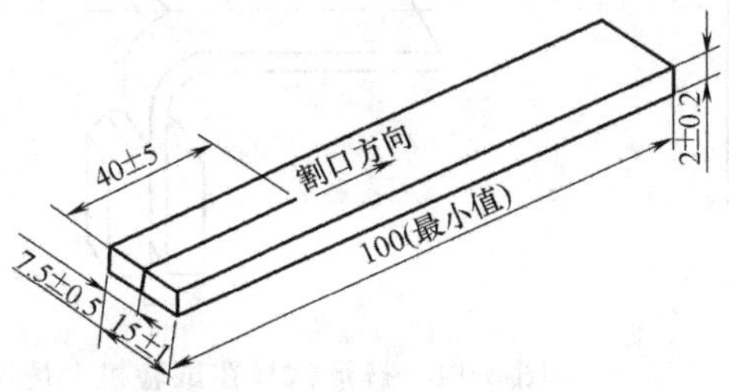

图 3-11　裤形试样裁刀

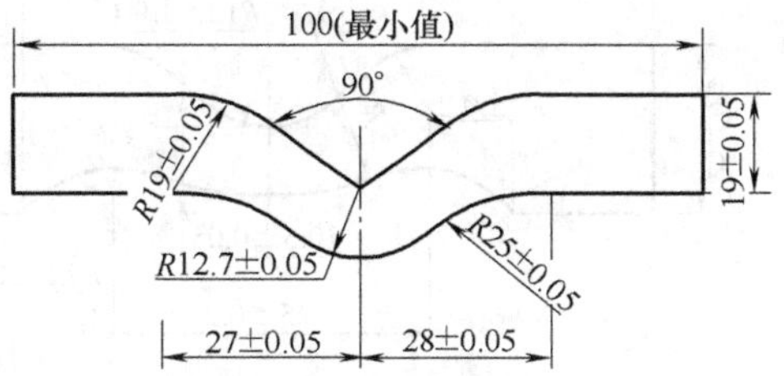

图 3-12　直角形试样裁刀

裁刀的刃口必须锋利，不得呈锯齿状。

3.8.3.2　割口器

（1）裤形试样切割深度为（40±5)mm，如图 3-11 所示，割口的最后 1mm 必须用锋利的刀片切割。

（2）对需要割口的直角形或新月形试样的割口器必须符合如下要求：

割口器应有一个固定试样的夹具，使割口限制在一定区域内。

用于割口的锋利刀片，需夹持在垂直于试样的主轴平面上。刀片夹具架不允许有横向位移，并应和导向装置吻合，以使可移动的刀片在横向切割试样时，保持与试样平面垂直。反之，刀片固定，也可使试样移动，但不论哪种方法都必须有精确调整割口深度的装置，使试样割口深度符合要求。

试样割口深度调整方法是：用水或中性肥皂水润湿刀片，先切割 1 个或 2 个试样，然后用显微镜或 10 倍以上的读数放大镜检查割口的深度。若割口深度达到要求，则可使用割口装置进行试样割口，反之则应继续调整，直到符合要求为止。此外，每次更换刀片后均需检查或调整试样割口装置，使之符合试样割口深度要求。

用于检查割口深度的显微镜等工具应有 0.025mm 的精度或更高的精度。

3.8.3.3　试验机

试验机应符合国家标准的规定，其测力精度应达到国家标准 B 级。

裤形试样的拉伸速度为（100±10)mm/min。

直角形和新月形试样的拉伸速度为（500±50)mm/min。

裤形试样试验时，应采用自动绘图装置记录其作用力。

注：由于摩擦和惯性的影响，惯性（摆锤式）试验机容易得到彼此不同的结果。非惯性（例如电子或光学传感器）试验机所得到的结果则没有这些影响。因此，应优先选用非惯性的试验机。

3.8.3.4　夹持器

试验机应备有随张力的增加而自动夹紧试样并对其施加均匀的压力，从而当试验直角形及新月形试样时可在轴向对准拉伸方向被夹入夹持器一定深度，以保证在平行的位置上充分均匀的夹紧。裤形试样按照图 3-14 所示的规定夹入夹持器一定深度。

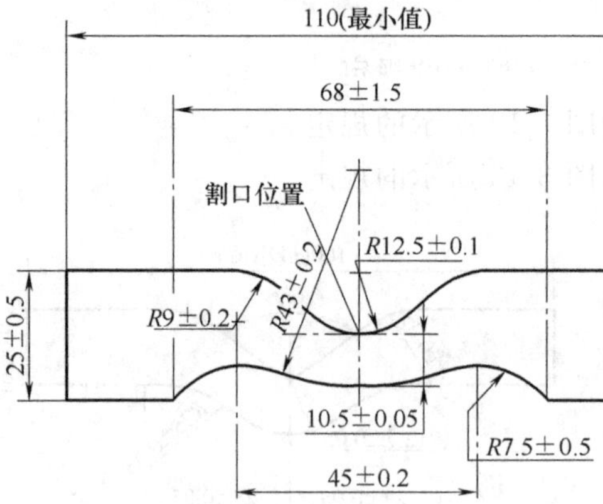

图 3-13　新月形试样裁刀

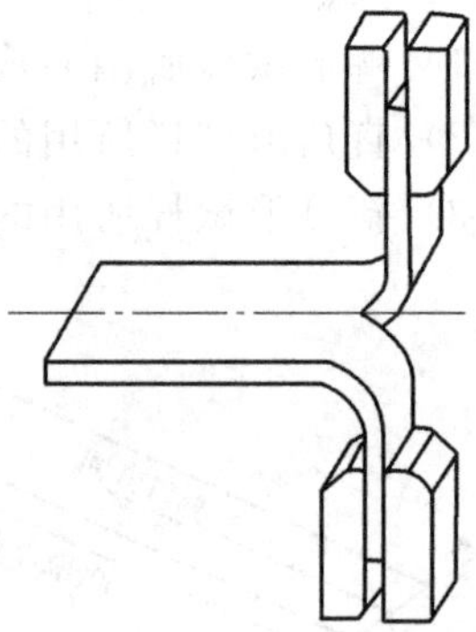

图 3-14　裤形试样在试验机上情况

3.8.4　试样

（1）试样应从厚度为（2.0±0.2)mm 的模压试片上裁取。

硫化与试验的时间间隔，应按相关标准的规定执行。

（2）裁切试样时，撕裂割口的方向应与压延方向一致。如有要求，可在相互垂直的两个方向上裁取试样。

（3）试样的割口深度应符合如下要求：

裤形试样，割口在试样宽度中心线上，其深度为（40±5)mm。

要求割口的直角形试样，割口在试样内角顶点，深度为（1.0±0.2)mm。

新月形试样，割口在试样凹边中心处，深度为（1.0±0.2)mm。

老化试验时，割口必须在老化后进行。

试样割口时，只能切割一次，不能重复切割。

（4）试样量数　每个样品不少于 5 个。如有要求，按上述（2）规定，每一方向不少于 5 个。

（5）试验温度　试验应在（23±2)℃或（27±2)℃标准温度下进行。

当需要采用其他温度时，应从规定的温度中选择。

用于比较的试验应尽可能在相同的条件下进行。

3.8.5　试验步骤

（1）测量试验撕裂区域的厚度不得少于 3 个点，取中位数。厚度值不得偏离索取中位数的 2%。如果多组试验进行比较，每一组试样厚度中位数必须在各组试样厚度中位数的 7.5%范围内。

（2）当进行直角形或新月形试样试验时，将试验延轴向对准拉延分别加入上下夹持器一定深度，以保证在平行的位置上充分均匀的加紧。裤形试样一边夹在上夹具，一边夹在下夹具，夹入夹持器一定深度。

（3）将试样置于拉力试验机的夹持器上，按规定的速度对试样进行拉伸，直至试样撕断。直角形、新月形试样记录其最大力值。裤形试样用自动绘图装置记录撕裂过程中所有力值。

3.8.6　试验结果的表示

撕裂强度按下式计算：

$$P=F/d$$

式中：P——撕裂强度（N/mm）；

F——试样撕裂时所需要的力（当采用裤形试样时，应按照 GB/T 12833—2006 中的有关规定计算力值 F，取其中位数；当采用直角形和新月形试样时，取力值 F 的最大值，N）；

d——试样的厚度（mm）。

试验结果以每个方向试样的中位数和标准偏差表示，数值准确到整数位。

3.9　硫化橡胶与织物粘合强度的测定

3.9.1　概述

本方法是指用剥离（分离）法测定橡胶（或类似弹性体）与橡胶间、橡胶（或类似弹性体）与织物层间及织物与织物层间粘合界面剥离所需拉力的试验方法。适用于试验近似平面或内径≥19mm 的圆柱形管状样品。不适用于粘合面急剧弯曲、表面极不规则或内径＜19mm 的圆柱形管状样品。本方法也用于测定旅游鞋外底与外中底的粘合强度。一层橡胶或一层类似橡胶弹性体与金属板状物粘合体的剥离试验也可参照使用。

有关术语：

（1）曲线图　剥离力对时间轴的力峰曲线图。它包括从第一个峰开始至试验结束止由若干个高低不一的力峰群构成的曲线。

（2）峰点　在剥离试验时，描绘力峰力值斜率变化由正变负的转折点。不包括因惯性原因而引起的假峰。

（3）峰值　峰点高度所代表的力值。

（4）中位数（中值）　若 n 个数值按其代数值大小递增的顺序排列，并加以编号 1～n。当 n 为奇数时，则 n 个值的中位数值为其中第（n+1)/2 个数值；当 n 为偶数时，则中位数值位于第 n/2 个数值与 n/2+1 个数值之间，并不唯一确定，除非另有规定，一般取这 2 个数值的算术平均值。

注：n 是峰值个数。

例：41.0，41.3，41.5，41.7，42.0 数值中的中位数是“41.5”。

例：41.0，41.3，41.5，41.7，42.0，42.6 数值中的中位数是“41.6”。

（5）极差　一个定量特性的测试值中最大与最小值之差。

（6）粘合强度　在粘合部件的粘合界面上，分离每一单位长度所需的力。

注：在任何其他点上，出现任何分离现象，诸如试验过程中任一粘合部件的一侧出现撕裂现象，

则可视为粘合力大于粘合部件的撕裂力。

3.9.2 原理

采用标准的扁形条状试样，在规定的条件下，以剥离的方法测定由相同材料粘合的层间，或由不同材料粘合的层间界面分离时，所需要的剥离力。

3.9.3 仪器

（1）试验仪器　是一个由动力传动并装有合适测力计的试验机，该试验机的标准类型，是电子式或光学式之类的非惯性拉力试验机。此试验机应配有自动绘图记录装置和运动速度为（50±5）mm/min 的夹持器，该夹持器应在测试时不夹断试样，且试样与钳口之间无相对滑动现象。若采用摆锤式之类的惯性试验机进行试验，应只用其测力计量程的 15%～85%，并应在报告中注明所用试验机型号。

（2）仪器的测力精度　应符合相应的仪器标准的规定。

（3）用作绘图的记录纸　其表格应大到能够描绘出规定剥离长度的曲线图。

3.9.4 试样制备

（1）试样制备应符合相关标准的有关规定。

（2）试样为扁形条状，有效剥离宽度为（10±0.2）mm、（25±0.5）mm、（50±0.5）mm 三种，有效剥离长度一般不少于 100mm，并把试样某端作为夹持端，然后在此端拟剥离层间，平行于试样平面，沿其长度方向剥开约 50mm 长的裂口，以便固定于拉力机夹持器内进行试验，若受条件限制，试样有效剥离长度可酌情缩短，但应注明实际有效剥离长度。

（3）不同试样宽度的试验结果，不可直接对比。

粘合部件中，厚度最薄的一层，应能保证试验时不被拉断，并能正常地传递剥离时所需的力。如果试样过厚，应适当减薄，以保证试验时的良好剥离状态，要使试样的剥离中心线与试样受力轴线质合，剥离角度约为 180°。各种不同的剥离状态见图 3-15。其中图（a）是三种标准的剥离状态，图（b）是两种不可取的非标准剥离状态。

（4）产品试样应取自按规定抽样的产品，不是其他特制品。产品试样允许带有一定曲线、角度或其他一般不平现象。必要时，可采用非标准试样进行试验，但此种试验结果应在报告中注明。

（5）试样应严格按照一定的方向切取，如样品由斜交帘布层组成，为防止剥离时乱线，允许在试样标准宽度以外增加（3±0.5）mm 的附加宽度，但须在试验前将附加宽度分离。

必要时，可按样品纵横方向分别制备试样进行试验；也可按照需要制备便于在织物层间逐层进行试验的试样或制备便于在织物层间反正面分别进行试验的试样。

（6）试样数量

除非另有规定，至少应试验 2 个试样。

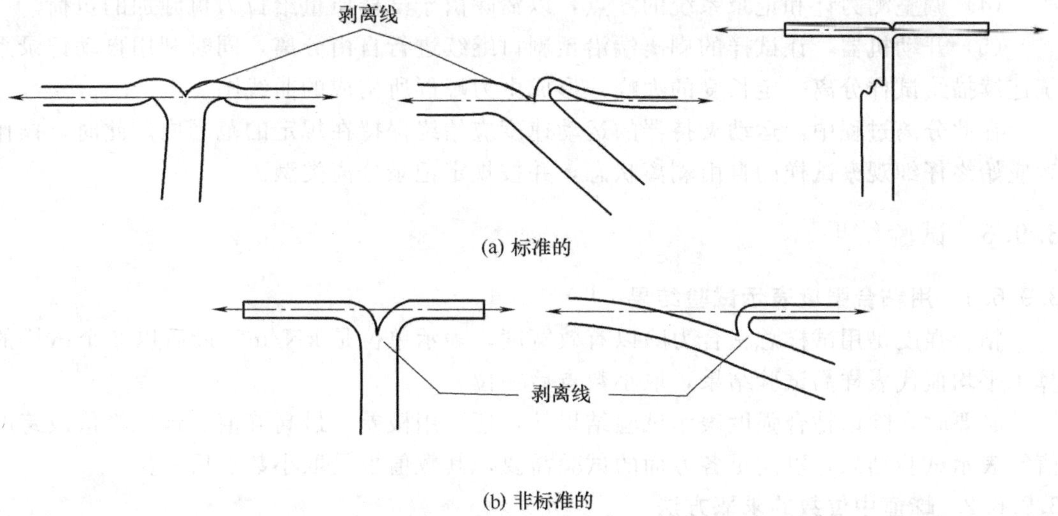

图 3-15　剥离状态

(7) 硫化与试验之间的时间间隔

①所有试验的样品根据相关标准的规定，自硫化至试验，最短相隔时间是 16h。

②非产品试验的样品，自硫化至试验最长相隔不超过 4 个星期。若是对比试验，应在同一间隔时间之后进行。

③一般情况下的产品试验，自产品硫化之日起至试验之间的时间间隔，不应超过 3 个月。若遇到顾客提供样品要做试验时，应自收到顾客提供产品之日起的 2 个月内进行试验。

(8) 试样停放与标准温度、标准相对湿度

①试验前的标准试样，应在 (23±2)℃的标准温度和 45%～55%的标准相对湿度下，放置 24h 以上。在放置期间，应使样品处于良好的自由暴露状态。

②试验应在上述标准温度、标准相对湿度放置环境中进行，若是比较试验，尤需严格控制调节和整个试验过程中温度、湿度条件。

3.9.5　试验步骤

(1) 调整拉力机运动夹持器的运动速度，除非另有规定，应调到 (50±5)mm/min。不同机速的试验结果，不可直接对比。

(2) 安装夹持器，使两夹持器的夹持面与剥离力轴线处于同一平面上。

(3) 把试样夹持端预先剥开的两层，分别正确地夹持于运动夹持器和非运动夹持器内，使剥离面向着操作者。夹持试样时，应保证被夹紧层在剥离试验时，两边张力分布均匀。在安置试样预剥离层时，应把试样主体安置于非运动夹持器内，把要剥离的胶层(包括相当于胶层的其他弹性体层）或织物层夹持于运动夹持器内，使试样剥离中心线与试样受力轴线质合。

（4）调整测力计和记录系统的零点，以清除由于试样质量给拉力机施加的负荷。

（5）开动机器，让试样的剥离端沿预剥口继续进行自由分离，同时利用自动记录系统连续描绘试样分离一定长度的力峰，形成由力峰群所构成的曲线图。

在此分离过程中，运动夹持器的运动速度应始终保持在规定的范围内。此时，操作者应始终仔细观察试样的自由剥离状态，并按规定记录分离类型。

3.9.6 试验结果

3.9.6.1 用粘合强度表示试验结果

粘合强度是用试样总粘合力除以有效宽度，表示单位是 kN/m。最后以 2 个试样的算术平均值代表样品试验结果，取小数点后一位。

必要时，除以粘合强度表示试验结果外，还可用极差、最高峰值、最低峰值或跨度值等表示试验结果，以满足各方面的试验需要，其数值也是取小数点后一位。

3.9.6.2 峰值中位数的求取方法

峰值中位数的求取方法，是根据剥离曲线图上出现力峰的多少而规定了以下 A、B、C 三种不同的求取方法：

（1）A 法　A 法是用于求取 5 个以下（不含 5）力峰的曲线图，分别由图 3-16 及图 3-17 表述。

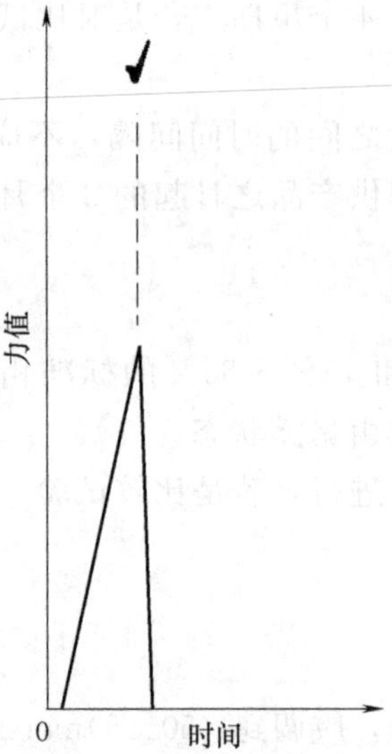

图 3-16　单峰图

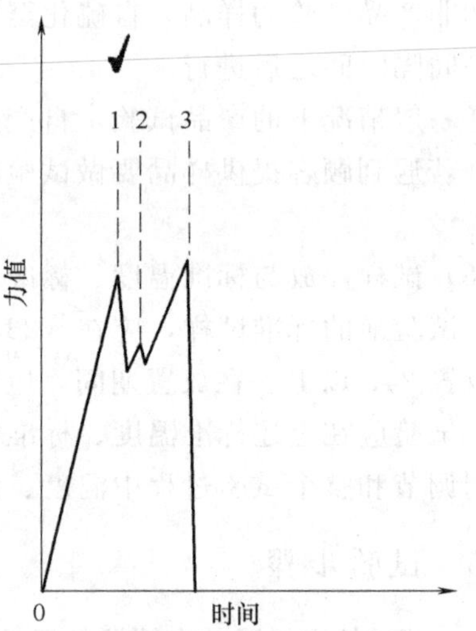

图 3-17　三峰图

如图 3-16，只有一个力峰时，则将其峰值作为试验结果。2～4 个力峰的中位数均规定求取，例如图 3-17 确定标有“√”的 1 号峰的峰值为中位数。

（2）B 法　B 法是用于求取 5～20 个力峰的曲线图，由图 3-18 及图 3-19 表述。

此法是另一种区域峰值法。这种区域峰值法是在曲线中部 80％区域内的力峰值中选取中位数。具体方法是：

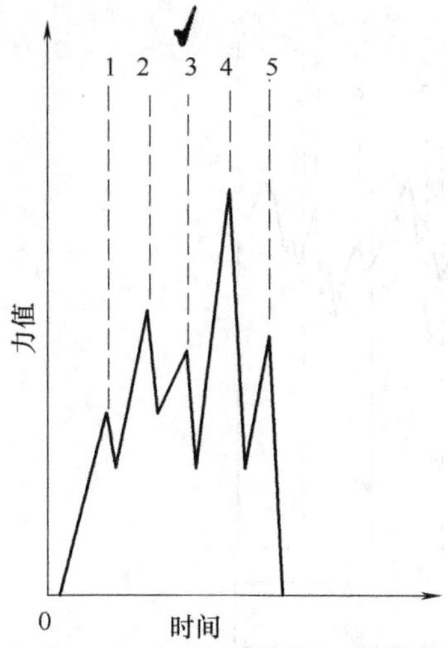

图3-18　五峰图

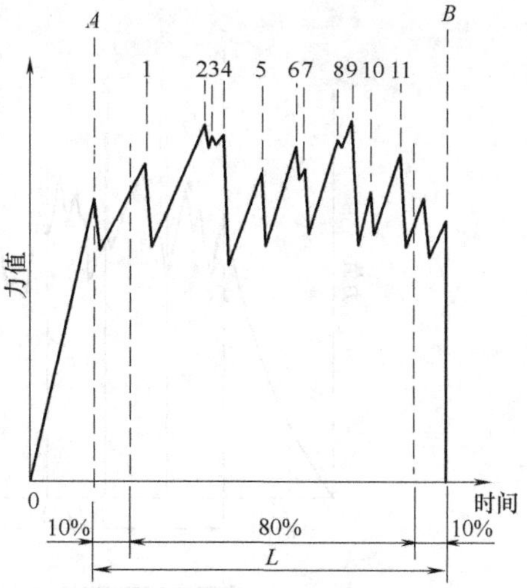

图3-19　较多峰图

① 如图3-19，在曲线图中，第一和最末一个力峰点处各画一条垂直于时间轴的直线A和B。

② 在A、B区间L范围内，各删去其首尾的10%，取曲线中部的80%。

③ 在曲线中部80%范围内的力峰值中，选取中位数。

(3) C法　C法是用于求取21个以上的力峰曲线图，由图3-20表述。

此法是一种分割峰值法。这种求试验结果的方法，是在曲线内划9条垂直于时间轴的直线，把曲线分成10等份，然后，在最靠近这9条直线的9个力峰中，选取中位数。具体方法如下：

① 如图3-20，在曲线的第一个和最末一个力峰点处，各画一条垂直于时间轴的删节直线A和B。

② 在A、B区间L范围内，再画等距离的9条垂直分割线，把L分成10等份。其间距精度为1mm。

③ 在这9条分割线周围，各选取一个最靠近分割线的力峰，然后，再在这9个力峰值中按规定求取中位数。

若出现曲线近似直线，无峰可取时，则把A、B、C三条垂线与曲线交点值的算术平均值作为试验结果。

(4) 用下列符号表示试样破坏类型

R——橡胶层或相当橡胶层的其他弹性体层的破坏；

RA——在橡胶或相当橡胶层的其他弹性体层与胶粘剂之间的分离；

AT——胶粘剂与织物之间的分离；

RB——在粘合两层织物的橡胶层或用作粘合织物的其他高分子材料层的撕裂；

T——织物层的破碎；

RT——在无胶粘剂的情况下橡胶与织物之间的分离。

报告应包括样品类别、规格、方向、部位；试验机的试验速度；试验的温度和湿

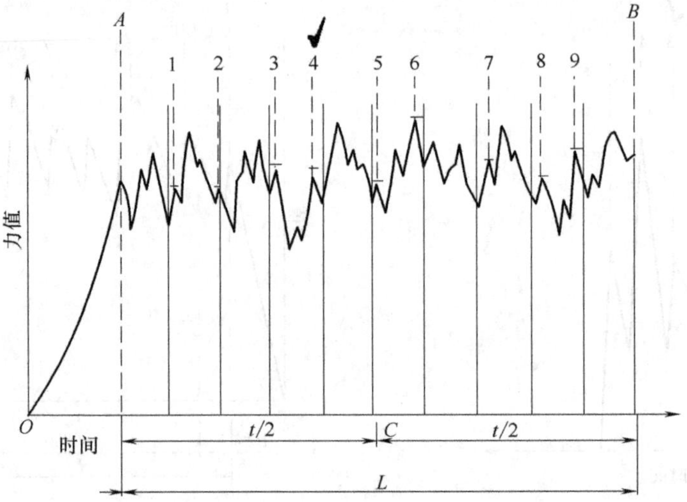

图 3-20　多峰图

度；试验结果；计算方法（即注明是 A、B、C 三种方法中哪种方法）；试样破坏类型；试验日期等。

3.10　硫化橡胶耐磨性能的测定（阿克隆磨耗法）

3.10.1　定义及意义

硫化橡胶的耐磨性能是通过测试橡胶试样在一定条件下经机械摩擦所发生的磨耗减量来表示的。通常是将试样装在阿克隆磨耗机上，使试样与砂轮在一定的倾斜角度和一定的负荷作用下，经 1.61km 的摩擦，称量其摩擦前后试样的质量，计算出橡胶被磨耗的体积，以 cm^3/1.61km 表示。

磨耗测试反映了硫化橡胶的耐磨性能，尤其对于鞋用制品，橡胶的耐磨性能是一个重要因素，与鞋底的穿用寿命密切相关。常用硫化橡胶外底阿克隆磨耗性能指标见表 3-9。

表 3-9　　常用硫化橡胶外底阿克隆磨耗性能指标

鞋底种类	磨耗减量/(cm^3/1.61km)	
	一级品	二级品
模压鞋橡胶外底	≤1.1	≤1.2
胶粘鞋橡胶外底	≤1.1	≤1.2
硫化鞋橡胶外底	≤1.2	≤1.4

3.10.2　仪器

本试验在阿克隆磨耗试验机上进行。

3.10.2.1　试验机必须符合下列条件

（1）胶轮回转轴的转速为 76r/min，砂轮回转速度为 33～35r/min。

（2）胶轮轴和砂轮轴的夹角为 0°时，两轴应保持平行和水平。

（3）在负荷盘上加上一定负荷使胶轮承受压力为 26.7N（2.72kgf）。

（4）一般情况下，胶轮轴与砂轮轴之间的夹角为 15°。当试样的磨耗量小于 $0.1cm^3/1.61km$ 时，可采用 25°倾角，但应在试验报告中注明。

（5）试样夹板直径为 56mm，工作面厚为 12mm。

（6）磨耗试验用砂轮规格：磨料为氧化铝，黏度为 36 号，胶粘剂为陶土，硬度为中硬 2。尺寸为 150mm×32mm×25mm。

3.10.2.2　仪器的校正

胶轮轴倾斜角度和砂轮对试样的压力是影响试验结果的重要因素，不难想象不同的倾角和不同的压力，会得出不同的结果，倾斜角度越大以及所施加的压力越大则磨耗减量就越大。所以必须规定一定的倾角如 15°和一定的力如 26.7N，这样在同一个条件下测得具有可比性的数据，以便真正评判硫化橡胶的耐磨性能。为了满足这个要求，仪器需定期按如下方法进行校正：

（1）校正时先将试验机机座调整到水平状态。

（2）调整校正架上的定滑轮的高度，使定滑轮导线槽底与胶轴轮、砂轮轴在同一水平线上，再将线绳绕在砂轮上，其一端通过定滑轮上 2.82kg 的砝码，并将消除胶屑的毛刷处于工作状态，调整平衡砣的位置，使胶轮与砂轮呈似接非接状态。此时试样承受的压力即为 26.7N，用测角水平仪或其他测角装置测定胶轮轴与砂轮轴之间的夹角，并将其调整到试验所需要的角度，然后用螺丝帽固定。

3.10.3　试样

试样为条状，长为［$(D+h)\pi+(0\sim5)$］mm。宽为（12.7±0.2)mm，厚为（3.2±0.2)mm。其表面应平整。不应有裂痕、杂质等。

注：D 为胶轮直径；h 为试样厚度；π 为圆周率（3.14）。

3.10.4　试验操作

（1）将试样两面打磨后粘于胶轮上。粘接应自然，不应使试样受到张力，胶轮直径为 68mm，厚度为（12.7±0.2)mm，邵尔硬度为 75～80 度，中心孔直径应符合转轴直径，粘好后放置一段时间，使胶粘剂干燥。

（2）将粘好试样的胶轮固定在回转轴上，开动电机，使胶轮按顺时针方向旋转。

（3）预磨 15～20min 后取下，用天平称量，准确到 0.001g。

（4）将试样胶轮固定于胶轮回转轴上进行试验，磨耗里程为 1.61km，即磨耗机砂轮旋转 3360r，大概时间 1.5h，停机取下试样胶轮，刷去胶屑，在 1h 内称量，准确到 0.001g。

3.10.5　计算及结果

试样磨损体积 V（$cm^3/1.61km$）按下式计算：

$$V=\frac{m_1-m_2}{\rho}$$

式中：m_1——试样在磨耗前即预磨后的质量（g）；

m_2——试样在磨耗后的质量（g）；

ρ——试样的密度（g/cm^3）。

试样数量应不少于 2 个，以其算术平均值表示试验结果，允许偏差为±10%。

3.11 硫化橡胶耐磨性能的测定（DIN 耐磨试验法）

3.11.1 DIN 耐磨试验机结构说明

DIN 耐磨试验机外形结构如图 3-21～图 3-24 所示。

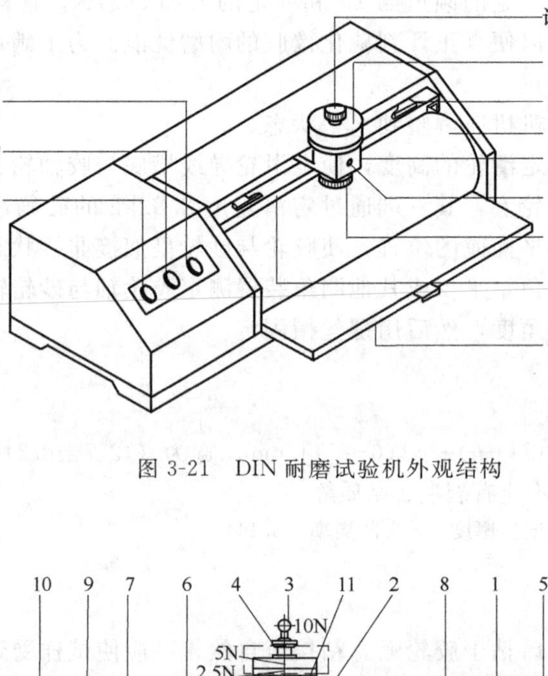

图 3-21　DIN 耐磨试验机外观结构

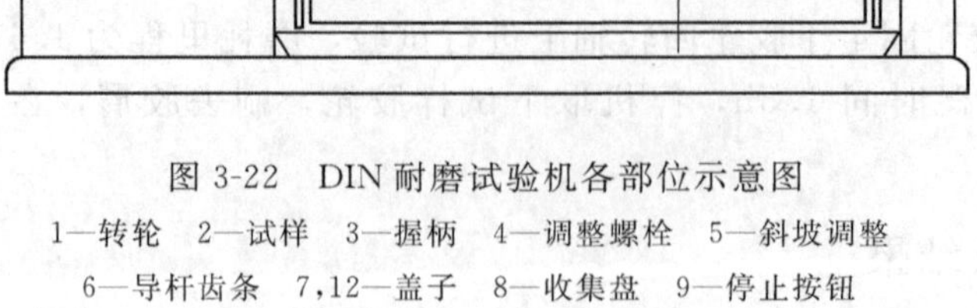

图 3-22　DIN 耐磨试验机各部位示意图

1—转轮　2—试样　3—握柄　4—调整螺栓　5—斜坡调整

6—导杆齿条　7,12—盖子　8—收集盘　9—停止按钮

10—启动开关　11—试样夹持器

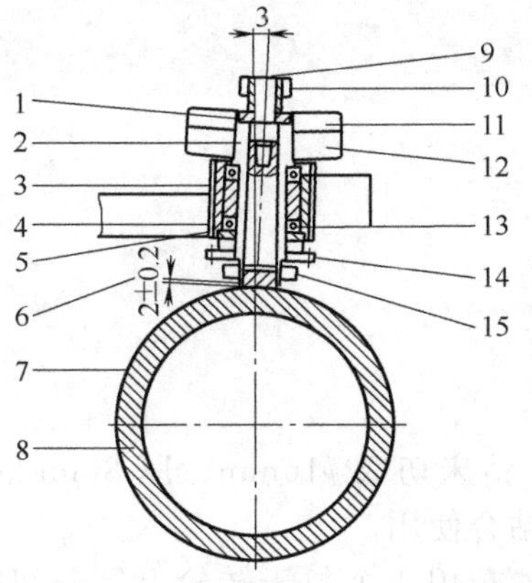

图 3-23　DIN 耐磨试验机工作局域图

1—调整栓对盖　2—夹具　3—垫圈　4—负荷座　5—负荷座轴承对盖　6—试样　7—砂纸　8—滚筒　9—调整螺栓　10—试样厚度调整钮　11—配重砝码　12—配重砝码　13—轴承　14—行星齿轮　15—夹具锁螺

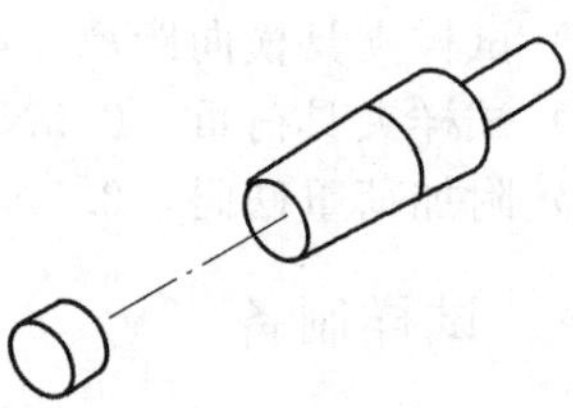

图 3-24　DIN 耐磨试验机试样夹持器

(1) 本机含主机框架、驱动系统、试件夹持器及其他配件装备、转轮、驱动蜗轮等，均装于主机框架上。

(2) 试样夹持器附于一臂上，此臂会在预定摩擦路径完成后，将夹持器举起离开砂布转轮。此臂亦可摆至垂直位置，以方便回到起始位置及安装取出试样。

(3) 对于磨耗量大于 400mg 的材料，试样夹持器可置于摩擦路径一半位置，即试验只使用转鼓的右半面。

(4) 正常测试行程为 40m，相当于转轮旋转 84r，此行程可由齿条上，左右端斜坡调整块调整即可。

(5) 机台所附的荷重有 2.5、5、10N 三种（夹头本身重 2.5N)。

3.11.2　面板按键说明

(1) 紧急停止键（STOP）　压下此键时，机台停止任何动作，往上拔此键，机台才可动作。

(2) 启动键（START）　按此键滚筒开始旋转。

(3) 微调键（ADJUST）　①压此键时，滚轮才会旋转，放开后滚轮即刻停止转动。②在机台运转状态下，压此键，放开可使机台停止转动。

注：如果负荷座位于最右边（测试结束点）时，则按启动键不会有任何动作，需将荷重座移开(往后压下再向左移动)，压启动键才有效。

3.11.3　技术条件

(1) 试样直径　16mm，厚度至少 6mm。

(2) 滚筒直径　(150±0.2)mm。

（3）滚筒速度　(40±1)r/min。

（4）磨耗距离　(40±0.2)m 或 (20±0.2)m。

（5）横向前进滚筒总圈数　84。

（6）试样夹具横向距离　4.2mm/r。

（7）试样夹具荷重　2.5N。

（8）附加荷重砝码　2.5N 和 5N。

3.11.4　试样制备

（1）试样可由硫化中制得，再用标准切刀夹于钻床切取 ϕ16mm、厚 8mm 的试样。如于实物中取得试样厚度小于 6mm 时，可由两块粘合使用。

（2）砂布规格　宽≥400mm、长 474mm，将砂布用 4 个位于转轮上等分间隔的双面胶带粘于转轮上，接合处不得重叠，间隔不得大于 2mm。

3.11.5　更换砂纸

砂纸宽约 400mm，长约 474mm，厚约 0.1mm。

（1）砂纸须紧密地固定于滚筒上，固定之前请先检查砂纸长度是否过长。

（2）将太长的部分用小刀切掉且砂纸前后两端间隙必须小于 2mm。

（3）取适当长度的面胶来固定砂纸，双面胶一定要贴平于滚筒上。

（4）固定砂纸时砂纸后面的标示箭头方向需朝机器后方，一定要紧密地的粘贴于滚筒上，且砂纸前后两端位置须对齐。

（5）砂纸使用经过一段时间之后需更换，请用标准胶测试检查，一般若标准胶磨耗量低于 180mg 就须更换。

（6）更换旧砂纸时，需将滚筒上的双面胶清除干净方可更换新砂纸。

3.11.6　测试程序

测试温度：(23±5)℃。

（1）连接电源（打开电源开关）。

（2）依照需求选择荷重测试，标准荷重为 10N（加上 2.5N、5N 砝码）。

（3）试样可由硫化橡胶中取得后，再用所附的标准切刀钻孔取得，钻床速度不可过快，一般为低于 1000r/min。

（4）将试样放入夹具内。

（5）调整试样高度，调整螺帽，调整试样比夹具高 2mm，再顺时针方向调整夹持螺帽锁住试样。

（6）若为新更换的砂纸请用标准胶确认标准胶磨耗量在 180～200mg。

（7）新使用的砂纸一般砂纸太锋利，标准胶磨耗量均高于标准，若高于标准时，请用预磨块预磨使其能达到标准，用预磨块预磨时荷重只放 2.5N 砝码。

（8）试样锁紧后，将试样夹具移到最左边放下。

（9）按启动按钮，滚筒开始转动摩擦试样，直到测试完成，滚筒停止转动，放松试样夹持螺帽，压下试样取柄，取出试样。

（10）取出试样，清除试样表面残渣，称其损失质量为其磨耗量。

（11）摩擦距离可以用摩擦距离杆（长），调整为 20m。

（12）重新测试时请清除夹具和砂纸表面试样的残渣。

3.11.7　操作说明

3.11.7.1　确认砂布

（1）测试前必须先测试砂布是否适用。

（2）标准胶的取法与试样相同。

（3）称量标准胶的质量，准确至 0.001mg。

（4）将标准胶置入夹头内，旋紧夹头，调整使试样凸出约 2mm，以 10N 的荷重摩擦一次（按下启动键即可，直至试样磨至 84r 后自动提起）。取出标准胶称重。

（5）测试后所减少的质量为砂布的磨耗强度。

（6）至少测试 3 次，取 3 次平均值为标准胶磨耗强度。

（7）依 DIN 标准砂布的磨耗标准应在 180～220mg 之间，如果磨耗强度大于 220mg 时，表示砂布磨耗量过大，必须使用 ϕ16mm 厚 8～15mm 的金属圆柱加以研磨 1～2次，研磨后须清除砂布上的尘屑，再用标准胶依上述方式测定磨耗强度，直至磨耗量达到磨耗标准内。

（8）若砂布磨耗强度少于 180mg 时，必须更换新砂布。

（9）每测一次后，须以刷子清除砂布上的橡胶颗粒。

3.11.7.2　正式测试

（1）得到标准胶磨耗强度后，才可开始测试试样。

（2）测定同标准胶。得到试样测试后所减少的质量。最少测试 3 次，取 3 次平均值为试样磨耗质量损失（Δm）。

（3）使用比质天平，求得试样密度（ρ）。

3.11.8　计算

$$V=\frac{\Delta m_1\times 200}{\Delta m_2\rho}$$

式中：V——磨耗量（mm^3）；

Δm_1——试样磨耗质量损失（mg）；

Δm_2——磨耗距离 40m，砂布对标准胶磨耗质量损失平均值（mg）；

ρ——试样密度（mg/mm^3）。

3.12　硫化橡胶耐磨性能的测定（旋转辊筒式磨耗法）

3.12.1 定义

本方法规定了使用试样在一定级别的纱布上进行摩擦时产生磨损，测定试样的体积磨耗量。以校正过的纱布为基准，试验结果以相对于某种标准胶的体积磨耗或磨耗指数表示。

本方法适用于用旋转辊筒装置测定硫化橡胶的耐磨性能。

（1）耐磨性

材料的耐磨损性能。用磨耗量或磨耗指数表示。

（2）磨耗指数

在同一条件下，标准胶的磨耗量与试验胶的磨耗量之比。用百分数表示。

（3）相对体积磨耗量

试样受到纱布的磨耗作用而产生的体积损失量。

3.12.2 试验原理

本方法是在规定的接触压力下和给定的面积上，测定试样在一定级别的纱布上进行摩擦而产生的磨耗量。

纱布包贴在旋转辊筒的表面，试样紧夹在带有纱布的辊筒上，使试样沿辊筒横向移动。磨耗是在圆柱形试样的一端产生，测量试样的质量损失，并由试样的密度计算体积磨耗量。

3.12.3 仪器和材料

3.12.3.1 磨耗机

磨耗机由固定纱布的旋转辊筒和水平移动的试样夹持器组成，如图 3-25 所示。

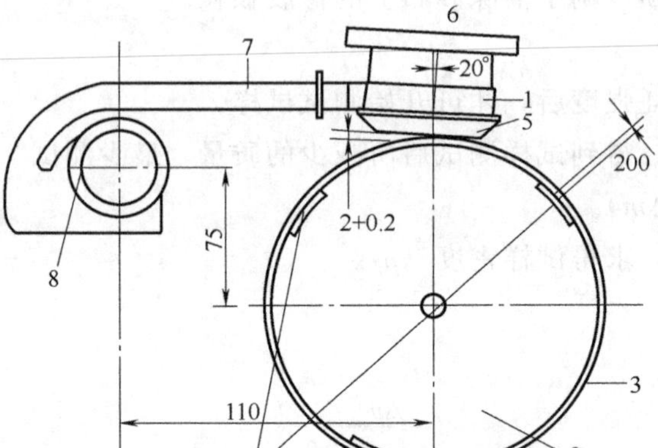

图 3-25 仪器结构原理图

1—试样夹持器 2—辊筒 3—砂布 4—双面胶带 5—试样 6—负荷 7—滑动臂 8—滑道

（1）试样夹持器 试样夹持器是一个有开口的圆筒，其直径可在 15.5～16.3mm 范围内调节。并由一个调节试样长度的装置，使试样伸出夹持器的长度为 (2.0±0.2)mm夹持器在旋转手柄上，该手柄与一个可以在滑杆上水平移动的滑道相连。当辊筒旋转一周时，夹持器应水平移动（4.20±0.04)mm，在试验过程中通过旋转方向垂直应有 3°的倾角。

（2）辊筒 辊筒直径为（150±0.02)mm，长约 500mm，以（40±1)r/min 的速度顺时针方向旋转。

用双面三根胶条沿辊筒全长把纱布间隔均匀地固定在辊筒上，其中一条放在纱布的接头处。纱布接头之间的空隙应不超过 2mm。胶条宽约 50mm，厚度不大于 0.2mm。

3.12.3.2　纱布

纱布长度为 473mm，宽度最小为 400mm，平均厚度为 1mm。每张纱布首次使用时，应标有运转方向，各次试验都必须与标明的运转方向一致。砂布的粒度为 60 号，用酚醛树脂作胶粘剂粘到斜纹布上。这种砂布使用非旋转试样，用标准胶进行试验，若砂布使标准胶产生的磨耗量大于 300mg 时，必须用钢质试样预磨一次或两次，使标准胶磨耗量减少到 210～220mg。

3.12.3.3　裁刀

裁刀的旋转频率最少为 1000r/min，试样的硬度低于 50IRHD 时，其裁刀的旋转频率要更高。裁刀的形状尺寸见图 3-26。

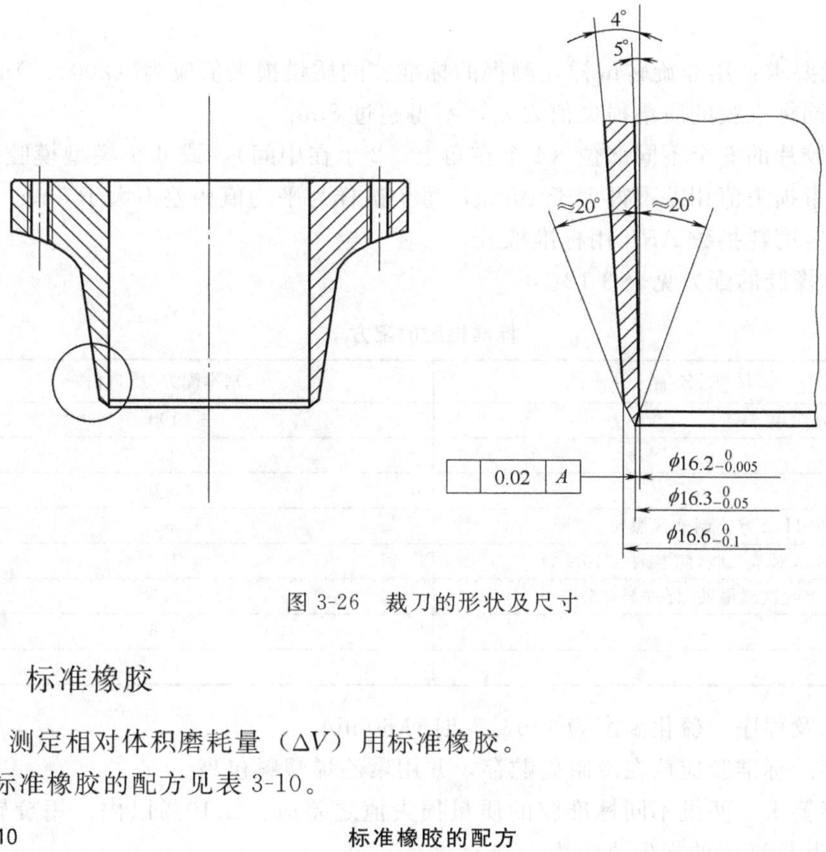

图 3-26　裁刀的形状及尺寸

3.12.4　标准橡胶

（1）测定相对体积磨耗量（ΔV）用标准橡胶。

① 标准橡胶的配方见表 3-10。

表 3-10　标准橡胶的配方

材料名称	基本配方/质量份
天然胶(SRM5)烟片	100
二硫化二苯并噻唑(促进剂 DM)	1.2
N-异丙基-*N*-苯基对苯二胺(防老剂 4010NA)	1.0
氧化锌	50
油法炉黑(N330-HAF)(高耐磨炭黑)	36
硫磺	2.5
合计	190.7

②混炼程序：天然胶需经开放式炼胶机塑炼，使其门尼黏度值为（80±5）mL（1+4），在100℃下进行试验，然后制备混炼胶，其加药顺序见表3-11。

表3-11　加药顺序表

加药顺序	时间/min
加入橡胶	0
加入促进剂、防老剂、氧化锌	5
加入炭黑和硫磺	8
排料	30

胶料混炼后进行出片，出片厚度为10mm。

也可以采用其他混炼程序，只要标准胶的质量符合要求即可。

③ 硫化：首先把模型处在硫化温度下，然后把已经在（70±1）℃下预热20min的未硫化胶片放入模具中，在模具所受压力为3.5MPa、硫化温度为（150±2）℃的条件下硫化（30±1）min。

硫化胶片的尺寸其长为180mm，宽为120mm，厚为8mm，每张胶片大约可裁取65个试样。

④ 性能要求：用非旋转试样，测得的标准胶的质量损失值应为（200±2）mg。

两批不同标准胶的质量损失值之差，不得超过8mg。

在标准胶片的6个不同部位（4个在角上，2个在中间），或6个模型模腔硫化的6个试样的质量损失值相差不得大于10mg，每个试样与平均值相差不大于5mg。

（2）测定磨耗指数*ARL*用标准橡胶。

① 标准橡胶的配方见表3-12。

表3-12　标准橡胶的配方

材料名称	基本配方/质量份
天然胶(SRM5)烟片	100
硬脂酸	2.0
氧化锌	5.0
油法炉黑(N330-HAF)(高耐磨炭黑)	50
N-异丙基-*N*-苯基对苯二胺(防老剂4010NA)	1.0
环己基苯并-2-噻唑次磺酰胺(促进剂CZ)	0.5
硫磺	2.5
合计	161.0

② 混炼及程序　硫化温度为140℃。时间60min。

③ 贮存　标准胶应放在冷暗处贮存，并用聚乙烯塑料包裹。

④ 性能要求　两批不同标准胶的质量损失值之差应在±10%以内。用旋转试样进行试验时，其标准胶的损失值约为150mg。

3.12.5　试样

（1）试样的制备　试样的制备可以用旋转裁刀从硫化胶片上裁取，但不容许冲裁试样。也可以用模型直接硫化成圆柱型试样。如果高度达不到要求时，可将试样粘在硬度不低于80IRHD的基片上，但橡胶试样高度应不小于2mm。

（2）试样规格　试样为圆柱型，其直径为（16±0.2）mm，高度为6～10mm。

（3）试样数量　试验胶为 3 个试样。如果质量损失值很小时则可用 1 个试样重复进行 3 次试验，但重复试验前应将试样的温度调节到实验室温度再进行试验。

标准胶为 6 个。

3.12.6　试验条件

实验室标准温度、湿度和试验与硫化之间的时间间隔，按有关规定执行。

3.12.7　试验步骤

（1）试验前用毛刷去掉纱布上的胶屑，毛刷规格为长约 70mm，高约为 55mm。

（2）用精度为±0.001g 的天平称量的质量。

（3）将称量好的试样放入夹持器中，并使试样从夹持器中伸出的长度为（2±0.1)mm。

（4）把带有试样的夹持器从滑道移到辊筒的起点处，并放在带有纱布的辊筒上。

（5）用（10±0.2)N 的垂直作用力把试样压紧在辊筒上。也可采用（5±0.1)N 的垂直作用力，但需要在报告中注明。

（6）开动机器进行试验，若测定胶料相对体积磨耗量时则采用非旋转试样。若测定胶料磨耗指数时则优先采用旋转试样，如果用非旋转试样则需在报告中注明。

（7）当磨耗达到 40m 时自动停机，试验结束。如果在 40m 行程内试样磨损量大于 400mg 时，试验可在 20m 行程时停止，然后把试样伸长长度中心调整至（2±0.2)mm 后再进行试验，直至 40m 行程停机。若在 40m 行程中，试样磨损量大于 600mg 时，试验应只进行 20m，然后磨耗量乘以 40m 行程时的磨耗量。

（8）试验结束，把夹持器移动到试验起始位置，取出试样除去毛边及胶屑以后，称取试样的质量。

（9）按上述步骤，测定试验胶和标准胶的磨耗量。试验胶作为 3 个试样，标准胶要在试验胶的前和后各作 3 个试样。测定胶料相对体积磨耗量时采用测定相对体积磨耗量（ΔV）用标准橡胶，测定耐磨指数时采用测定磨耗指数 ARL 用标准橡胶。

（10）用天平法或密度瓶法分别测定标准胶与试验胶的密度。

3.12.8　试验结果的计算与表示方法

（1）磨耗指数按式（1）计算

$$ARL=\frac{V_s}{V_t}\times 100 \tag{1}$$

式中：ARL——磨耗指数（%）；

V_s——标准胶的体积磨耗量（mm^3）；

V_t——试验胶的体积磨耗量（mm^3）。

（2）相对体积磨耗量按式（2）计算

$$\Delta V=\frac{200}{m_s}V_t \tag{2}$$

式中：ΔV——相对体积磨耗量（mm^3）；

V_t——试验胶的体积磨耗量（mm^3）；

m_s——使用非旋转试样的标准胶的质量损失值（mg）；

200——用非旋转试样测定得的标准胶的质量损失值（mg）。

（3）分别用试验胶的3个试样的算数平均值和标准胶6个试样的算术平均值计算结果，并以整数为表示。

3.13 硫化橡胶耐曲挠性能的测定

3.13.1 概述

橡胶底制成鞋，在长期的穿着使用过程，总要受到反复弯曲的作用。被弯曲的外面受到拉伸作用，被弯曲的里面受到压缩作用。当拉伸应力集中的部位应力超过一定限度，此部位将产生裂口。而且此裂口在与应力垂直的方向上扩展而使鞋底断裂，从而影响成鞋的使用寿命。耐曲挠性能的测定就是测定硫化橡胶在经受多次弯曲后的耐疲劳性能。将试样装在曲挠机上作反复多次连续的弯曲，经过一定次数的弯曲以后检查试样是否有裂口，或裂口增加的长度，从而确定橡胶的曲挠性能。曲挠次数越多，耐曲挠性能越好。对于有些硫化橡胶，虽然具有较好的抗龟裂引发性能，但抗龟裂扩展性能不好。因此橡胶耐曲挠性能的测定包括抗曲挠龟裂的测定及抗裂口增长的测定。

3.13.2 仪器

试验仪器为专用疲劳试验机。技术条件如下：

（1）试验机应有固定部件，固定件上备有可使试样一端保持在固定位置上的夹持器，有用来夹住试样另一端的相类似的可往复移动的下夹持器，下夹持器的行程为 $57^{+0.5}_{-0}$ mm；两夹持器的最大距离为 75^{+1}_{-0} mm，见图3-27。

（2）每对夹持器有一条共同的中心线，其中往复夹持器的运动轨迹与该中心线重合，各对夹持器的运动轨迹在同一平面上。任一对夹持器的夹持平面在运动过程中都应始终保持平行。

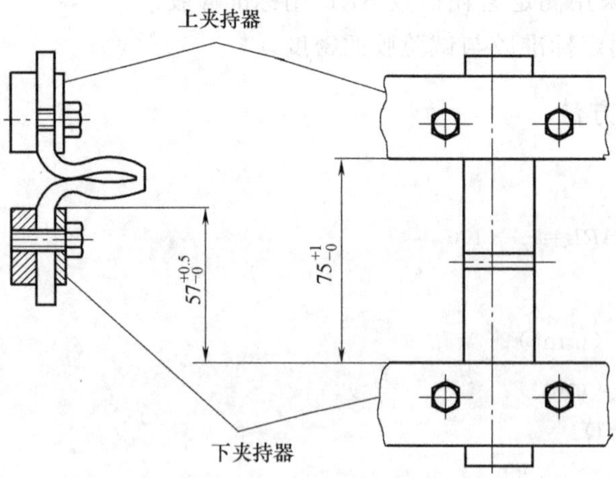

图3-27 夹持器示意图

（3）驱动往复部件的偏心轮由恒定转速的电机带动，使夹持器的运动频率为（5.00±0.17）Hz［（300±10）r/min］或（8.3±0.28）Hz［（500±20）r/min］。

（4）夹持器每次至少能夹持6个试样，最好为12个试样，夹持器应牢固地夹紧试样。

注：选用中间夹持器为往复运动的，使试样分成两组，当一组试样弯曲时，另一组试样伸直，这样可减少仪器振动。

（5）试验若需在高温下进行，仪器可密封在有高温控制的装置内。试样中心附近的温度应控制在试验温度的±2℃（可使用鼓风装置）。

3.13.3　试样

（1）形状和尺寸

① 试样为带有模压沟槽的半圆形断面的长条（见图 3-28）。

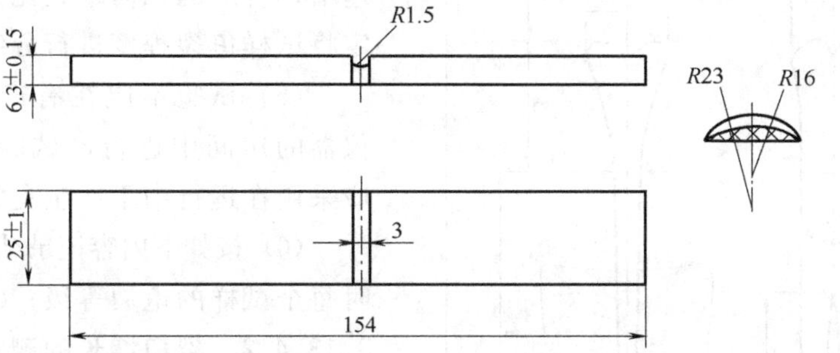

图 3-28　半圆形断面的长条试样

② 试样也可为带有模压沟槽的矩形断面的长条（见图 3-29）。

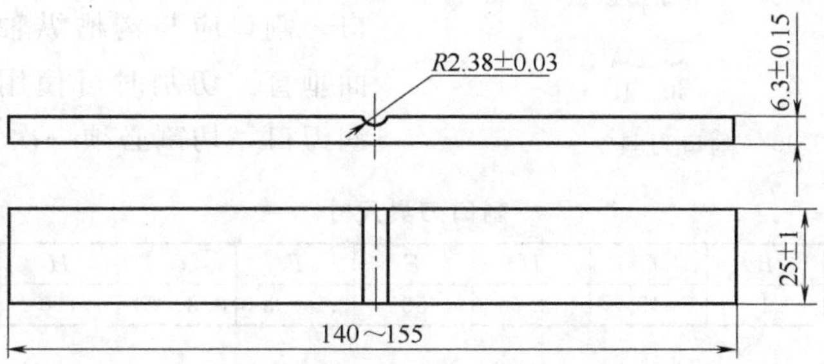

图 3-29　矩形断面的长条试样

③ 试样形状不同，其试验结果不能比较。

（2）试样可用多模腔的模具硫化，硫化时模压沟槽应垂直于压延方向。

（3）试样的沟槽应有光滑的表面，不应有可能导致裂口过早出现的不规则的表面，试样厚度应严格控制在（6.3±0.15)mm，而且测厚时必须靠近试样沟槽。

（4）试样在标准条件下按照规定进行调节；试样和试验过程应避免阳光直接照射。

（5）试样数量　每种试验材料的试样不应少于 3 个。

（6）试验温度　试验应在标准室温下进行，也可选用规定的条件进行高温试验。

3.13.4　试验步骤

3.13.4.1　屈挠龟裂的测定

（1）按规定调整夹持器间的距离和行程。

（2）将两夹持器分开到最大距离，夹上试样，使试样平展、垂直且不受张力，每个试样的沟槽都应位于两夹持器的中心。当屈挠时，沟槽应在所形成折角的外侧。

（3）开动试验机，屈挠5000次停机，将试样夹持器分开到65mm，观察并记录初始龟裂，重新启动试验机。

（4）使屈挠次数的间隔成几何级数递增，合适的几何级数比值是1.5。按规定将试样龟裂程度进行分级。

（5）试验不应在有产生臭氧的任何仪器的房间中进行，试验机的驱动电机应采用在运行中不产生臭氧的电机。

（6）按如下内容记录结果：①每次停机时每个试样的龟裂等级；②屈挠次数。

3.13.4.2 裂口增长的测定

（1）试样准备

① 在试样沟槽部位的中心，用符合图3-30和表3-13中规定的刀具预先割口。割口应与沟槽纵轴平行并与试样表面垂直。切割时可使用适当的润滑剂湿润刀口，切割必须一次穿透试样。

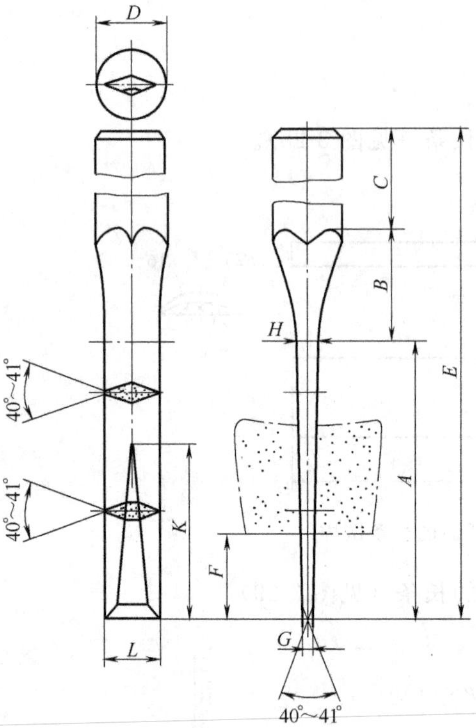

图3-30 割口刀具

表3-13 割口刀具尺寸

部位	A	B	C	D	E	F	G	H	K	L
尺寸/mm	10	4	45	2.6	59	2.5～3.0	$0.3^{+0.05}$	1.0	6	$2.03^{+0.05}$

② 刀具应由合适的支架夹持，防止位移，其操作如下：将试样平放在支承物上，刀具连同支架放在试样上，中心位置对准试样沟槽的中心，刀口应平行于试样沟槽的纵轴，支架上有一个一定尺寸的孔，当刀具割透试样底部后，该孔可以控制刀具的穿出部分长度，其值为2.5～3.0mm。

（2）操作步骤

① 按规定调整夹持器间的距离和行程。

② 在低倍放大镜下测量最初割口长度 L（mm）。

③ 把两夹持器分开到最大距离，夹上试样，使试样平展、垂直且不受张力，每个试样的沟槽都应位于两夹持器的中心，当屈挠时，试样沟槽应在所形成折角的外侧。

④ 开动试验机进行试验，每屈挠一定的次数（例如1.5万次）停机测量试样裂口长度，测量时应把两夹持器分开到65mm的距离，借助低倍放大镜用分度为0.02mm的游标卡尺或其他测量工具测量其裂口长度。

⑤ 试验不应在有产生臭氧的任何仪器的房间中进行。试验机的驱动电机应采用在运行中不产生臭氧的电机。

3.13.5　试验结果

3.13.5.1　屈挠龟裂测定结果

（1）龟裂程度按下列标准划分等级：

1 级　试样出现肉眼可见像“针刺点”样的龟裂点数目为 10 个或 10 个以下。

2 级　如有下列情况之一可为 2 级：

a. 龟裂点数目超过 10 个；

b. 龟裂点数目少于 10 个，但 1 个或多个龟裂点扩展，裂纹深度很浅，有明显的长度，但长度不超过 0.5mm。

3 级　1 个或多个龟裂点扩展成明显龟裂，可以看到明显长度和较小的深度，长度大于 0.5mm，但不大于 1mm。

4 级　最大龟裂处的长度大于 1mm，但不大于 1.5mm。

5 级　最大龟裂处的长度大于 1.5mm，但不大于 3.0mm。

6 级　最大龟裂处的长度大于 3.0mm。

注：试样为矩形断面时，试样边缘出现的龟裂应忽略。

（2）绘制出 1～6 级与屈挠次数相应关系曲线图，根据此图推断出任一等级的屈挠次数。

3.13.5.2　裂口增长试验结果

取 3 个或 3 个以上试样屈挠次数的算术平均值为试验结果。以裂口长度为纵坐标，屈挠次数为横坐标画出的平滑曲线上可以得出如下结果：

（1）割口从 L 增长到 $L+2$（mm）时的屈挠次数；

（2）割口从 L 增长到 $L+6$（mm）时的屈挠次数；

（3）如果需要，可以得到割口从 $L+6$（mm）增长到 $L+10$（mm）时的屈挠次数。

3.14　硫化橡胶低温脆性的测定（单试样法）

3.14.1　定义

（1）脆性温度　在一定条件下，试样受冲击产生破坏时的最高温度。

（2）脆裂　包括试样出现断裂、裂纹及人眼直接可见的微孔等。

本方法所测定的脆性温度，是硫化橡胶的特性温度，不代表硫化橡胶及其制品工作温度的下限。利用脆性温度，可以比较不同橡胶材料或不同配方的硫化橡胶低温性能的优劣。因此，无论在科学研究、橡胶材料及其制品质量检验、生产过程控制等方面都具有一定的实用价值。

3.14.2　仪器

本设备由升降夹持器、冲击装置、低温测温汁、盛装冷冻介质的低温瓶、工作台、搅拌器等部分组成。

3.14.2.1 升降夹持器

升降夹持器由带有夹持器的升降杆和提升弹簧组成。

从试样受冲击部位，到夹持器下端的距离为（11.0±0.5)mm，如图 3-31 所示。

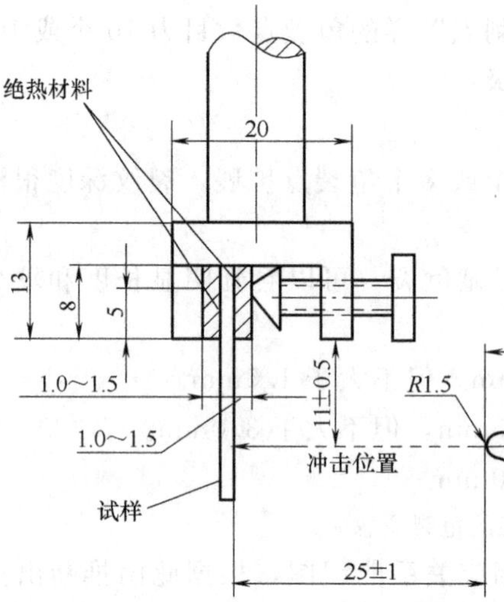

图 3-31 升降夹持器

3.14.2.2 冲击装置

冲击装置由冲击器和冲击弹簧等组成。

（1）冲击器　冲击器头部形状和尺寸如图 3-32 所示。冲击器的质量为(200±20)g，其工作行程为（40±1)mm。

冲击装置的弹簧在压缩状态下，冲击器端部到试样的距离为（25±1）mm。

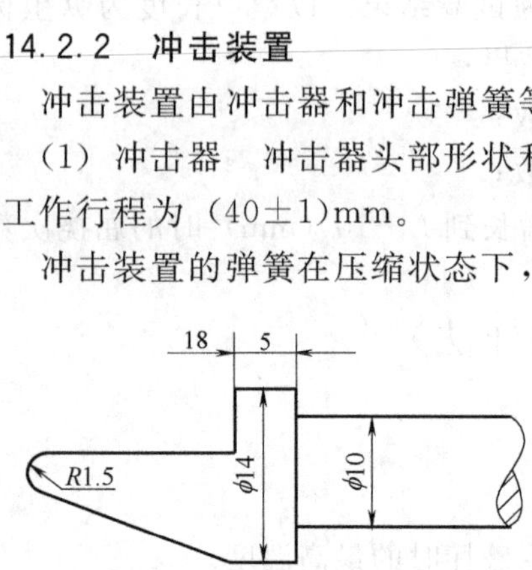

图 3-32 冲击器

（2）冲击弹簧　冲击弹簧应符合如下技术要求：

① 自由状态：直径为 19mm，长度为 85～90mm；

② 压缩状态：长度为（40±1)mm，负荷为 11～12kg（108～118N)。

3.14.2.3 低温测温计

采用最小分度不大于 1℃的低温温度计，或热电偶、电阻温度计等，用来测量冷冻介质的温度。温度计为内标式半浸的，以尾长 150mm、浸深 75mm 为宜。

3.14.2.4 冷冻介质

冷冻介质由适宜的传热介质加制冷剂调配而成。

（1）传热介质　在试验温度下，能保持流动，对试样无附加影响的液体均可作传热介质。这类传热介质通常使用工业乙醇，此外还有丙酮、硅氧烷液体等。

(2) 制冷剂　可根据需要选用干冰或液氮。

3.14.3　试样

(1) 规格　试样的长为 (25.0±0.5)mm，宽为 (6.0±0.5)mm，厚为 (20±0.3)mm。

(2) 要求　试样的表面应光滑，无外来杂质及损伤，成品应经打磨后裁制成相应尺寸。

3.14.4　试验室温度

试验室温度应符合有关规定。

3.14.5　试验步骤

(1) 试验准备　按下升降夹持器，安放低温测温计，使测温计的测温部分与夹持器下端处于同一水平位置。向低温瓶中注入传热介质（一般为工业乙醇），其注入量应保证夹持器的下端到液面的距离为 (75±10)mm。

(2) 缓缓搅拌下，向传热介质中加入制冷剂（一般采用干冰），并调配到所需温度。

(3) 提起升降夹持器，将试样垂直夹在夹持器上，夹得不宜过紧或过松，以防止试样变形或脱落。

(4) 按下夹持器，开始冷冻试样，同时启动时序控制开关（或按动秒表）计时。试样冷冻时间规定为 (3.0+0.5)min。试样冷冻期间，冷冻介质温度波动不得超过±1℃。

(5) 提起升降夹持器，使冲击器在 0.5s 内冲击试样。

(6) 取下试样，将试样按冲击方向弯曲成 180°，仔细观察有无破坏。

(7) 试样经冲击后（每个试样只准冲击一次），如出现破坏时，应提高冷冻介质的温度，否则降低其温度，继续进行试验。

通过反复试验，确定至少有 2 个试样不破坏的最低温度和至少 1 个试样破坏的最高温度，如这两个结果相差不大于 1℃时，即试验结束。

3.14.6　试验结果与处理

(1) 试样出现破坏的最高温度，就是该试验品的脆性温度。

(2) 温度值应精确到 1℃。

3.14.7　试验报告

试验报告应包括以下内容：试验方法标准，脆性温度，试样破坏情况，使用的传热介质和制冷剂。

3.15 橡胶热空气老化试验方法

3.15.1 概述

橡胶制品虽然具有优良的耐寒性，但易老化，多数橡胶因含有不饱和基团，极易受臭氧、氧及其他活性物质的作用，生成过氧化物，使硫化橡胶分子之间发生过度交联或高分子链裂解，从而使橡胶变脆，变硬发黏及表面龟裂，致使各种性能下降，从而影响制品的使用寿命，这些现象称为“老化”，且这种老化作用，在加热和阳光照射等条件下，速度急剧加快，所以对于硫化橡胶需测定其耐老化性能，以便确定其使用寿命。

橡胶的耐老化性能受多种因素的影响，因鞋用制品受特殊老化因素影响较少，一般可根据高分子材料的时温等效原理，常用加热老化方法测试耐老化性能，橡胶的老化性能用老化系数或性能百分变化率来表示。

$$老化系数=\frac{老化后拉断强度\times伸长率}{老化前拉断强度\times伸长率}\times100\%$$

$$性能百分变化率=试样老化后的性能测定值-\frac{试样老化前的性能测定值}{试样老化前的性能测定值}\times100\%$$

老化系数（性能百分变化率）越接近于1（100%），其制品的耐老化性能就越好。

3.15.2 试验装置

橡胶试样采用热空气老化试验箱进行老化试验，老化箱应符合下列要求：

（1）具有连续鼓风装置以及进气孔和排气孔。

（2）箱内装有能转动的试样架。

（3）必须装有温度控制装置，控制温度的精度在±1℃以内。

（4）以老化箱工作室内中央的温度作为试验温度，温度分布应符合温度的偏差要求。

（5）老化箱的空气置换率为3～10次/h。

3.15.3 试样

3.15.3.1 拉伸性能试验试样

（1）拉伸性能试验试样为从硫化胶片上裁取的哑铃状试样，其尺寸应符合硫化橡胶或热塑性橡胶拉伸应力应变性能的测定的要求。

（2）每种试验品的哑铃状试样，数量不得少于10个，其中5个测定老化前的拉断强度等性能，其余的在老化后进行测定。

3.15.3.2 邵尔A硬度试验试样

硬度试验试样应符合相对标准的要求。

3.15.4 试验条件

3.15.4.1 试验温度

根据试验需要，老化试验温度可选择50、70、100、120、150、200、300℃等。

50～100℃，温度允许偏差为±1℃；101～200℃，温度允许偏差为±2℃，201～300℃，温度允许偏差为±3℃。

3.15.4.2　老化时间

老化时间可选为 24、48、72、96、144h 或更长的时间。

3.15.5　试验步骤

（1）在老化试验前测定试样的厚度。

（2）将老化箱调至所需要的温度，稳定后，把试样呈自由状态悬挂在老化箱中进行老化试验。每 2 个试样之间的距离不得小于 5mm，试样与箱壁之间的距离不得小于 70mm，当试验区域的温度分布不符合规定时，可缩小试验区域，直到符合规定为止。

注：尽可能避免不同配方的试样在一起进行老化试验，高硫配合、低硫配合、有无防老剂以及含氯、氟等挥发物互相干扰的试祥必须分别进行老化试验。

（3）试样放入恒温的老化箱内，即开始计算老化时间，到达规定的老化时间时，立即取出。

（4）取出的试样在温度（23±2）℃下停放 4～96h，并在这期间印上标线，然后按照相关标准规定测定拉伸应力应变性能和硬度。

3.15.6　试验结果

（1）试验结果用性能百分变化率表示，计算方法如下：

$$性能百分变化率=\frac{A-O}{O}\times 100\%$$

式中：A——试样老化后的性能测定值；

O——试样老化前的性能测定值。

（2）性能百分变化率的取值精确到整数位。

（3）硬度的变化用 $A-O$ 之差来表示。

若用老化系数按下式计算：

$$老化系数=\frac{\sigma' E'}{\sigma E}$$

式中：σ、σ'——分别表示老化前后的拉断强度（kg/cm^2 或 N/mm^2）；

E、E'——分别表示老化前后的拉断伸长率（%）。

每个试验样品取样不少于 5 对，试验结果取中值，先分别取中值，然后再计算老化系数。

3.15.7　试验报告

试验报告应包括下列内容：

（1）老化箱型号。

（2）老化试验温度、时间及周期。

（3）试样名称。

（4）试样规格。

（5）试样老化前后的物理性能及其变化。

（6）试验日期。

（7）试验者。

3.15.8 老化箱温度分布的测定

（1）通过温度计插入孔把9条标定过的热电偶插入老化箱中，第1条固定在老化箱的中央，其余8条分别固定在老化箱内的8个角上，距箱壁70mm。

（2）升高老化箱的温度，使老化箱中央的温度达到试验温度并稳定之后，用直流电位差计测定每条热电偶的电压值，然后根据热电偶标定曲线查出相应的温度值。

（3）用老化箱8个角上测得的温度与老化箱中央的温度之差，与规定的温度偏差对照，以确定老化箱的温度分布是否符合要求。

（4）如果上述测定不符合要求，可缩小试验区域，并仿照上法测定该试验区域的温度分布，直到符合要求为止。

3.15.9 老化箱空气置换率的测定

（1）用医用胶布或其他胶粘带密封老化箱的进气孔、排气孔、门和马达轴间隙等。密封马达轴间隙时，以不影响马达轴转动为宜。

（2）把精确读数不大于0.01kW·h的0.5级标准电度表接到老化箱电源的电路上。

（3）升高老化箱的温度，使箱内温度与室温之差为（80±2）℃。稳定后，用电度表和秒表测定老化箱的电能消耗，测定时间至少30min。

注：室温测量点应距老化箱2m以上，距其他物体0.6m以上，且与老化箱工作室处于同一高度。

（4）去掉密封胶布，适当打开排气孔和进气孔，仍按上法测定老化箱的电能消耗。

（5）用下式计算老化箱的空气置换率：

$$N=\frac{3590(P_x-P_y)}{V\rho\Delta T}$$

式中：N——每小时空气置换次数；

P_x——老化箱不密封时的电功率消耗（W），它是由电度表测得的电能消耗除以测定时间（h）而得到的；

P_y——老化箱密封时的电功率消耗（W）；

V——老化箱的全部内容积（cm^3）；

ρ——老化箱周围的空气密度（g/cm^3）；

ΔT——老化箱内外温度之差。

3.16 硫化橡胶耐液体性能的测试

3.16.1 概述

液体对硫化橡胶的作用通常有以下几种现象：a. 橡胶吸入液体；b. 橡胶中可溶成

分的抽出；c. 液体与橡胶的化学反应。

通常吸入量大于抽出量，以致橡胶体积增大，这种现象定义为“溶胀”，吸入液体使橡胶吸入前后的拉伸强度、扯断伸长率、硬度等物理及化学性能变化很大。由于橡胶中增塑剂和抗降解剂之类，在一挥发性液体中浸泡后，特别容易被抽出，其干燥后的物理及化学性能变化会更大。因此，很有必要测定橡胶在挥发性液体中浸泡后或进一步干燥后的性能。硫化橡胶耐液体性能的测试一般包括：质量变化、体积变化、线性尺寸变化；抽出物测定；浸泡后或接着干燥后橡胶的硬度和拉伸性能的变化。

硫化橡胶耐液体性能的测试在某种程度上可以模拟一些实际使用条件，但不能完全代表使用情况。橡胶试验体积变化最小，并不能代表该材料在实际使用时耐液体性能是最好的。对于非常厚的橡胶制品，厚度的变化对液体的浸入量影响不大，但对于一般橡胶制品液体的浸入速度与时间、厚度关系很大，因此测试时必须考虑橡胶的厚度。另外，液体还可以通过高温状态下，大气中氧气的氧化作用对橡胶产品产生影响。液体对橡胶的影响取决于橡胶本身和橡胶内部应力的大小，本方法中所用试验均在试样处于非外力作用下完成。

3.16.2　试验液体

试验液体的选择取决于试验目的。试验液体宜是产品实际使用液体。对于相同液体由于其生产厂家及生产方式不同，液体组分及特性不同，均可造成试验结果的不稳定，对特殊系列试验液体应由指定厂家生产。也可选用标准物定期试验确定油品的稳定性。

(1) 矿物油和燃油　生产批次不同化学组成也很容易变化。通常，矿物油的苯胺点高低取决于芳香烃的含量，苯胺点越低，对橡胶的溶胀作用越强。如果使用矿物油做试验，试验报告应写出液体的密度、折射率、黏度、苯胺点或芳香烃含量。

(2) 商品油　尽管有些商品油与标准油的液体特性相似，但对橡胶的作用却不完全相同。对于类似汽油之类的商品油，批次及不同生产厂家产品的组成成分相差较大，造成对橡胶影响变化也很大。因此，使用商品油做耐液体试验时，试验报告中应有完整的液体组成描述。

(3) 一些用作橡胶分类或质量控制试验的标准液体　当用来确定液体中某种化学成分对橡胶的影响时，可选用规定浓度溶液做试验。有些试验液体会发生自身老化及可能与橡胶发生反应，如液体中有活性添加剂，或者橡胶与液体可通过抽出、吸入或化学反应，使液体组成变化较大，并可使橡胶体积变化不稳定或液体中有新成分生成。为确保试验液体在整个试验过程中组成不发生太大变化，应考虑补充液体的体积或定期更换新的试验液体。

3.16.3　标准模拟液体

表 3-14、表 3-15 列出了不同组分常用的几种液体，它也可以作为其他液体组分的指标。

表 3-14　　　　不含氧化物的标准模拟液体

液体	组　分	含量/%(体积分数)
A	2,2,4-三甲基戊烷(异戊烷)	100
B	2,2,4-三甲基戊烷(异戊烷) 甲苯	70 30
C	2,2,4-三甲基戊烷(异戊烷) 甲苯	50 50
D	2,2,4-三甲基戊烷(异戊烷) 甲苯	60 40
E	甲苯	100
F	直链烷烃(C_{12}～C_{18}) 1-甲基萘	80 20

注：液体 B、C、D 相当于不含氧化物燃油，液体 F 相当于民用动力柴油。

表 3-15　　　　含氧化物（酒精）的标准模拟液体

液体	组　分	含量/%(体积分数)	
1	2,2,4-三甲基戊烷(异辛烷) 甲苯 二异丁烯 乙醇	30 50 15 5	
2	2,2,4-三甲基戊烷(异辛烷) 甲苯 二异丁烯 乙醇	25.35 42.25 12.68 4.22	它们的体积和占液体总体积的 84.5%
	甲醇 水	15.00 0.50	
3	2,2,4-三甲基戊烷 甲苯 乙醇 甲醇	45 45 7 3	
4	2,2,4-三甲基戊烷 甲苯 甲醇	42.5 42.5 15	

3.16.4　标准油

（1）常规定义

① 1# 标准油（ASTM No. 1）：是一种“低膨胀”油，主要由溶剂萃取、化学提炼石蜡等处理的石油和其他石油调制的混合物。

② 2# 标准油（IRM902）：是一种“中膨胀”油，主要是将天然环烷油、黏土，经过蒸馏、酸处理及溶剂的萃取试验制备而成。

③ 3# 标准油（IRM903）：是一种“高膨胀”油，通过将天然环烷油真空精制成两种润滑油的调制混合液。

（2）用途　本标准油为代表性低附加石油，对高附加或合成油另外准备。

（3）要求　标准油不应含有不期望的附产物，应有稳定的倾点轨迹（近似于

0.1%）及表 3-16 所示的性能。表 3-17 是油的特殊性能。

使用标准油做试验，标准油应有经认可符合标准油生产要求的指定厂家生产。若不容易获得标准油，也可用性能完全符合表 3-17，长期用于橡胶测试，对于相同配方同一批次橡胶，在相同测试条件下，测试结果与标准油相同的代用油。

表 3-16　　标准油性能

项目	指标		
	1#	2#	3#
苯胺点/℃	124±1	93±3	70±1
运动黏度（$\times10^{-6}$）/（m^2/s）	20±1[a]	20±1[a]	33±1[b]
闪点（最低）/℃	240	240	160
密度（15℃）/（g/cm^3）	0.886±0.002	0.9935±0.065	0.9213±0.0060
黏度-重力保持常数	—	0.865±0.005	0.880±0.005
环烃含量 C_N/%	—	≥35	≥40
石蜡含量 C_P/%	—	≤50	≤45
折射率（20℃）	1.4860±0.005	1.4860±0.005	1.5130±0.005
最大硫含量/%	0.3	0.3	0.3

注：a 在 99℃时测定；b 在 37.8℃时测定。

表 3-17　　标准油特殊性能

项目	指标		
	1#	2#	3#
倾点/℃	—	−12	−31
折射率（20℃）	1.4860	1.5105	1.5026
芳香烃含量 C_A/%	—	12	14

3.16.5　模拟工作液体

（1）101 工作液　101 工作液模拟合成柴油润滑油。是由质量分数为 99.5%的双-2-乙基已基癸二酸酯和质量分数为 0.5%的吩噻嗪组成的混合物，用以模拟合成的二酯型润滑油。

（2）102 工作液　102 工作液组成类似于某种液压油，是由质量分数为 95%的 1#标准油与质量分数 5%的碳氢混合添加剂组成的混合物。其中添加剂中含有 29.5%～33%的硫、1.5%～2%的磷和 0.7%的氮及其他要求的添加剂，用来模拟某种高液压油。

（3）103 工作液　103 工作液为三-*n*-丁基磷酸盐，用来模拟在飞机上使用的磷酸酯液压油。

3.16.6　试验设备

3.16.6.1　通用试验装置

试验装置的材料不应与试验液体及试样发生反应，如不应使用铜类材料。选择合适的试验温度，使试验过程中液体的挥发最少及外部进入试验装置的空气最少。

试验装置可使用带盖的玻璃容器，选择的试验温度应低于试验液体的沸点。如果试验温度接近液体沸点，建议使用带有回流冷凝的玻璃装置或其他材质的试验装置以减少液体蒸发。

试验装置的大小应保证试样在不发生任何变形的情况下完全浸入液体。用线或棒将试样吊入液体中，确保试样与试样之间，试样与试验装置壁之间不接触，试验装置中液体上部空气体积应尽可能小，试验液体的体积至少为试样总体积的 15 倍。

3.16.6.2 单面试样接触试验装置

此装置用于只有一个面与液体接触的试验。试验装置如图 3-33 所示。包括一个底盘和一个底部开口的圆柱形容器，将试样紧扣。并用螺母和螺栓固定。底盘留有直径约 30mm 的一个孔，使试样一个面不与试验液体接触，上部容器的开口处应用一合适的塞子盖住。

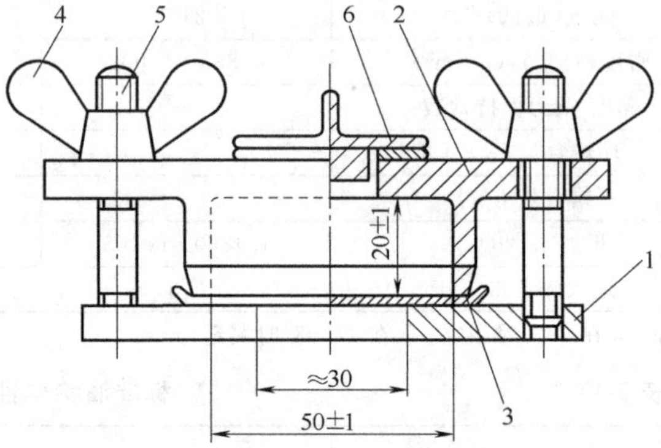

图 3-33 单面试样接触试验装置

1—底盘 2—圆柱形容器 3—试样

4—螺母 5—螺栓 6—塞子

3.16.6.3 天平

天平应精确到 1mg。

3.16.6.4 试样测厚装置

将一个满足精度要求的百分表固定在一个带有一个平台的钢架上，百分表最小分度为 0.01mm。百分表内插立杆底部连一面积约为 $100mm^2$ 的压足。圆台应垂直于立杆而平行于基准底面。百分表施加于试样表面的压力约 2kPa。

3.16.6.5 测量试样长度和宽度的装置

最小分度应为 0.01mm，最好采用类似光学测量仪器的非接触法测量。

3.16.3.6 测量表面积变化的装置

与测量试样长度和宽度装置的要求相同。

3.16.7 试样

3.16.7.1 试样制备

符合相关标准的要求。

3.16.7.2 测量

试样厚度应在 (2.0±0.2)mm 范围内。试样也可以从制品裁取，若厚度小于 1.8mm，则以该厚度作为试验厚度。如果试样厚度大于 2.2mm，则将试样加工成厚度在 (2.0±0.2)mm 范围内。不同厚度试样测试数据不可比较。

测量体积变化与质量变化的试样为 25mm×50mm 的长方形。

测量硬度变化试样的边缘尺寸不小于 8mm。

测量尺寸变化所用试样为 25mm×50mm 的长方形或直径为 44.6mm 的圆形试样。

测量表面积变化所用试样为垂直剪切的平行四边形。用两组对应边平行，并保持一定距离的裁刀裁切，边长约为 8mm。测试样面积变化也可以使用小一点或薄一点的试样，例如从产品上裁切或快速检测试验等，但这样的测试结果与标准厚度试样的测试数据是不可比较的。小的试样会降低测量结果的精确性。

测试拉伸性能变化的试样按照相关要求进行制备。宜选择 2 型哑铃状试样。这种形状的试样也可以用来测试硬度的变化。

单面接触试验所用试样为直径约为 60mm 圆形试样。

3.16.7.3　试样调节

试样应在有关规定的标准实验室温度下调节不少于 3h。任何试验或对比试验，其试验前后温度应保持一致。

3.16.8　在液体中浸泡

3.16.8.1 温度

可根据硫化橡胶或制品的技术要求选用表 3-15 一个或几个浸泡温度。出于技术原因，可选择其他的温度。为了能得到更好的试验结果重现性，可以规定更严格的公差。

高温试验能使橡胶发生快速氧化剂在液体中进行化学反应（如在工作液中）；浸泡液体的挥发、分解。因此选择适当的试验温度非常重要。

试验条件与工作条件相似，并且选择的试验液体与产品工作液体相同，则试验温度选择应等于或高于实际使用温度。

3.16.8.2　浸泡试验周期

由于液体进入橡胶的速度取决于温度、胶种和液体种类，所有试验不可能用一种试验时间确定其测试性能。尽可能做重复多次浸泡试验，并将浸泡性能随时间变化的曲线描出，确定合适的试验时间。试验时间宜大于液体吸收饱和度的时间。

由于吸收液体的量与时间的平方根成比例，而不是时间本身，可通过绘制吸收量与时间平方根的曲线，确定液体吸收饱和度的时间。

在浸泡试验初期，性能变化的百分数与试样厚度的倒数成正比。因此当试验时间为达到吸收饱和度的时间，试样的差异越小得到的试验结果越稳定。

3.16.9　程序

3.16.9.1　标准程序

将一组已测量的 3 个试样在试验前分别做好标记，浸入盛有试验液体的容器中，并将容器放入已达到所需温度的恒温箱或液体加热恒温装置中。在整个试验过程中，试样距容器壁不少于 5mm，距容器底部和液体表面不少于 10mm。如果橡胶密度小于液体密度，应加坠子将试样完全浸入液体当中。同时应防止空气的进入，若进入的空气影响到试验结果，则供需双方协商确定允许空气进入的程度。

试验结束后，从恒温箱或液体加热恒温装置中取出试验容器，在标准实验室温度下调节 30min。或将取出的试样快速放入一份已备好的新试验液体中，在标准试验温度下停放 10～30min。

将试样从试验液体中取出，除去试样表面的残留液体。对于挥发性液体，用滤纸或不掉毛的织物迅速擦掉试样残留液体。黏性非挥发性液体可用滤纸或不掉毛的织物迅速擦掉试样残留液体；也可迅速浸入酒精或汽油等挥发性液体中快速清洗擦干。

对于挥发性液体试验应快速地进行。将试样依次从液体中取出，擦干并迅速放入称量瓶中测量橡胶的体积变化和质量变化。

将试样从液体中取出至性能全部测试完毕，应不超过下述时间：尺寸变化 1min；硬度变化 1min；拉伸性能变化 2min。

如试验还要继续进行，应将已测完的试样快速放入液体中，并将测试装置放入已控温的老化箱或液体控温装置中。在液体中的全部浸泡时间应满足试验浸泡时间的要求。

也可测试经浸泡接着干燥后的性能变化。将试样放入绝对压力约为 20kPa，温度 40℃的一定容积的设备中，每间隔 30min 测量一次直至所测的质量变化不超过 1mg。然后在标准实验室温度下冷却不少于 3h。

3.16.9.2 质量变化

在标准实验室温度下测量试样浸泡前后的质量，精确至 1mg。

质量变化百分数（Δm_{100}）按式（1）计算：

$$\Delta m_{100}(\%)=\frac{m_i-m_0}{m_i}\times 100 \tag{1}$$

式中：m_0——试样浸泡前的质量（g）；

m_i——试样浸泡后的质量（g）。

取 3 个试样的试验数据的平均值作为试验结果。

3.16.9.3 体积变化

对于非水溶性液体一般采用排水法测量。

在标准实验室温度下，先测每个试样在空气中的质量（m_0），精确至 1mg，再测蒸馏水中的质量（$m_{0,w}$），测水中质量时应排除试样上的气泡，必要时可用洗涤剂。如果材料密度小于 1g/cm^3，需加坠子测量，测量中应确保坠子与试样全部浸入水中，还应测量单个坠子在水中的质量（$m_{s,w}$），按照式（2）计算体积变化百分数（ΔV_{100}）

$$\Delta V_{100}=\left(\frac{m_i-m_{i,w}+m_{s,w}}{m_0-m_{0,w}+m_{s,w}}-1\right)\times 100 \tag{2}$$

式中：m_0——试样浸泡前的质量（g）；

m_i——试样浸泡后的质量（g）；

$m_{0,w}$——试验前试样带坠子在蒸馏水中的质量（g）；

$m_{i,w}$——试验后试样带坠子在蒸馏水中的质量（g）；

$m_{s,w}$——坠子在蒸馏水中的质量（g）。

取 3 个试样的试验数据的平均值作为试验结果。

如果试验液体容易和水混合或与水起反应，则采用在水中称量试样的方法计算试样体积变化的百分率就不适用了，若这种试验液体在室温下不太黏或不易挥发，就可以在该试验液体中称量试样浸泡前的质量，并在新配制的同样的试验液体中称量试样浸泡后的质量和坠子的质量。若试验液体不适于称量，试验后也可选择其他液体称量。并按式（3）计算试样的体积变化百分数（ΔV_{100}）。

$$\Delta V_{100}=\left[\frac{m_i-m_{i,liq}+m_{s,liq}}{\rho(m_0-m_{0,w}+m_{s,w})}-1\right]\times 100 \tag{3}$$

式中：ρ——试验液体在试验温度下的密度（g/cm^3）；

$m_{i,liq}$——试样带坠子在液体中的质量（g）；

$m_{s,liq}$——坠子在液体中的质量（g）。

3.16.9.4　尺寸变化

在实验室温度下测量试样长度，精确至 0.5mm。取试样两对应顶点间距离，测量上下面对应四条边各一次，取四次测量值的平均值。按式（4）计算长度变化百分数（ΔL_{100}）：

$$\Delta l_{100}=\frac{l_i-l_0}{l_0}\times 100 \tag{4}$$

式中：l_0——试验前试样的初始长度（mm）；

l_i——试样浸泡后的长度（mm）。

用同样的方法计算试样的宽度与厚度变化的百分数。

取 3 个试样的试验数据的平均值作为试验结果。表面积变化百分数也可以从长度及宽度变化计算出来。

3.16.9.5　表面积变化

在实验室温度下测量试样试验前的对角线的长度，精确到 0.01mm。

试验后按照上述方法中心测量试样对角线的长度，精确到 0.01mm。如果采用光学仪器测量，试样不需从液体中取出，透过适用的玻璃容器即可进行测量。需要连续进行试验的，如试样取出后测量，则再将试样浸入液体放回原环境中。按式（5）计算表面积变化的百分数（ΔA_{100}）：

$$\Delta A_{100}=\left[\frac{l_A\cdot l_B}{l_a\cdot l_b}-1\right]\times 100 \tag{5}$$

式中：l_A、l_B——试样浸泡后对角线的长度（mm）；

l_a、l_b——试样浸泡前对角线的长度（mm）。

亦可按式（6）计算试样体积变化的百分数。

$$\Delta V_{100}=\left[\frac{(l_A\cdot l_B)^{3/2}}{l_a\cdot l_b}-1\right]\times 100 \tag{6}$$

注：式（6）只适用于各向同性溶胀的试样。如有怀疑，还是使用体积变化法计算体积变化的百分数。

取 3 个试样的试验值的中值试验结果。

3.16.9.6　硬度变化

测定试样浸泡前后每个试样的硬度，并计算试样浸泡前、后硬度值之差。

3.16.9.7　拉伸性能变化

用带标记的试样测定试样浸泡前后的拉伸性能，计算拉伸强度、扯断伸长率、定伸应力。按照式（7）计算拉伸性能变化百分数（ΔX_{100}）。

$$\Delta X_{100}=\frac{X_i-X_0}{X_0}\times 100 \tag{7}$$

式中：X_0——试样浸泡前数值；

X_i——试样浸泡后数值。

3.16.9.8 单面液体接触试验

本方法适用于仅单面与液体接触的较薄片材，如隔膜橡胶。

测量试样的厚度并称其在空气中的质量（m_0）。然后将试样装入图 3-33 所示的装置中，将试验液体倒入装置中，深度约 15mm，盖上塞子。

将装置放入一条好的恒温试验箱中至要求的试验时间，将装置取出放置在实验室温度下，倒出试验液体，取出试样，用滤纸或不掉屑的织物擦去试样表面的残留液体，再在实验室温度下称量试样质量（m_i），精确到 1mg，接着测量试样厚度。如试验液体在室温下挥发，试样从液体中取出应在 2min 内完成测试。

按照式（8）计算单位面积的质量变化率（Δm_a），单位为 g/m^2。

$$\Delta m_a=\frac{m_i-m_0}{A}\times 100 \tag{8}$$

式中：m_0——试样浸泡前的质量（g）；

m_i——试样浸泡后的质量（g）；

A——试样与液体接触的圆面积（m^2）。

结果取 3 个试验数据的平均值。

厚度变化按照“尺寸变化”中的方法计算。

3.16.9.9 抽出物测定

（1）常规试验　如果试验液体是易挥发性的液体，则橡胶抽出物可用下述两种方法测定：

① 将试样进行干燥处理后的质量与试验前的质量比较；

② 将试验液体蒸发干后，测量剩余不挥发物的质量。

以上两种方法均产生试验误差。干擦后试样的称量法，在高温试验过程中如果有空气存在，材料会被氧化；蒸发试验液体法，蒸发过程中会失去一些如增塑剂之类的抽出物。两种方法可以根据材料实际使用及试验条件选择合适的一种。

对于高挥发性液体较难确切定义，一般规定沸点高于 110℃，蒸发量少于表 3-14 中 A、B、C、D、E 标准溶液的液体不属于高挥发性液体。

抽取物的测定也可在质量变化、体积变化、尺寸变化等任一试验后进行。

（2）干燥后试样的称量法　试验后试样在绝对压力约 20kPa、温度约 40℃的试验箱中干燥，每 30min 称量一次，直到与上次测量质量差绝对值不大于 1mg。

抽出物的含量为试样试验干燥后的质量与试验前试样质量差值与试验前试样质量比的百分数。

（3）蒸发试验液体法　将试样从试验液体中取出，并用 25mL 的新配同样液体清洗试样，将清洗液与试验液体一同倒入一个合适容器。放入绝对压力约 20kPa、温度约 40℃的试验箱中，将液体蒸发至恒重。

做一个同样的空白试验，估计试验液体的体积等于试验液体加清洗液的总体积。

抽出物的含量可表示为干燥后剩余质量与空白结果的差值与试样质量比的百分数。

第 4 章　革制品用胶粘剂的分析检验

胶粘剂又称黏合剂、粘着剂、粘接剂，简称胶，具有优良的粘接性能，能将相同或不同的固体材料紧密地连接在一起，它的主要成分大都是高分子物质，如橡胶、树脂等，这种合成高分子聚合物的各种胶粘剂应用于制鞋工业，能将鞋帮和鞋面粘在一起，使制鞋工艺发生了显著的变革。胶粘工艺设备简单，劳动强度低，劳动生产率高，皮鞋美观轻便。随着制鞋工业的发展，胶粘剂在制鞋工业中占的位置越来越重要，故对它的质量要求也越来越高了，因此胶粘剂的分析检验十分必要。

胶粘剂的质量鉴定分外观检验和物理-机械性能检验，胶粘剂的外观检验是将 20～50g 液体胶粘剂倒入容量为 50～100mL 的玻璃杯或瓷杯里，把干净清洁的玻璃棒或刮刀浸入胶粘剂然后提起。提起的高度距离杯面 10～20cm，观察流动的胶黏流，正常情况下它是均匀的，没有机械杂质或凝结物的胶流；胶粘剂物理机械性能的检验主要包括浓度、黏度、剥离强度等。以下将一一分述。

4.1　胶粘剂分类

4.1.1　分类原则及表示方法

胶粘剂按照主要粘料、物理形态、硬化方法和被粘物材质进行分类。用三段式的代号来表示一种胶粘剂产品，如图 4-1 中所示，第一段用 3 位数字分别代表胶粘剂主要粘料的大类、小类和组别；第二段的左边部分用一位阿拉伯数字代表胶粘剂的物理形态，右边部分用小写英文字母代表胶粘剂的硬化方法；第三段用不多于 3 个大写的英文字母代表被粘物。

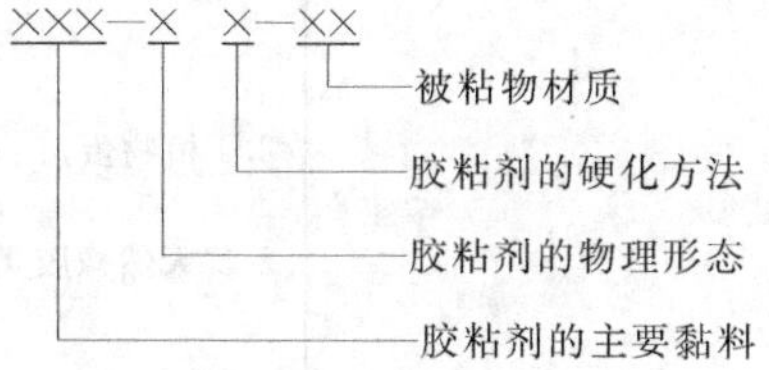

图 4-1　胶粘剂分类代号

4.1.2　类别说明

4.1.2.1　按胶粘剂主要粘料属性分类

（1）胶粘剂的主要粘料分为八大类　动物胶；植物胶；无机物及矿物；合成弹性体；合成热塑性材料；合成热固性材料；热固性、热塑性材料与弹性体复合。

（2）胶粘剂的主要粘料用 3 位数字表示（见表 4-1）　左边第一位数字是主要粘料的大类；中间一位数字是大类中的小类；右边第一位数字是小类中的组别。

4.1.2.2　按胶粘剂物理形态分类

（1）无溶剂液体　代号为 1。

（2）有机溶剂液体　代号为 2。

表 4-1　　胶粘剂主要粘料的大类、小类和组别

分类			编号
大类	小类	组别	
1　动物胶			100
	1.1 血液胶		110
	1.2 骨胶		120
		骨胶	121
		皮(腱)胶	122
		鱼胶	123
	1.3		130
	1.4 紫胶		140
2 植物胶			200
	2.1 纤维素衍生物		210
		羧甲基纤维素	211
		硝酸纤维素	212
		乙酸纤维素	213
		甲基或乙基纤维素	214
		其他	219
	2.2 多糖及其衍生物		220
		淀粉	221
		改性淀粉	222
		糊精	223
		海藻酸钠	224
		树胶	225
		其他	229
	2.3 天然树脂		230
		木质素及其衍生物	231
		单宁及其衍生物	232
		松香及其衍生物	233
		萜烯树脂	234
		阿拉伯树脂	235
		其他	239
	2.4 植物蛋白		240
		大豆蛋白	241
	2.5 天然橡胶类		250
		天然橡胶	251
		天然乳胶	252
		天然橡胶接枝共聚物	253
		其他	259
3 无机物及矿物			300
	3.1 硅酸盐类及其他无机物		310
		硅酸钠	311
		硅酸钠改性物	312
		磷酸盐	313
		硫酸盐	314
		金属氧化物	315
		玻璃、陶瓷	316
		其他	319
	3.2 矿物蒸馏物及残渣		320
		石油树脂	321
		石油沥青	322
		焦油沥青	323
		其他	329

续表

分类			编号
大类	小类	组别	
4 合成弹性体			400
	4.1 聚丁二烯类		410
		聚丁二烯	411
		丁苯橡胶	412
		丁腈橡胶	413
		其他	419
	4.2 聚烯烃类（4.1 小类除外）		420
		异戊二烯橡胶	421
		苯乙烯-异戊二烯共聚物	422
		聚异丁烯橡胶	423
		丁基橡胶	424
		乙丙橡胶	425
		其他	429
	4.3 卤化烃类		430
		氯丁橡胶	431
		接枝氯丁橡胶	432
		氯磺化聚乙烯	433
		卤化丁基橡胶	434
		其他	439
	4.4 硅和氟橡胶类		440
		硅橡胶	441
		改性硅橡胶	442
		氟橡胶	443
	4.5 聚氨酯橡胶类		450
		聚酯型聚氨酯橡胶	451
		聚醚型聚氨酯橡胶	452
		其他	459
	4.6 聚硫橡胶类		460
		聚硫橡胶	461
		改性聚硫橡胶	462
	4.7 遥爪型液体聚合物类		470
		丁二烯橡胶	471
		氯丁橡胶	472
		丁腈橡胶	473
		聚硫橡胶	474
	4.8 其他合成弹性体		480
		丙烯酸酯橡胶	481
		氯醚橡胶	482
		其他	489
5 合成热塑性材料			500
	5.1 乙烯基树脂类		510
		聚乙酸乙烯酯	511
		乙烯与乙酸乙烯共聚物及其他化合物	512
		乙酸乙烯与其他单体共聚物	513
		聚乙烯醇	514
		聚乙烯醇缩醛	515
		聚氯代乙烯	516
		聚乙烯吡咯烷酮	517
	5.2 聚苯乙烯类		520
		聚苯乙烯	521
		改性聚苯乙烯	522
		丙烯腈-丁二烯-苯乙烯共聚物	523

续表

分类			编号
大类	小类	组别	
	5.3 丙烯酸酯聚合物类		530
		丙烯酸酯聚合物	531
		丙烯酸酯与苯乙烯共聚物	532
		丙烯酸酯与(除 512 外)其他单体共聚物	533
		氰基丙烯酸酯	534
		其他	539
	5.4 聚酯类	饱和聚酯	540
		改性聚酯	541
			542
	5.5 聚氨酯类		550
		聚酯型聚氨酯	551
		聚醚型聚氨酯	552
	5.6 聚醚类		560
5 合成热塑性材料		聚苯醚	561
		氯化聚醚	562
		聚烃醚(含硫酚氧)	563
		聚硅醚	564
	5.7 聚酰胺类		570
		聚酰胺	571
		低分子聚酰胺	572
		其他	579
	5.8 其他热塑性材料		580
		聚 4-甲基戊烯	581
		聚砜	582
		聚碳酸酯	583
		氟树脂	584
		硅树脂	585
		聚醚酮	586
			600
			610
			620
	6.1 不饱和聚酯及其改性物		
			630
	6.2 环氧树脂类		
			631
	6.3 氨基树脂类		
		脲醛树脂	632
		三聚氰胺甲醛树脂	640
	6.4 有机硅树脂类		
			650
	6.5 聚氨酯类		
			651
		聚酯型聚氨酯	652
		聚醚型聚氨酯	659
		其他	660
6 合成热固性材料			661
	6.6 酚醛树脂类		
		酚醛树脂	662
		间苯二酚甲醛树脂	
			670
	6.7 双马来西亚胺		
			680
	6.8 呋喃树脂类		
		糠醇树脂	681
		糠醛树脂	682
		糠酮树脂	683
			690
	6.9 杂环聚合物		
		聚酰亚胺	691
		聚苯并咪唑	692
		聚苯并噻唑	693
		其他	699

续表

分　类			编号
大类	小类	组别	
7 热固性、热塑性材料与弹性体复合			700
	7.1 酚醛复合型结构胶粘剂		710
		酚醛-丁腈型	711
		酚醛-氯丁型	712
		酚醛-环氧型	713
		酚醛-缩醛型	714
		其他	719
	7.2 环氧复合型结构胶剂		720
		环氧-丁腈型	721
		环氧-聚酚氧型	722
		环氧-聚砜型	723
		环氧-聚酰胺型	724
		环氧-聚氨酯型	725
		其他	729
	7.3 其他复合型结构胶粘剂		730

（3）水基液体　代号为 3。

（4）膏状、糊状　代号为 4。

（5）粉状、粒状、块状　代号为 5。

（6）片状、膜状、网状、带状　代号为 6。

（7）丝状、条状、棒状　代号为 7。

4.1.2.3　按胶粘剂硬化方法分类

（1）低温硬化　代号为 a。

（2）常温硬化　代号为 b。

（3）加温硬化　代号为 c。

（4）适合多种温度区域硬化　代号为 d。

（5）与水反应固化　代号为 e。

（6）厌氧固化　代号为 f。

（7）辐射（光、电子束、放射线）固化　代号为 g。

（8）热熔冷硬化　代号为 h。

（9）压敏粘接　代号为 i。

（10）混凝或凝聚　代号为 j。

（11）其他　代号为 k。

4.1.2.4　按胶粘剂被粘物分类

（1）多类材料　代号为 A。

（2）木材　代号为 B。

（3）纸　代号为 C。

（4）天然纤维　代号为 D。

（5）合成纤维　代号为 E。

（6）聚烯烃纤维（不含E类） 代号为F。
（7）金属及合金 代号为G。
（8）难粘金属（金、银、铜等） 代号为H。
（9）金属纤维 代号为I。
（10）无机纤维 代号为J。
（11）透明无机材料（玻璃、宝石等） 代号为K。
（12）不透明无机材料 代号为L。
（13）天然橡胶 代号为M。
（14）合成橡胶 代号为N。
（15）难粘橡胶（硅橡胶、氟橡胶、丁基橡胶） 代号为O。
（16）硬质塑料 代号为P。
（17）塑料薄膜 代号为Q。
（18）皮革、合成革 代号R。
（19）泡沫塑料 代号为S。
（20）难粘塑料及薄膜（氟塑料、聚乙烯、聚丙烯等） 代号为T。
（21）生物体组织骨骼及齿质材料 代号为U。
（22）其他 代号为V。

4.2 胶粘剂不挥发物含量的测定

4.2.1 概述

胶粘剂除由粘料、固化剂、填料以及其他附加剂组成以外，还有溶剂（或叫稀释剂），一般溶剂都是易挥发的有机溶剂，如丙酮、乙酸乙酯、乙醇、甲苯、汽油等，主要用来溶解粘料，调节胶粘剂的黏度，以便于操作和喷涂，提高胶液的浸润性和流动性。最后，自身挥发，胶粘剂硬化而粘合，所以溶剂的性质和用量都会影响胶粘效果。溶剂太多，胶料含量低，胶粘强度不够；溶剂含量太高，又不好操作。胶粘剂不挥发物的测定就是测定胶粘剂中固体含量，即胶粘剂的浓度，它是指胶粘剂在一定温度下加热后剩余物质量与试样质量的比值，以%表示，知道其浓度，以便确定其使用配方，胶粘剂浓度测定大多采用质量法。

4.2.2 仪器设备

（1）鼓风恒温烘箱 温度波动不大于±2℃。
（2）温度计 0～150℃、分度值为1℃。
（3）称量容器 直径40mm，边高30mm的称量瓶或铝箔皿。
（4）天平 感量为0.001g。
（5）玻璃干燥器 用变色硅胶或无水氯化钙作干燥剂。

4.2.3 试验步骤

4.2.3.1 试验温度、时间和取样量

（1）氨基系树脂胶粘剂：试验温度（105±2)℃；试验时间（180±5）min；取样

量 1.5g。

（2）酚醛树脂胶粘剂：试验温度（135±2）℃；试验时间（60±2）min；取样量 1.5g。

（3）其他胶粘剂：试验温度（105±2）℃；试验时间（180±5）min；取样量1.0g。

4.2.3.2　操作

（1）空皿称重　取 2 个称量瓶洗净，放入已按试验温度调好的鼓风恒温烘箱内加热恒温到试验时间，取出放入干燥器中。冷却至室温（30min），称重。

（2）实测　按要求称取胶粘剂试样，置于已称重的称量容器中，放入已按试验温度调好的鼓风恒温烘箱内加热。操作同空皿称重。

4.2.4　计算及结果

不挥发物含量 X（%）按下式计算

$$X=\frac{m_1}{m}\times 100\%$$

式中：X——不挥发物含量（%）；

m_1——加热后试样的质量（g）；

m——加热前试样的质量（g）。

试验结果取 2 份平行试验数值的平均值。试验结果保留 3 位有效数字。

4.3　胶粘剂黏度的测定

4.3.1　定义及意义

黏度是液体的内摩擦，是一层液体对另一层液体作相对运动的阻力，黏度分绝对黏度、运动黏度、相对黏度及条件黏度四种，绝对黏度 η 是使相距 1cm 的 $1cm^2$ 面积的两层液体相互以 1cm/s 的速度移动而应克服的阻力，单位为 Pa·s，黏度随温度变化，故应注明温度。

旋转黏度计测定胶粘剂的绝对黏度。黏度杯测量的是条件黏度，它是以一定体积的胶粘剂在一定的温度下从规定的孔中所流出的时间来表示的黏度。

胶粘剂的黏度是评价胶粘剂质量的重要指标，黏度过大，会使胶粘剂不便于涂敷到被粘物表面；黏度过小，则要多次涂胶，以达到要求的厚度，否则会引起缺胶现象，特别是用于皮革等多孔性材料时更应注意。

4.3.2　试验仪器及设备

4.3.2.1　旋转式黏度计

（1）主要技术规格

测定范围：中黏度 0.01～100Pa·s，1、2、3、4 号四种转子；

低黏度 0.1～100mPa·s，0 号转子。

转子转速：6、12、30、60r/min

测量误差：±5%（牛顿液体）

（2）结构原理

① 如图4-2所示，同步电机以稳定的速度旋转，连接刻度圆盘，再通过游丝和转轴带动转子旋转。如果转子未受到液体的阻力，则游丝、指针与刻度圆盘同速旋转，指针在刻度盘上指出的读数为“0”。反之，如果转子受到液体的黏滞阻力，则游丝产生扭矩，与黏滞阻力抗衡最后达到平衡，这时与游丝连接的指针在刻度圆盘上指示一定的读数（即游丝的扭转角）。将读数乘上特定的系数即得到液体的黏度（mPa·s）。

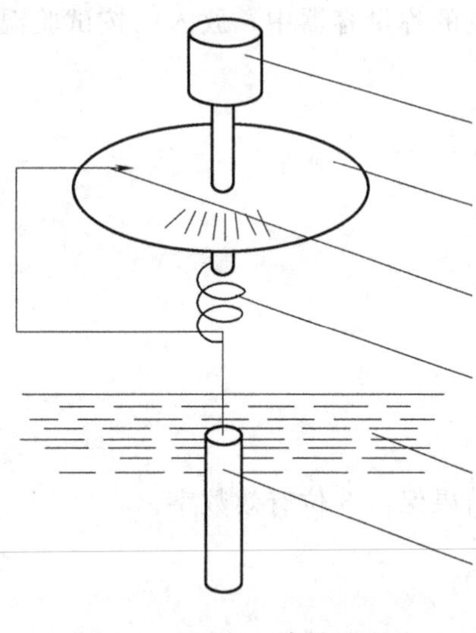

图4-2　旋转黏度计

② 利用齿轮系统及离合器进行变速，由专用旋转杆操作，分四档转速，根据测定需要选择。

③ 按仪器不同规格附有0～4号五种转子，可根据被测液体黏度的高低随同转速配合选用。

④ 仪器装有指针固定控制机构，为精确读数用。当转速较快时（30r/min，60r/min），无法在旋转时进行读数，可按下指针控制杆，使指针固定下来，便于读数。

⑤ 保护架是为稳定测量和保护转子用。使用保护架进行测定能取得较稳定的测量结果。

⑥ 引伸索便于在盛装被测液体的容器较大而液面又较低、被测液体温度过高情况下使用（使用引伸索不能作精确测定）。

⑦ 仪器可手提使用，配有固定支架及升降机构，一般在实验室中进行小量和定温测定时应固定。

（3）量程、系数及转子、转速的选择

① 先大约估计被测液体的黏度范围，然后根据量程表选择适当的转子和转速（见表4-2）。如测定约3Pa·s左右的液体时可选用下列配合：2号转子，6r/min，或3号转子，30r/min。

② 当估计不出被测液体的大致黏度时，应假定为较高的黏度，试用由小到大的转子和由慢到快的转速。原则是高黏度的液体选用小的转子和慢的速度；低黏度的液体选用大的转子和快的转速。

③ 系数：测定时指针在刻度盘上指示的读数必须乘上系数表上的特定系数才为测得的绝对黏度，系数如表4-3所示。

即

$$\eta = K\alpha$$

式中：η——绝对黏度；

K——系数；

α——指针所指读数（偏转角度）。

④ 频率误差的修正：当使用电源频率不准时，可按下列公式修正：

$$实际黏度=指示黏度\times\frac{名义频率}{实际频率}$$

表 4-2　　量程表

转速/(r/min) / 量程/Pa·s / 转子规格	60	30	12	6
0	0.01	0.02	0.05	0.1
1	0.1	0.2	0.5	1
2	0.5	1	2.5	5
3	2	4	10	20
4	10	20	50	100

表 4-3　　系数表

转速/(r/min) / 转子规格	60	30	12	6
0	0.1	0.2	0.5	1
1	1	2	5	10
2	5	10	25	50
3	20	40	100	200
4	100	200	500	1000

（4）超级恒温槽　温度波动范围小于±0.5℃。

（5）温度计　分度 0.1℃。

（6）容器　直径 6～7cm，高度不低于 11cm 的容器或附在旋转黏度计上的容器。

（7）秒表　精度 0.2s。

（8）量筒　50mL。

（9）恒温室　能保持（23±0.5）℃

4.3.2.2 黏度杯

1～4 号黏度杯的容量大于 50mL。规格和尺寸见图 4-3。

小孔直径 d 分别为：

$d_1=(1.778\pm0.003)\text{mm}$　　$d_2=(2.540\pm0.003)\text{mm}$

$d_3=(3.810\pm0.003)\text{mm}$　　$d_4=(6.350\pm0.003)\text{mm}$

4.3.3 试样

（1）试样应均匀无气泡。

（2）试样量要能满足旋转黏度计和黏度杯测量用。

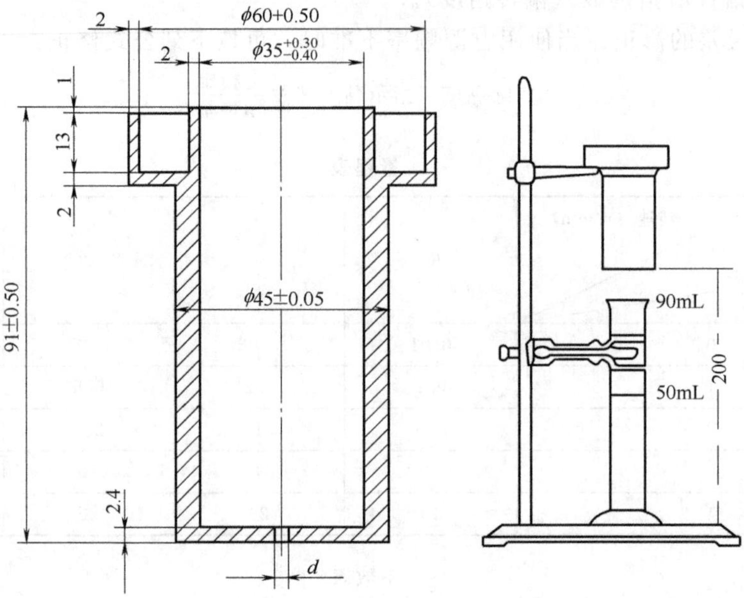

图 4-3　1～4 号黏度杯

4.3.4　试样步骤

4.3.4.1　旋转黏度计法

（1）被测液体　置于直径不小于 70mm 的烧杯或直筒形容器中，准确地控制被测液体温度。

（2）将保护架装在仪器上（向右旋入装上，向左旋出卸下）。

（3）将选配好的转子旋入连接螺杆（向左旋入装上，向右旋出卸下）。旋转升降旋钮，使仪器缓慢地下降，转子逐渐浸入被测液体中，直至转子液面标志和液面相平为止，调整仪器水平。按下指针控制杆，开启电机开关，转动变速旋钮，使所需转速数向上，对准速度指示点，放松指针控制杆，使转子在液体中旋转，经过多次旋转（一般 20～30s）待指针趋于稳定（或按规定时间进行读数）。按下指针控制杆（注意：①不得用力过猛；②转速慢时可不利用控制杆，直接读数）使读数固定下来，再关闭电机，使指针停在读数窗内，读取读数。当电机关停后如指针不处于读数窗内时，可继续按住指针控制杆，反复开启和关闭电机，经几次练习即能熟练掌握，使指针停于读数窗内，读取读数。

（4）当指针所指的数值过高或过低时，可变换转子和转速，使读数在 30～90 格之间为最佳。

（5）使用引伸索一般可手提使用。如装于支架上则可将仪器旋转 180°向后装于升降夹头上，然后将引伸索一端旋入连接螺杆，另一端旋上转子，即可进行测定。

（6）使用 0 号转子和低黏度液测试附件可按下列步骤操作：

① 将 0 号转子装在连接螺杆上（向左旋装上）。

② 将固定套套入仪器底部圆筒上，并用套筒固定螺钉拧紧。

③ 向外试筒（有底）内注入 20～25mL 被测液体。

④ 将外试筒套入固定套并用试筒固定螺钉予以拧紧，旋紧时必须注意试筒固定螺钉的锥端已经旋入外试筒上端的三角形槽内（可以从侧面的圆孔中观察试筒三角槽是否位于圆孔中心）。控制好被测液体温度后即可进行测试。

⑤ 配用无底外试筒时，方法基本同上，当外试筒和转子浸入液体时以固定套筒上的红点作为液面线。

（7）注意事项

① 本仪器适于常温环境下使用。仪器必须在指定频率和电压允差范围内测定，否则会影响测量精度。

② 尽可能利用支架固定仪器测定。如手持操作则应保持仪器稳定和水平。

③ 装卸转子时应小心操作，装拆时应将连接螺杆微微抬起进行操作，不要用力过大，不要使转子横向受力，以免转子弯曲。装上转子后不得将仪器侧放或倒放。不得在未按下指针控制杆时开动电机，一定要在电机运转时变换转速。

④ 连接螺杆和转子连接端面及螺纹处应保持清洁，否则将影响转子的正确连接及转动时的稳定性。仪器升降时应用手托住仪器，防止仪器自重坠落。

⑤ 每次使用完毕应及时清洗转子（不得在仪器上进行转子清洗），清洁后要妥善安放于转子架中。

⑥ 装上 0 号转子后不得在无液体的情况下“旋转”以免损坏轴尖。使用 0 号转子及引伸索时不用保护架。

⑦ 不得随意拆动调整仪器零件，不要自行加注润滑油。

⑧ 仪器搬动和运输时应先用橡皮筋将指针控制杆圈住，并套入黄色包装套圈托起连接螺杆，然后用螺钉拧紧。

⑨ 悬浊液、乳浊液、高聚物及其他高黏度液体中很多都是“非牛顿液体”，其表观黏度随切变速度和时间变化而变化，故在不同的转子、转速和时间下测定，其结果不一致是属正常情况，并非仪器不准（一般非牛顿液体的测定应规定转子、转速和时间）。

⑩ 做到下列各点能测得较精确的数值：

a. 精确地控制被测液体的温度。

b. 将转子以足够长的时间浸于被测液体同时进行恒温，使其能和被测液体温度一致。

c. 保证液体的均匀性。

d. 测定时尽可能将转子置于容器中心。

e. 防止转子浸入液体时有气泡黏附于转子下面。

f. 变换转子或转速使刻度圆盘上的读数偏高些。

g. 使用保护架进行测定。

h. 保证转子的清洁。

i. 低于 0.015Pa·s 的液体选用 0 号转子。

j. 电源频率不准时按修正公式修正。

（8）计算及结果　根据所选系数及转子、转速及读数刻度，计算被测黏度。取 3 次试样测试中最小一个读数值，取 3 位有效数。

4.3.4.2　黏度杯法

（1）揩干净黏度杯，并在空气中干燥或用冷风吹干，对光观察黏度杯流出孔应该清洁。

（2）将试样和黏度杯放在恒温室中恒温。

（3）将黏度杯和 50mL 量筒垂直固定在支架上，流出孔距离量筒底面 20cm，并在黏度杯流出孔下面放一只 50mL 量筒。

（4）用手堵住流出孔，将试样倒满黏度杯。

（5）松开手指，使试样流出。记录手指移开流出孔至接受的量筒中试样达到 50mL 时的时间，以流出时间（s）作为试样黏度。

（6）再做一次测定，两次测定值之差不应大于平均值的 5%。以算术平均值作为结果，取 3 位有效数字。

4.4　胶粘剂的胶粘强度的测定

4.4.1　概述

胶粘剂将两个物料粘在一起，比如鞋帮和鞋底，人们最关心的就是胶接处是否可靠合用，即胶接强度怎么样，故需进行破坏性强度测试来判断，人们除对实际胶接件——成鞋进行剥离强度测试外，同时在把胶粘剂应用到实际制鞋工艺中前，进行模拟件的强度测试，如接头设计的模拟和测试条件的模拟。胶接强度是一个比较复杂的问题，它不仅与胶粘剂主体高聚物的结构、性质和胶粘剂的配方，被粘物的粘质与表面处理；胶接时涂胶、胶接、固化等因素有关，而且还与胶接接头的形状、几何尺寸和加工质量；接头测试时的环境温度、湿度、周围介质、外力施载时的方向、方式与加载速度等因素有关。如此繁多的影响因素使胶接强度的测试方法也很多，但为了更好地交流、对比，人们又规定了许多测试规则并使之标准化。一般情况下是通过测试以下几种破坏强度来反映胶接强度：剪切强度、正拉强度、剥离强度和劈裂强度、冲击强度、持久强度和蠕变以及疲劳强度，但最常用的还是粘着力，即剥离强度的测定。剥离强度也称为抗剥强度，它可以衡量胶接接头抵抗裂缝扩展的能力。根据实际应用的需要，剥离强度的测试方法很多，物理含义也随着测试方法的不同而有所不同。常用的测试方法有“T”形标准剥离和 180°背剥离，如图 4-4。

主要讲述由两种相同或不相同挠性材料组成的试样在规定条件下的胶粘剂的抗“T”形剥离性能的测定。它是指两种挠性材料胶接的“T”形试样在未胶接端施加剥离力，使试样沿着胶接线产生剥离，所施加的力与胶接线之间的角度可不必控制，单位宽度的剥离力即为剥离强度。

4.4.2 仪器

4.4.2.1 拉伸试验装置

具有适宜的负荷范围，夹头能以恒定速率分离并施加拉伸力的装置。该装置应配备有力的测量装置和指示记录系统。力的示值误差不超过 2%，整个装置的响应时间足够短，以不影响测量的准确性为宜，即当胶接试样破坏时，所施加的力能被测量到。试样的破坏负荷处在满标负荷的 10%～80%。

4.4.2.2 夹头

夹头能牢固地夹住试样（见图 4-5）。

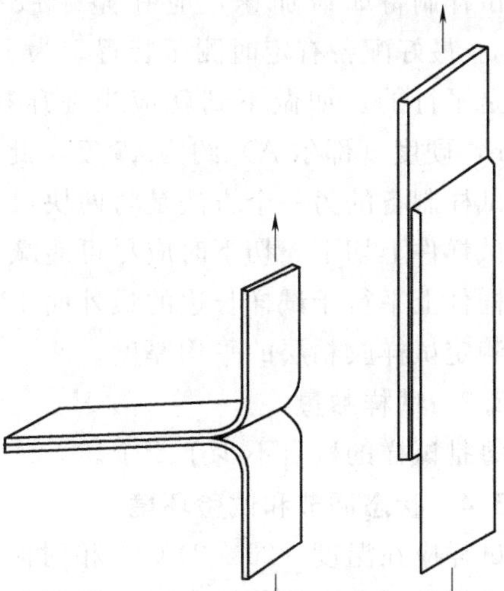

(a)　(b)

图 4-4　剥离强度的测试方法

(a)"T"形标准剥离　(b) 180°背剥离

4.4.3 试样

4.4.3.1 被粘材料

挠性材料的厚度要以能承受预计的拉伸力为宜，厚度要均匀，不超过 3mm，并能承受剥离弯曲角度而不产生裂纹，其尺寸除另有规定外一般为长 200mm，宽（25±0.5）mm（见图 4-5）。

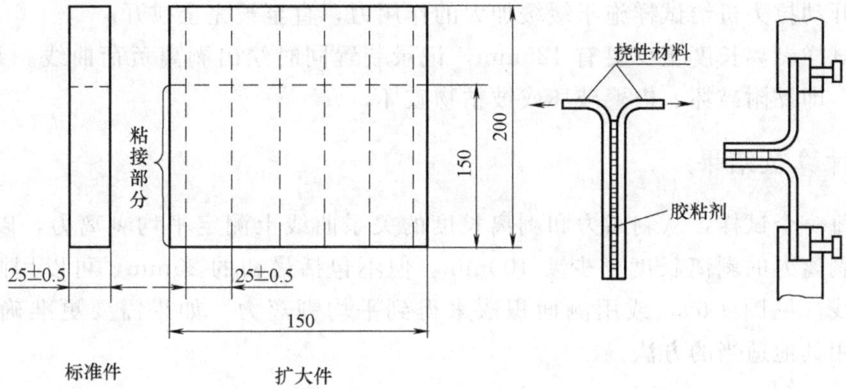

(a)　(b)

图 4-5　挠性材料对挠性材料粘接件"T"形试样剥离试验

(a) 试样　(b) 夹持器夹持试样

4.4.3.2 试样制备

按胶粘剂的产品说明书进行试样的处理和使用胶粘剂。在每块被粘试片的整个宽度上涂胶，涂胶的长度为 150mm。

注：得到边缘清晰的粘接面的适宜方法是把被粘材料被分离的一端放一片薄条状材料（防粘带），使不需粘合的部分试片不被胶粘剂粘住。

按胶粘剂制造者推荐的方法胶接被粘试片，并使胶粘剂固化。

试样制备如需加压，应在整个胶接面上施加均匀的压力。一般施加压力可达1MPa。最好配备有定时测压装置。为了在整个胶接面上得到均匀的压力分布，压机平板应是平行的。如做不到就应当在压机平板上覆盖一块有弹性的垫片。垫片厚度为10mm，硬度（邵尔 A）约为45度，此时施加压力可达0.7MPa。

试样制备的另一个方法是将两块尺寸适宜的板材胶接成扩大试样件，然后将试样从扩大试样件上切下。切下时应尽可能减少切削热及机械力对胶接缝的影响，必须去除扩大试样件上平行于试样长边的最外面12mm宽的狭长部分。

测定试样胶粘层的平均厚度。

4.4.3.3 试样数量

每批试样的数目不少于5个。

4.4.3.4 状态调节和试验环境

试样应在温度（23±2)℃、相对湿度（50±5)%的标准环境中进行状态调节和试验。试样进行状态调节的时间应不少于2h。

4.4.4 试验步骤

（1）调整拉力机，使下夹持器运动速度为（100±10)mm/min。调整记录系统为零点。

（2）将试样被剥开的一端，分别夹持于上下夹持器中，夹持保证不被拉出。所施加的拉力均匀地施加在整个试样的宽度上。

（3）开动拉力机给试样施于缓缓加大的作用力，直至被完全拉开。

（4）试样剥离长度至少要有125mm，记录装置同时绘出剥离负荷曲线。并注意破坏的形式，即黏附破坏、内聚破坏或被粘物破坏。

4.4.5 计算及结果

对于每一个试样，从剥离力和剥离长度的关系曲线上测定平均剥离力，以N为单位。计算剥离力的剥离长度至少要100mm。但不包括最初的25mm，可以用画一条估计的等高线（见图4-6），或用测面积法来得到平均剥离力。如果需要更准确的结果，还可以使用其他适当的方法。

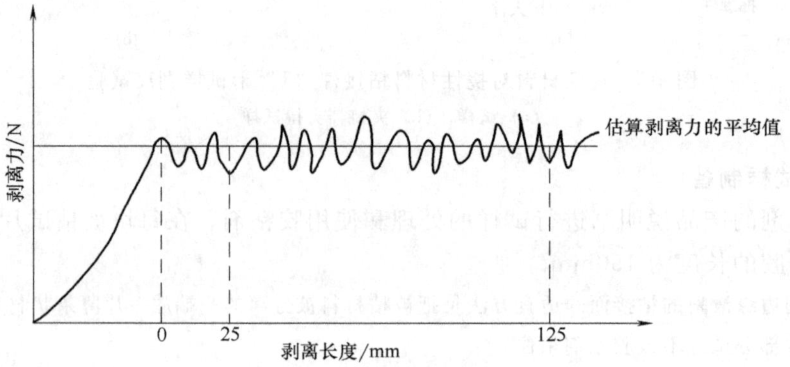

图4-6 典型的剥离力曲线

4.4.2　仪器

4.4.2.1　拉伸试验装置

具有适宜的负荷范围，夹头能以恒定速率分离并施加拉伸力的装置。该装置应配备有力的测量装置和指示记录系统。力的示值误差不超过 2%，整个装置的响应时间足够短，以不影响测量的准确性为宜，即当胶接试样破坏时，所施加的力能被测量到。试样的破坏负荷处在满标负荷的 10%～80%。

4.4.2.2　夹头

夹头能牢固地夹住试样（见图 4-5）。

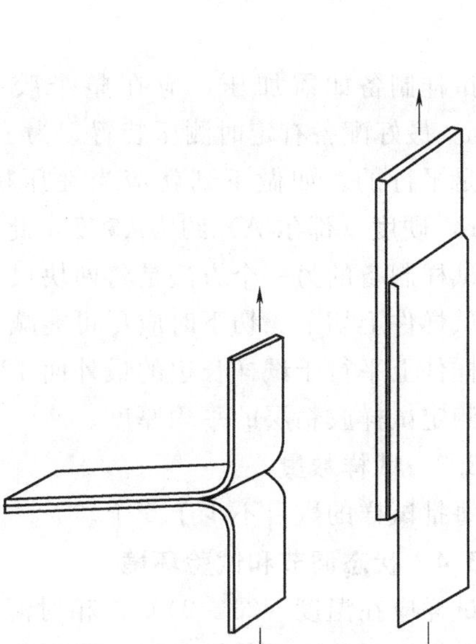

(a)　(b)

图 4-4　剥离强度的测试方法

（a）“T” 形标准剥离　（b）180°背剥离

4.4.3　试样

4.4.3.1　被粘材料

挠性材料的厚度要以能承受预计的拉伸力为宜，厚度要均匀，不超过 3mm，并能承受剥离弯曲角度而不产生裂纹，其尺寸除另有规定外一般为长 200mm，宽（25±0.5）mm（见图 4-5）。

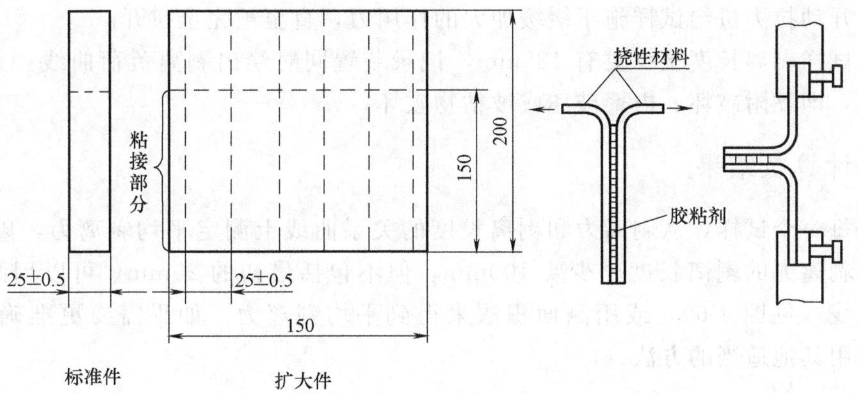

(a)　(b)

图 4-5　挠性材料对挠性材料粘接件“T”形试样剥离试验

（a）试样　（b）夹持器夹持试样

4.4.3.2　试样制备

按胶粘剂的产品说明书进行试样的处理和使用胶粘剂。在每块被粘试片的整个宽度上涂胶，涂胶的长度为 150mm。

注：得到边缘清晰的粘接面的适宜方法是把被粘材料被分离的一端放一片薄条状材料（防粘带），使不需粘合的部分试片不被胶粘剂粘住。

按胶粘剂制造者推荐的方法胶接被粘试片，并使胶粘剂固化。

试样制备如需加压，应在整个胶接面上施加均匀的压力。一般施加压力可达1MPa。最好配备有定时测压装置。为了在整个胶接面上得到均匀的压力分布，压机平板应是平行的。如做不到就应当在压机平板上覆盖一块有弹性的垫片。垫片厚度为10mm，硬度（邵尔 A）约为 45 度，此时施加压力可达 0.7MPa。

试样制备的另一个方法是将两块尺寸适宜的板材胶接成扩大试样件，然后将试样从扩大试样件上切下。切下时应尽可能减少切削热及机械力对胶接缝的影响，必须去除扩大试样件上平行于试样长边的最外面 12mm 宽的狭长部分。

测定试样胶粘层的平均厚度。

4.4.3.3 试样数量

每批试样的数目不少于 5 个。

4.4.3.4 状态调节和试验环境

试样应在温度（23±2)℃、相对湿度（50±5)%的标准环境中进行状态调节和试验。试样进行状态调节的时间应不少于 2h。

4.4.4 试验步骤

（1）调整拉力机，使下夹持器运动速度为（100±10)mm/min。调整记录系统为零点。

（2）将试样被剥开的一端，分别夹持于上下夹持器中，夹持保证不被拉出。所施加的拉力均匀地施加在整个试样的宽度上。

（3）开动拉力机给试样施于缓缓加大的作用力，直至被完全拉开。

（4）试样剥离长度至少要有 125mm，记录装置同时绘出剥离负荷曲线。并注意破坏的形式，即黏附破坏、内聚破坏或被粘物破坏。

4.4.5 计算及结果

对于每一个试样，从剥离力和剥离长度的关系曲线上测定平均剥离力，以 N 为单位。计算剥离力的剥离长度至少要 100mm。但不包括最初的 25mm，可以用画一条估计的等高线（见图 4-6)，或用测面积法来得到平均剥离力。如果需要更准确的结果，还可以使用其他适当的方法。

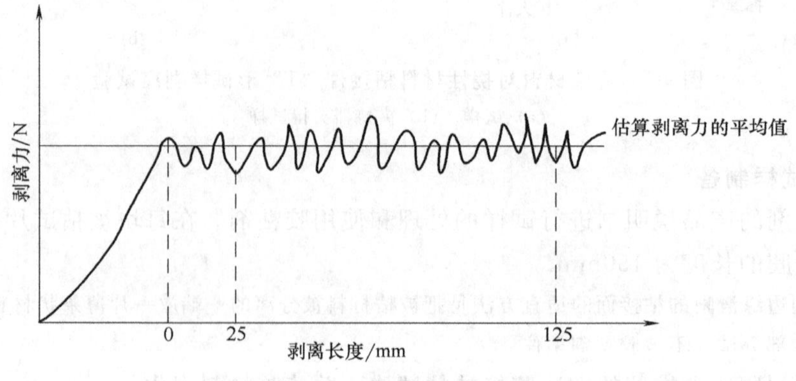

图 4-6 典型的剥离力曲线

记录下在这至少 100mm 剥离长度内剥离力的最大值和最小值，计算相应的剥离强度值。

$$\sigma_T = F/b$$

式中：σ_T——剥离强度（kN/m）；

F——剥离力（N）；

b——试样宽度（mm）。

计算所有试验试样的平均剥离强度、最小剥离强度和最大剥离强度。

注：如有需要，发生在所规定的剥离长度以外的最初的峰值，可以单独记录下来，以后在试验报告中指出，但不能列入求平均值的过程中。

标明试样宽度，同宽度才能比较，不同宽度进行比较时应先化成同宽度的。

每个试验品最少 5 个试样，取其算术平均值作为试验结果。

4.4.6　讨论——影响剥离强度的因素

4.4.6.1　剥离角度对剥离强度的影响

剥离角度不同，造成对接头垂直于胶接面的作用力大小就不同，这就必然影响表观的剥离强度，有人做过酚醛-缩醛胶粘剂粘合铝合金的试验。如图 4-7 所示。

从图中可以明显看出，剥离强度随剥离角度的增加而迅速下降，当剥离角接近 90°以后剥离强度趋于一个定值。

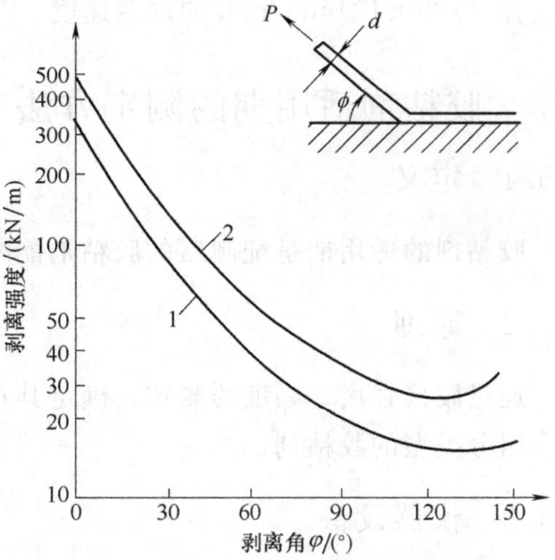

图 4-7　不同剥离角度对剥离强度的影响

胶粘剂：酚醛-缩醛　被粘物：铝合金

1—d=1mm　2—d=1.5mm

4.4.6.2　胶层厚度的影响

随着胶层厚度的增加，接头应力集中程度下降，剥离强度就提高，如图 4-8 所示的结果，酚醛胶粘剂粘铝布条的 180°背剥离。但随着胶层厚度的增加，胶层内部缺陷也增多，所以胶层也不能太厚，否则强度也要下降。所以除有合适的厚度外，且各试样厚度也应保持一致，以便比较。

4.4.6.3　测试温度的影响

胶粘剂是一种黏弹性高聚物，当温度升高时，分子链段热运动增加，应力松弛过程就进行得较快，在受载时显出比较大的变形和较低的强度，因温度的改变造成强度的变化，是与胶粘剂的玻璃化转变紧密联系的。在玻璃态时，各种类型胶粘剂的剥离强度都是极低的，在玻璃化转变区达到最高值，之后又下降了，如图 4-9 所示的试验结果。

4.4.6.4　加载速度的影响

不同的加载速度，对剥离强度影响也不同，当加载速度降低时，外力作用的时间增加了，应力松弛过程进行的充分，故在受载时也显示出较大的变形和较低的强度，所以

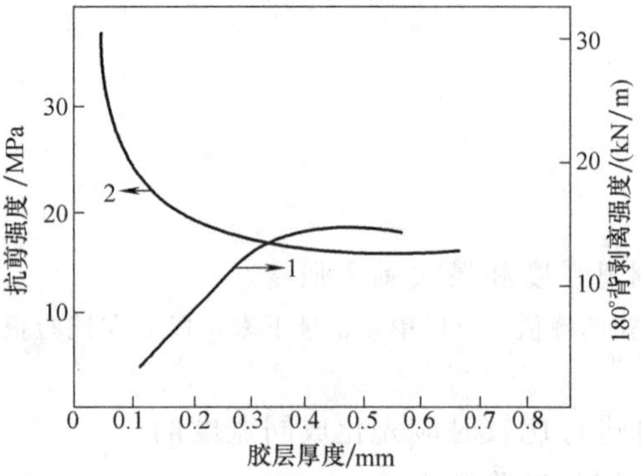

图 4-8　胶层厚度对抗剪强度和 180°背剥离强度的影响

1—铝胶接布条的 180°背剥离　2—钢对钢的抗剪强度

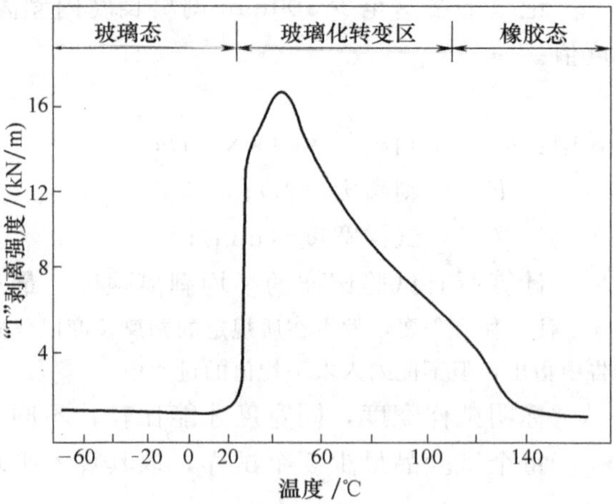

图 4-9　测试温度对剥离强度的影响

需选择合适的拉伸速度，且各试样应在统一的加载速度下测定，以便比较，如这里的实验选择（100±10)mm/min 的加载速度。

4.5　胶粘剂适用期的测定方法

4.5.1　定义

胶粘剂的适用期是配制后的胶粘剂能维持其可用性能的时间。

4.5.2　原理

通过胶接强度、黏度的测定，确定其在规定条件下的适用期。本方法适用于双组分和多组分类型的胶粘剂。

4.5.3　仪器设备

（1）黏度计　任何类型的转子黏度计。

（2）恒温槽　温度波动范围±2℃。

（3）天平　感量 0.1g。

4.5.4　试验条件

实验室的温度为（23±2)℃、相对湿度为 45%～55%。

4.5.5　试验步骤

（1）准备　把待测胶粘剂的各组分在（23±2)℃试验温度下至少放置 4h。

（2）胶粘剂配制及计时　在比配胶量大于 1/3 体积的 GG17 低型烧杯中，按胶粘剂配制使用说明书配制不少于 250mL 的胶粘剂，在各组分充分混合后即计时，作为胶粘剂适用期的起始时刻。

（3）把配制好的胶粘剂尽快地均分成若干份（不少于 5 份），保存在 60mL 的带盖小容器内，至少充满容器体积的 3/4。每一容器中的胶粘剂试样供测定一个黏度值和制备一组胶接试样。

（4）制备胶接试样，按胶粘剂使用说明书规定进行。

（5）从适用期起始时刻起，经一定的时间间隔重复进行黏度测定和制备胶接试样。

（6）当胶粘剂初始黏度或胶接强度中有一项无法测定时，允许只进行单项试验。

（7）胶粘剂黏度和胶接强度测定按相应的标准方法进行。

4.5.6　胶粘剂使用期的确定

把胶粘剂黏度和胶接强度对时间作图，以黏度迅速突变上升的时间和胶接强度下降到指标值以下的时间中较短的时间确定为胶粘剂的适用期。结果用 h 或 min 表示。

4.5.7　注意事项

（1）对于混合时放热量较多的胶粘剂，其一次混合物量一般以 25g 为宜。

（2）对于放热量较小的溶剂型胶粘剂，若它的近似适用期为 8h，则混合物量以 500mL 为宜。

4.6　胶粘剂贮存期的测定方法

4.6.1　定义

胶粘剂的贮存期是在一定条件下，胶粘剂仍能保持其操作性能和规定强度的存放时间。通过测定胶粘剂贮存前后的黏度和胶接强度的变化，达到测定贮存期的目的。

4.6.2　试样的采取

按胶粘剂产品标准规定的取样方法，从刚生产的胶粘剂中取出不少于 3kg 的样品，分装于容量约为 500mL 的有盖容器中，密闭待测（若试样包装小于 500mL 可不必分装）。

4.6.3　仪器设备

（1）恒温器（室）　温度波动范围±2℃。

（2）容器　有盖的玻璃瓶、塑料瓶或镀锌铁罐。也可用供需双方商定的其他规格的容器。

（3）天平　感量为 0.1g。

4.6.4　试验条件

（1）试样贮存条件　常温为（23±2）℃，时间由供需方商定。若胶粘剂有特殊要求，则贮存条件可由供需方商定。

（2）试样测定条件　温度为（23±2）℃，对相对湿度敏感的胶粘剂，则控制相对湿度为45%～55%。

4.6.5　试验步骤

（1）将密闭待测试样存放于（23±2）℃的恒温箱中，或按胶粘剂使用说明书中所规定的条件存放。

（2）将其中一个已分装试样的容器，在存放开始时立即置于试样测定条件下，至少停放4h。

（3）按胶粘剂配制使用说明配制胶粘剂。

（4）胶粘剂黏度按相关标准进行测定。

（5）按胶粘剂使用说明书的规定制备胶粘剂，并按相应的标准进行胶接强度的测定。

（6）在存放期间，以一定的时间间隔，分别取已分装的试样，按（2）～（5）条进行操作（至少2次）。

4.6.6　试验结果

以胶粘剂仍能保持其操作性能和规定强度的最长存放时间，为贮存期的极限值，以时间单位（年、月、日等均可）表示。

4.7　胶粘剂的pH测定

4.7.1　概述

用玻璃电极酸度计测定胶粘剂及其主要成分的pH。适用于水溶性、干性或含水介质以及能溶解、分散和悬浮在水中的胶粘剂的pH测定。

4.7.2　仪器和试剂

（1）蒸馏水　三级水。

（2）缓冲溶液。

（3）酸度计　精度为0.1单位。

（4）恒温浴　能保持（25±1）℃（也可按胶粘剂要求另外确定温度）。

（5）烧杯　容积为100mL。

（6）量筒　容积为50mL。

4.7.3　试样

每种胶粘剂样品要取2个试样，每个试样为50mL左右的胶粘剂。

4.7.4　试验步骤

（1）按酸度计的说明书要求浸泡其玻璃电极，同种试样应选择与其pH相近的两种标准缓冲溶液校正酸度计。

（2）一般情况下用量筒量取 50mL 试样倾入烧杯中，作为测定 pH 的试料。

当试样的黏度大于 20Pa・s 时，则用量筒量取 25mL 试样和 25mL 蒸馏水倾入同一烧杯，用玻璃棒将其搅拌均匀后作为试料。

干性的胶粘剂：称 5g 粉碎胶粘剂试样在烧瓶中，用量筒量取 100mL 水倾入烧瓶，回流约 5min 后作为试料。

（3）将盛有试料的烧杯放入恒温浴中，待其温度达到稳定平衡后，将玻璃电极用蒸馏水冲洗干净后并擦干，再用试液洗涤电极，然后插入试料中进行测定。

（4）在连续 3 个试料测定中，若 3 个 pH 的差值大于 0.2，则应重新取 3 个试料再次测定，直至 pH 的差值不大于 0.2 为止。

4.7.5　结果表示

取 3 个试样的 pH 的算术平均值作为试验结果，其数值精确到小数点后一位。

4.8　热熔胶粘剂软化点的测定——环球法

4.8.1　原理

用环球法测定热熔胶粘剂软化点。本方法适用于固态热熔胶粘剂软化点的测定。把确定质量的钢球置于填满试样的金属环上，在规定的升温条件下，钢球进入试样；从一定的高度下落，当钢球触及底层金属挡板时的温度，视为软化点。

4.8.2　仪器和传热介质

（1）软化点测定器装置　软化点测定装置如图 4-10 所示，它由下列部件组成：

① 钢球：直径为 9.53mm，质量为（3.50±0.05）g。

② 环架金属板：其尺寸如图 4-11 所示。

③ 钢球定位环：用黄铜制成，尺寸如图 4-12 所示。

④ 试样环：用黄铜制成的肩环或锥环，其尺寸如图 4-13 所示，但仲裁试验要用锥环。

⑤ 环架：由上、下承板及中层的环架金属板和定位环组成。定

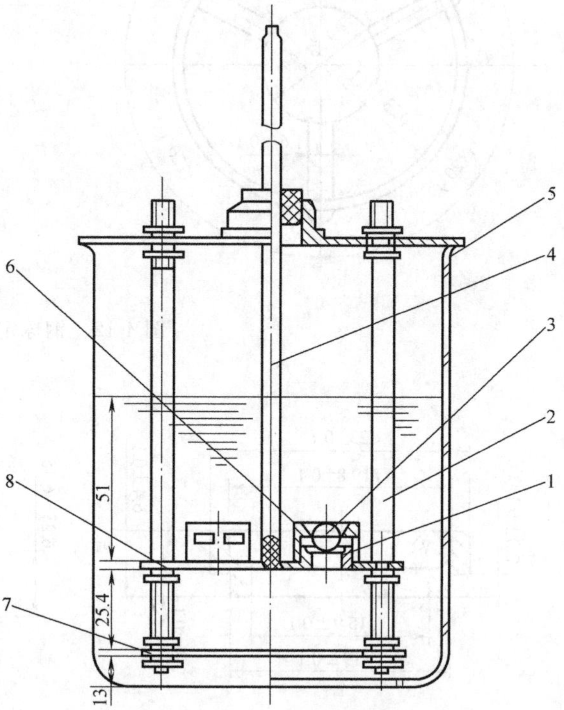

图 4-10　软化点测定器装置

1—试样环　2—环架　3—钢球　4—温度计　5—烧杯
6—钢球定位环　7—金属平板　8—环架金属板

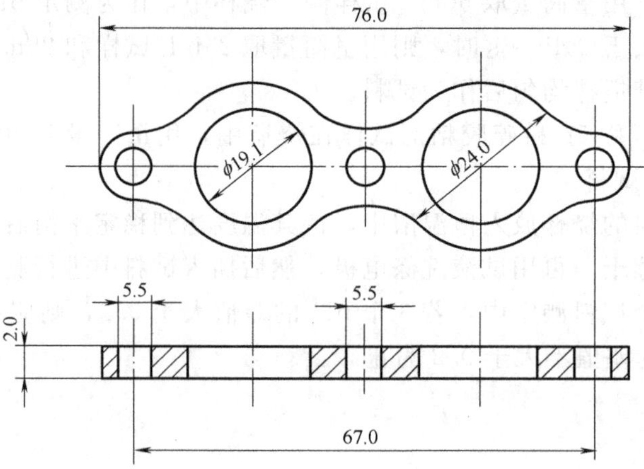

图 4-11　环架金属板

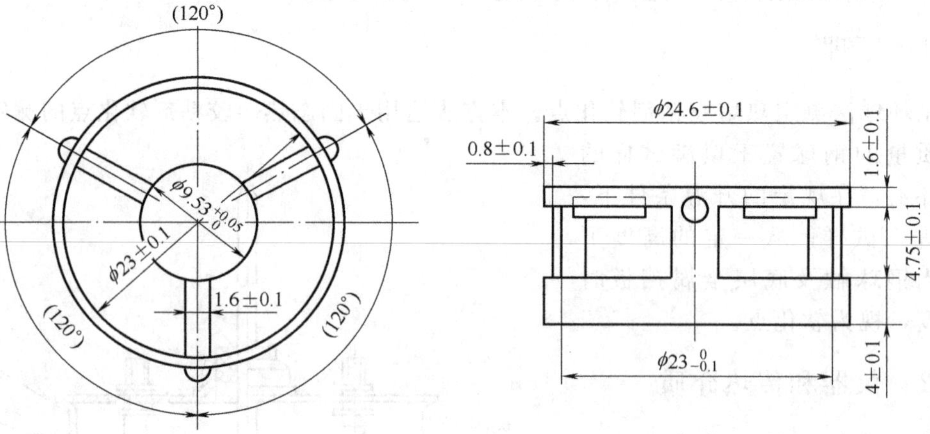

图 4-12　钢球定位环

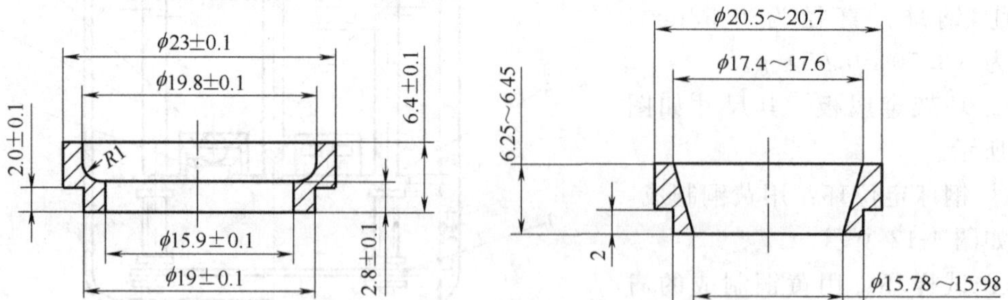

图 4-13　试样环
（a）黄铜肩环　（b）黄铜锥环

位环可以水平地安放于中层环架金属板的圆孔中。定位环的下边缘距下承板应为（25±1)mm。容器底部与环架的下承板相隔同样的距离。3 层板用长螺栓固定在一起。

⑥ 烧杯：容量约为 800mL，直径 90mm，高度不小于 140mm 的无嘴高型烧杯，其上口应与上承板相配合。

⑦ 温度计：分度值为 0.5℃。

（2）加热器。

（3）刮刀。

（4）瓷板或金属板　瓷板应光洁，金属板粗糙度达到 $R_a=0.4\mu m$。

（5）瓷坩埚　瓷坩埚的容量为 50mL。

（6）传热介质　传热介质应不与被测试样起反应，如使用水浴、甘油浴或硅油浴。

4.8.3　试样制备

取一定量的实验室样品放在瓷坩埚内，然后将瓷坩埚置于适当的传热介质中，加热样品至熔化，记录开始熔化的温度。继续加热使其完全熔化，直至其温度超过开始熔化的温度 25～50℃。在熔化和升温的整个阶段应搅动试样，使其完全成为均匀且无气泡的液体。另外把试样环加热到与熔化试样相同的温度，再将其放在瓷板或金属板上，为避免与其粘合，瓷板或金属板可稍微涂些甘油或硅油。

用足够量的熔化的试样填满试样环，使其在冷却之后稍有多余部分。在空气中冷却 30min，然后用稍加热的刀除去多余试样。

4.8.4　试验步骤

准备好仪器，悬挂好温度计，使温度计的底部位于试样环平面，并与两环的距离相等，调节环架成水平状。

4.8.4.1　软化点温度低于 80℃ 的试样的测试

用比估计温度低 10℃ 的蒸馏水装满容器，要浸没试样环，水面应高出试样环 50mm，在恒温的水浴中，这一温度应保持 15min，用夹钳把预先浸在水浴中达到同一温度的钢球放入钢球定位环上。

均匀升温，升温速度为（5±1)℃/min。加热水浴温度，直至钢球穿到试样环进入试料。

凡是不按上述升温速度加热的所有试验都无效。

当被试料包围的钢球触及环架的下承板时，要及时记录温度计所显示出的温度。

在试验过程中，如果试样发生连续降解的话，则可充入惰性气体或用其他方法进行测量。

也可使用与本方法建议不同的传热介质进行加热。

4.8.4.2　软化点温度超过 80℃ 的试样的测试

超过 80℃ 软化点的试样制备和操作方法与以上所述相同，但要使用甘油浴或硅油浴进行加热。

热熔胶粘剂在接近 80℃软化点的情况下，应该明确说明使用的传热介质的性能。

4.8.5 结果表示

两次测定温度的允许差为 0.5℃。

4.9 液态胶粘剂密度的测定方法——质量杯法

4.9.1 定义

密度：规定温度下液态胶粘剂单位体积的质量（真空中的质量）。质量杯法中密度用 20℃下容量为 37.00mL 的质量杯所盛液态胶粘剂的质量除以 37.00mL 得到。本方法适用于液态胶粘剂密度的测定，特别适用于高黏度或组分的挥发性较大、不宜用比重瓶法测定密度的液态胶粘剂。

4.9.2 仪器和设备

（1）质量杯　20℃下容量为 37.00mL 的金属杯。国产的符合本标准的质量杯名为“QBB”比重杯。

（2）恒温浴或恒温室　能保持（23±1）℃。

（3）天平　感量为 0.001g。

（4）温度计　0～50℃，分度 1℃。

4.9.3 试验步骤

（1）准备可以进行 3 次试验的胶粘剂样品。

（2）用挥发性溶剂清洗质量杯并干燥待用。

（3）在 25℃以下把搅拌均匀的胶粘剂试样装满质量杯，然后将盖子盖紧，并使溢流口保持开启。随即用挥发性溶剂擦去溢出物。

（4）将盛有胶粘剂试样的质量杯置于恒温浴或恒温室中，使试样恒温至（23±1）℃。

（5）用溶剂擦去溢出物，然后用质量杯的配对砝码称重装有试样的质量杯，精确至 0.001g。

（6）每个胶粘剂样品测试 3 次，以 3 次数据的算术平均值作为试验结果。

4.9.4 计算方法

液态胶粘剂的密度 ρ 按下式计算。

$$\rho=\frac{m_2-m_1}{37}$$

式中：ρ——液态胶粘剂密度（g/cm^3）；

m_1——空质量杯的质量（g）；

m_2——装满胶粘剂试样的质量杯质量（g）；

37——质量杯容量（cm^3）。

4.10　鞋用氯丁橡胶胶粘剂的分析检验

4.10.1　产品分类、型号和用途

4.10.1.1　产品分类和用途

产品分为普通型和接枝型两类。

普通型氯丁橡胶胶粘剂主要用于硫化橡胶、皮革、帆布等材料的粘接。

接枝型氯丁橡胶胶粘剂主要用于聚氯乙烯人造革（PVC）、皮革、硫化橡胶及热塑性弹性体等材料的粘接。

4.10.1.2　产品型号

（1）普通型　按黏度分成 6 种型号，见表 4-4。

表 4-4　　普通型氯丁橡胶胶粘剂分类

型号	P-1	P-3	P-5	P-7	P-9	P-10
黏度/Pa·s	1.0～2.0	2.1～4.0	4.1～6.0	6.1～8.0	8.1～10.0	>10.0

（2）接枝型　按黏度分成 3 种型号，见表 4-5。

表 4-5　　接枝型氯丁橡胶胶粘剂分类

型号	J-1	J-2	J-3
黏度/Pa·s	0.8～1.4	1.5～2.5	>2.5

4.10.2　技术要求

（1）外观　均匀一致、无凝胶、无机械杂质混入。

（2）技术指标　应符合表 4-6 的规定。

表 4-6　　氯丁橡胶胶粘剂技术指标

测定项目 \ 被粘材料 \ 胶粘剂类型		普通型		接枝型	
		一等品	合格品	一等品	合格品
初粘力/(kN/m),≥	棉帆布/棉帆布	1.2	1.0		
	棉帆布/丁苯橡胶片				
	牛皮/丁苯橡胶片				
	PVC/PVC			1.2	1.0
剥离强度/(kN/m),≥	棉帆布/棉帆布	4.5	3.5		
	棉帆布/丁苯橡胶片	3.5	3.0		
	牛皮/丁苯橡胶片				
	PVC/PVC			3.0	2.5
耐老化性[(50±2)℃,7d 后剥离强度]/(kN/m)	棉帆布/棉帆布	4.5	3.5		
	棉帆布/丁苯橡胶片	3.5	3.0		
	牛皮/丁苯橡胶片				
	PVC/PVC			3.0	2.5
不挥发物含量/%,≥		20		15	

4.10.3 试验方法

4.10.3.1 被粘物及其表面处理

（1）棉帆布　棉帆布为210（$21^{s}5/5$）。

（2）牛皮革　牛皮革取其脊背部位。须用砂轮打磨至皮面革起绒。打磨的试片应彻底地刷除灰尘。

（3）丁苯橡胶片　丁苯橡胶胶料配方（质量份）：

丁苯橡胶（SBR1502）	100.0	促进剂TMTD	0.6
氧化锌	5.0	高耐磨炭黑	60.0
硬脂酸	1.5	陶土	200
促进剂M	1.2	机油（20号）	10.0
促进剂DM	2.0	硫黄	2.0

硫化条件：温度（150±1）℃，时间8min。

丁苯橡胶片厚度（12±0.3）mm，背面衬棉帆布。丁苯橡胶片制备完在室温下放置24h后打磨。

（4）聚氯乙烯人造革　采用布基人造革，一级品厚度为（0.9±0.1）mm，其技术要求应符合A类。PVC表面用丁酮拭净、晾干。

4.10.3.2 试样制备

（1）胶粘剂配制　除特殊规定外，一般使用三苯基甲烷三异氰酸酯作固化剂，用量为胶粘剂的5%。三苯基甲烷三异氰酸酯含量为19%～21%，不溶物含量（质量分数）不大于1%。

（2）胶粘剂涂布　将已配制混合均匀的胶粘剂分别涂刷于两被粘材料的被粘面上，一般涂刷两次，棉帆布涂刷3次。对于吸附性材料要求在粘接面上多次涂布时，则应在检测报告中标明次数。

涂胶量以被粘面上不缺胶、不堆胶为准，涂刷后放在干燥箱中干燥，每次干燥温度为（60±5）℃，干燥时间为5～15min。

（3）叠合和加压　将两粘接面互相叠合，叠合时要防止错位和夹带气泡，然后用手辊沿纵向滚压3～5次，再施以0.4～0.6MPa的均匀压力，时间为15s，然后裁制成试样。

（4）试样数量至少3个；仲裁试验不少于5个。

（5）胶接试样的形状和尺寸　胶接试样为长条形，有效宽度为（25±0.2）mm，有效剥离长度不少于70mm，试样的尺寸形如图4-14所示。

4.10.3.3 性能测定

（1）外观质量　以目测鉴定。

（2）初粘力　试片经叠合加压成试样后，无须放置，立即进行测试。

（3）剥离强度

试样按规定停放48h后，按胶粘剂的胶接强度的测定方法进行测试。

（4）耐热老化性

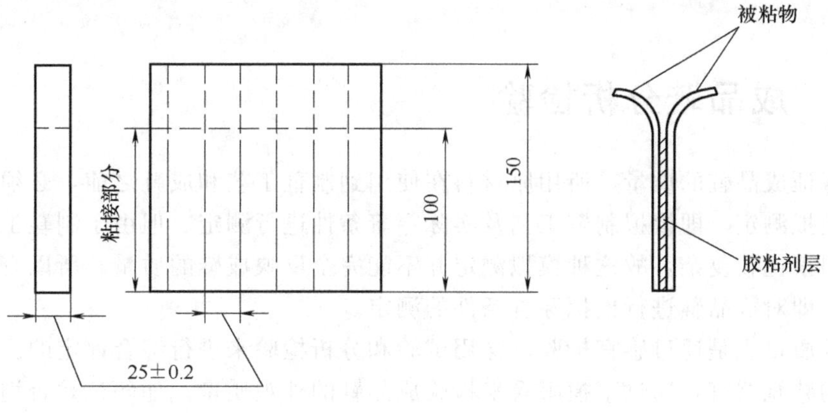

图 4-14　试样形状和尺寸

将试样按规定放置 48h 后，在（50±2）℃的烘箱内放置 7d，再将试样在（23±2）℃的环境温度中放置 30min，然后进行测试。

（5）黏度　黏度测定按旋转黏度计法进行。

（6）不挥发物含量　不挥发物含量测定按胶粘剂不挥发物含量测定方法进行。

4.10.3.4　检验规则

（1）同一釜一次制造的胶粘剂为一批，胶粘剂按批进行检验。

（2）产品出厂应以本技术条件进行检测，每批出厂的产品应符合本标准规定的技术要求，并附有一定格式的产品质量合格证，包括：生产单位及厂址、产品名称、产品型号、产品等级、生产批号、生产日期、危险品包装标志等。

（3）出厂检验　检验项目有外观、剥离强度（被粘材料任选一组）、黏度、不挥发物含量。

（4）形式检验　检验项目有外观和技术指标规定的全部内容。

（5）采样方法　产品采样数量按表 4-7 规定进行。

表 4-7　**产品采样数量**

容器数	最低采样个数	容器数	最低采样个数
2～8	2	217～343	7
9～27	3	344～512	8
28～64	4	513～729	9
65～125	5	730～1000	10
126～216	6		

取样总量不少于 1kg，经均匀混合后组成试验用混合试样，将混合试样存放在密封容器内保存。采样应按有关规定执行。

（6）检验结果　如有一项不符合技术指标时，取双倍样品对不合格项目进行复试，复试后仍未达到相应的技术指标时，则该批胶粘剂应降级或为不合格品。

第 5 章　成品鞋分析检验

为了保证成品鞋的质量，所用原材料在使用到制鞋工艺和成鞋之前，必须对它们的性能进行模拟测定，即模拟制鞋工艺及实际穿着条件进行测定。但由于制鞋工艺及穿着条件影响因素比较复杂，故这种模拟测定并不能完全反映成鞋的质量。所以有必要进行成鞋分析，即对成品鞋进行模拟穿着条件的测定。

成品鞋质量也是通过感官检验、穿用试验和分析检验来进行综合评定的。感官检验就是靠人的感觉器官，通过手摸眼看来检验成品鞋的外观质量。如颜色是否均匀，线缝鞋针脚是否均匀，是否有跳针、开胶开线，两只鞋子色调、尺寸等是否一致对称，后跟高度是否一致，鞋底是否欠硫或有气泡、杂质等。这种方法虽然直接快速，但难免有一定的主观性，并且不能反映成品鞋的内在质量；穿着试验就是通过不同的穿着对象进行穿用试验来鉴定成品鞋的适用性和坚固性，此方法具有一定的实用意义。但试验时间长，影响因素复杂，不能满足及时鉴定产品的要求。

分析检验是在实验室用特殊的仪器和设备模拟某种穿用条件，迅速对鞋的某一指标进行定量鉴定。成品鞋主要通过如下项目的鉴定进行质量评定：鞋类耐磨、耐折、剥离强度的试验；鞋及各部件的硬性（柔质）、防水性和保暖性试验；鞋底部件的抗折断性；鞋后跟的抗破坏性以及鞋的特种性能等。

5.1　鞋类耐磨性能的测定

5.1.1　概述

鞋底的耐磨性能是鞋类重要的质量指标之一。成品鞋在穿着试用过程中，鞋底接触人脚与鞋底对地面产生的总的平均压力为 0.4～0.7MPa，个别部位可高达 1.5MPa 以上。故鞋底会受到反复的相当大的摩擦，如果鞋底没有较好的耐磨性能，就会影响鞋子的穿用寿命，故需对鞋底的耐磨性进行测定。不同的鞋类，所用的不同的鞋底耐磨性能有不同的标准，如硫化皮鞋、胶粘皮鞋、模压皮鞋、橡胶底耐磨性能一般规定磨痕长度不大于 10 mm。

目前在制鞋行业中广泛采用阿克隆磨耗机进行鞋底磨耗性能试验（见 3.10）。但这种方法既费工又费时，周期又长，对某些材料的试验误差较大，而且有些材料还不能用阿克隆法试验。能够克服这些缺点的方法是采用 XM-1 型磨耗试验机，即用带齿的金属磨轮垂直压在试样鞋底上，以一定的负荷、一定的速度、一定的时间对鞋底进行磨耗，测量其磨痕长度来表示鞋底的耐磨性能。

5.1.2　试验仪器

试验用 XM-1 型磨耗试验机，该机装有带小齿的钢磨轮，磨轮垂直压在试样上，试样放在天平的一端，另一端加砝码。天平精度±5g，使试样和磨轮间保持恒定负荷。在 2000g 以内可调磨轮，可在 100～300r/min 以内无级变速，以数字仪表检测和显示磨轮转速，精度±0.1min。磨轮位置可自由调节。试验机可按预定时间自动停车，磨轮结构如图 5-1 所示。为 ϕ（20±0.1）×（4±0.1）mm 的 T12 钢磨轮，具有（72±5）个齿。齿角为（90± 5）°，齿尖宽度为（0.2±0.05）mm，齿尖粗糙度 R_a3.2μm、硬度 HRC55～62，同轴度为 0.03mm。

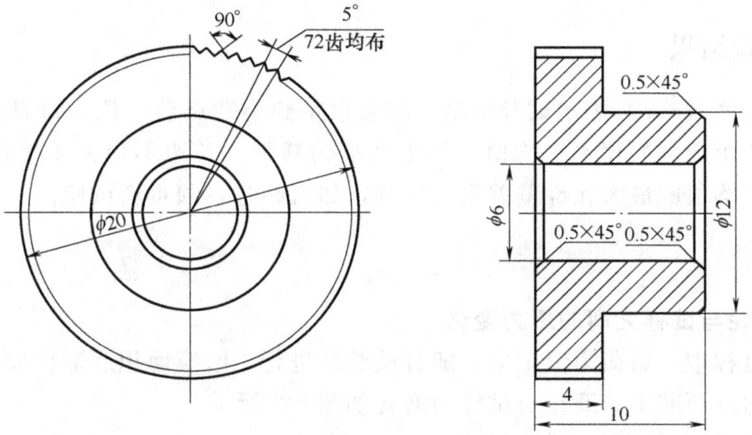

图 5-1　直齿磨轮

试验结果以磨痕长度计算，需要分度为 0.02mm 的游标卡尺测量。

5.1.3　试样

试样为成品鞋、鞋底或平整试片（厚度≥6mm）。每组试样不得少于 4 只鞋、底或试片。试样要求表面平整，检验前在实验室放置 4h 以上，且需去除影响试验结果的表层，环境温度为室温，并在此温度下试验。

5.1.4　试验步骤

（1）试验条件

① 磨轮对鞋底的一定负荷为 500g（即 4.9kN）。

② 磨轮一定的速度为：线速度 12m/min [(191±5)r/min]。

③ 试验一定的时间为 20min。

特殊要求的再任选。

（2）将试验机各部位调节正常，磨轮空转 20min。

（3）试样鞋底朝上，鞋尖指向仪器外侧紧固在试验机天平左端。将鞋底磨耗部位调水平。

（4）调节磨轮前后、左右位置使其对准试样（面积足够进行磨耗的）平整处。磨轮位置须在试样座支柱左上方。

（5）在天平盘上加砝码，使天平两端平衡。即指针指零，然后在天平右端按试验要求的负荷值500g加砝码，这时试样和磨轮间的接触负荷即为规定值500g。

（6）调节磨轮高度位置，使天平指针指零，然后旋紧磨轮轴座的紧固手柄。

（7）将时间选择开关调到规定值20min。

（8）开机，调磨轮转速到规定值，线速度12m/min，即转速191r/min，同时将时间显示置“0”，试验正式开始。

（9）试验机到规定时间后，自动停车，以卡尺测量磨痕两边的长度。

注：试验过程中若发现欠硫试样，即刻停止试验，将被污染的磨轮用有机溶剂洗净。

5.1.5 试验结果

以磨痕长度（mm）表示试验结果，有效数字到小数点后一位，每只试样至少测两处，取两处4个数据的算术平均值。如果磨痕为梯形，长边不得大于短边10%。每一试验数据对平均值的最大允许偏差为±10%，如有超过者须重新试验。

5.1.6 讨论

5.1.6.1 磨轮与试样之间的压力变化

在试验过程中，负荷为恒定值，随着试验的进行，磨痕面积逐渐扩大，因而磨轮与试样间的压力逐渐减少。磨轮对试样的磨耗如图5-2所示。

所用磨轮具有72齿，半径为$R=10$mm，磨轮厚度$b=4$mm，齿尖宽度$a=0.2$mm，试验负荷0.5kg，试验开始前加上负荷，经观察磨轮与试样接触齿数$n=4$。则初始接触面积S_0。近似为：$S_0=a\cdot b\cdot n=3.2$（mm^2）

初始压力近似为：　　$P_0=F/S\approx1.56$（MPa）

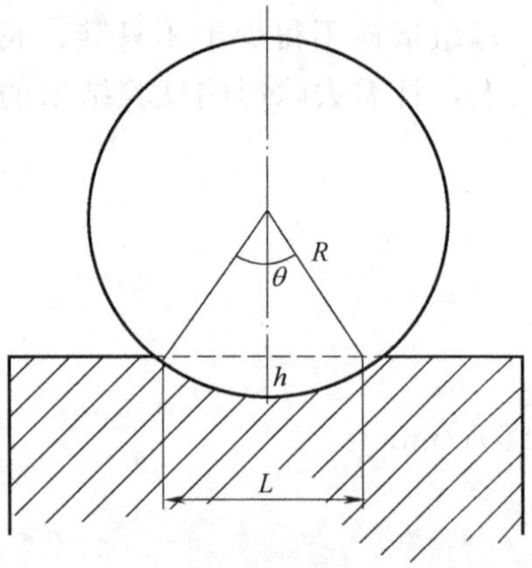

图5-2　磨轮对试样的磨耗

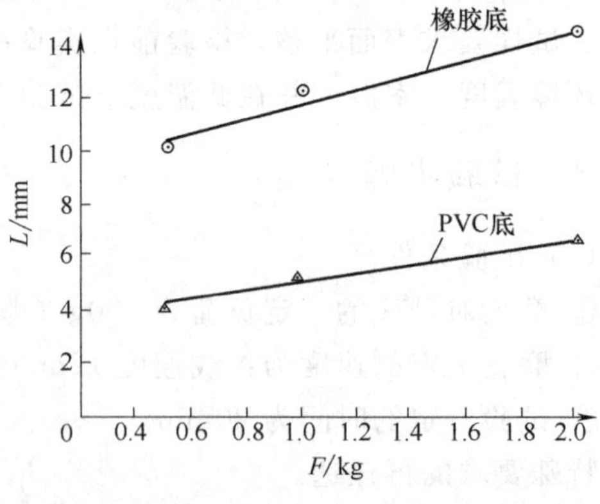

图5-3　磨痕长度L与负荷F的关系

试验结束时，一般橡胶底的磨耗结果在10mm左右，故磨痕长度$L=10$mm。如图5-2所示。圆心角为：　　$\theta=2\arcsin(l/2R)=60°$

磨轮与试样接触齿数为：$N=(72/360)\cdot\theta=12$

磨轮与试样接触面积近似为：$S=abN=9.6(\text{mm}^2)$

磨轮与试样接触压力近似为：$P=F/S=0.52$（MPa）

即在磨耗试验过程中，磨轮与试样之间的压力由初始时的 1.56MPa，逐渐减少到 0.52MPa。

人脚对地面的平均压力为 0.4～0.7MPa，个别部位可达 1.5MPa 以上，上述压力分析结果，基本与这个范围相当。

5.1.6.2 影响试验结果的因素

影响磨耗试验结果的主要因素是负荷、磨轮速度和试验时间。为了弄清各种因素对试验结果的影响程度，有人做了大量的试验得出了以下结果：对于各种材料具有相同的效应，决定磨痕长度的主要影响因素是负荷，其次是速度，而且在固定两个因素，变化另一个因素时，在一定范围内，磨痕长度与负荷、速度和试验时间分别呈线性关系，如图 5-3～图 5-5 所示；试验时间超过一定值，并达到一定磨痕长度时，磨痕长度与试验时间的线性关系被破坏，磨痕长度的增长速度随试验时间增长而递减。

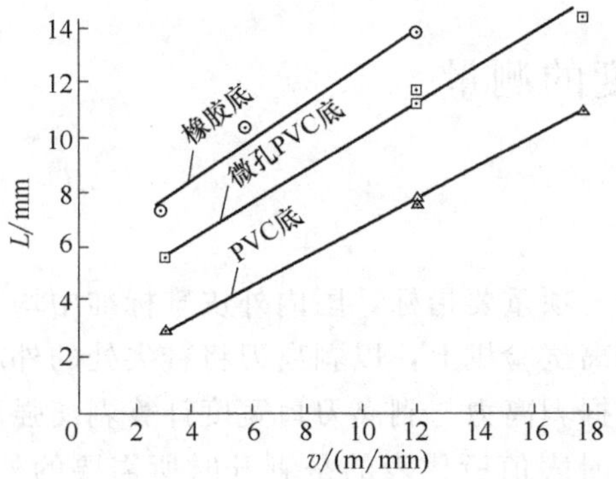

图 5-4 磨痕长度 L 与磨轮速度 v 的关系

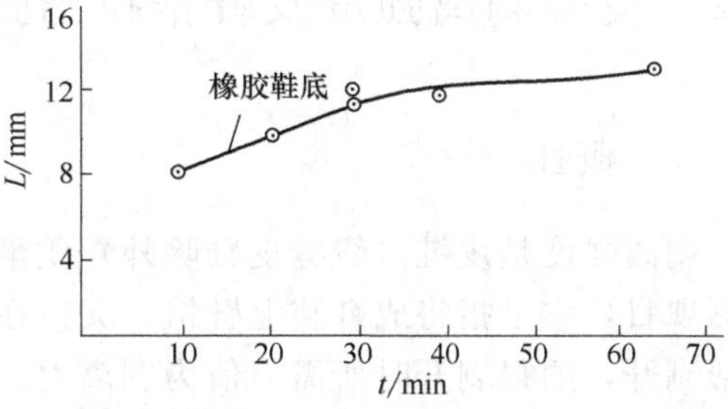

图 5-5 磨痕长度 L 与磨耗时间 t 的关系

由此可见，为了得到具有代表性和可比性的结果，必须寻找一个合适的试验条件，规定一个统一标准，这个标准即负荷 $F=0.5$kg，磨轮线速度 12m/min，试验时间为 20min。

另外，通过实验证明测定结果与环境温度、湿度及有无吸尘条件等环境条件无关，而只对试样温度的上升有影响。

5.1.6.3 XM-Ⅰ型磨耗试验机试验法与阿克隆磨耗试验方法以及穿着结果的对比

XM-Ⅰ型磨耗试验方法与阿克隆法相比，程序简单，易于掌握，测试周期短。试验结果准确，试验数据偏差一般不超过 5%，而且两种方法所测得的结果基本一致，只是表示方法不同而已，与穿用试验结果相比也基本一致。

5.1.6.4 关于试验结果的表示方法

新试验方法是以磨痕长度表示试验结果，但阿克隆磨耗法是以 1.61km 行程的磨损体积来表示试验结果，还有人建议新方法应该用磨痕深度表示，究竟采用哪种方法为好，可做以下分析比较。

如前所述，磨痕长度为 $L=10$mm，对应的圆心角为 $\theta=60°$，磨轮半径为 $R=10$mm，齿厚 $b=4$mm，则磨耗体积为：

$$V=b/2[R^2\theta-1\sqrt{R^2-(1/2)^2}]=36.2(\mathrm{mm}^3)$$

磨轮线速度 $v=12\mathrm{m/min}$，磨耗时间 $t=20\mathrm{min}$，则磨轮行程 $L=vt=0.24$（km），每千米行程的磨耗体积为：$V_1=V/L=0.15$（$\mathrm{cm}^3/\mathrm{km}$）

1.61km 行程的磨耗体积为：$V_{1.61}=1.61\times V_1=0.24$（$\mathrm{cm}^3/1.61\mathrm{km}$）

若以磨痕深度表示试验结果，则可以计算其深度为

$$h=R-\frac{L}{2\times\mathrm{tg}\dfrac{\theta}{2}}=10-\frac{10}{2\times\mathrm{tg}\dfrac{60^\circ}{2}}=1.34(\mathrm{mm})$$

以上计算表明，不论以磨耗体积或以磨痕深度表示试验结果，均较麻烦，若以质量损失和密度来计算磨耗体积，则操作和计算的繁琐程度并不亚于阿克隆法；若直接测量磨痕深度，则测量的因素和相对误差均较大。可见，以磨痕长度表示结果，具有明显的优越性，即容易测量，误差小，不但没有繁琐的计算，更无需测密度。总之，试验程序简单，故以磨痕长度表示试验结果为宜。

5.2 皮鞋剥离强度及鞋帮拉出强度的测量

5.2.1 概述

剥离强度是皮鞋（线缝皮鞋除外）质量的一项重要指标，国内外皮鞋标准中均列为检测项目，它是指将成鞋装上鞋楦，夹持在剥离试验机上，以剥离刀将鞋尖处的外底与鞋帮剥开，测得剥开时所需力值为剥离力，根据剥离力与剥离刀口宽度计算剥离强度。

通过剥离试验，可将鞋帮与鞋底剥开，这时表值所代表的是剥开时所需要的外力，这个外力并非全部用于破坏帮底之间的结合（粘合力），其中也有一部分是为了克服鞋底的刚性和弹性。鞋底的刚性则因底而异。例如硬底比软底刚性大，厚底比薄底刚性大，宽底比窄底刚性大，塑料底一般比橡胶底刚性大。弹性也是因底而异，橡胶底比塑料底的弹性要大。总之，测定结果并非单纯反映帮底之间的结合力（粘合力），而是克服多种力得出的综合结果。无论怎样，表值所代表的是将帮底剥开所需之力，所以称其为剥离力，还是很切合实际的。

剥离力是分布在整个刀口上的总的力值，剥离强度则是单位帮底结合长度上的剥离力，以 N/cm 表示。

5.2.2 试验仪器

试验用剥离试验仪如图 5-6 所示。

为了试验数据准确可靠，剥离试验仪必须具有一系列好的技术性能，每台仪器必须进行严格的检定，合格者方能使用，对仪器各项技术要求和检定方法如下：

（1）最大负荷　要求达到最大 40kg（400kN）。

检测时，在试验仪上装一只鞋，刀口搭在鞋底上，开车加载，直至负荷超过 40kg。

（2）剥离刀行程　要求不少于 20mm。

检测时，先将测力片调到水平位置，然后开车，以分值为 1mm 的直尺测量刀口在

垂直方向的行程。

(3) 剥离刀速度可调范围　要求在 0～50mm/min 范围内任意可调。

调节刀速，以分度值 1mm 的直尺测量刀口行程，以秒表测时间，用以计算刀速。

(4) 剥离刀刀口宽度　要求(20±0.1)mm。

以精度 0.02mm 的卡尺测量。

(5) 定位杆和拉杆间距可调范围　要求最小间距 50mm，最大间距不超过 70mm，其间可以任意调节。

将定位杆与拉杆间距离调到最大和最小，以卡尺测量间距，然后选各种间距试调。

(6) 夹持器调节　要求夹持器高度和前后位置可调，能适应各种皮鞋。

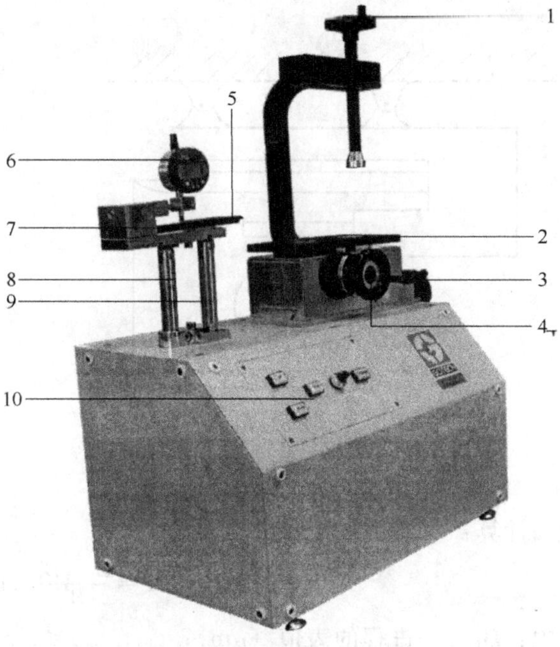

图 5-6　剥离试验仪结构

1—手轮（夹紧试样）　2—平板　3—手轮（调节平板前后位置）
4—手轮（调节平板高低位置）　5—刀口　6—千分表　7—测力片
8—定位杆　9—拉杆　10—控制面板（包括上升键、
下降键、停止键、调速键和电源开关）

检测方法是夹持各种皮鞋试调。

(7) 要求 0～40kg（400kN）负荷范围内，测力片的变形与负荷呈线性关系，其线性偏差小于 3%。

检定方法如图 5-7 所示。

将测力片水平倒置固定，千分表调准零位，在刀口上搭宽度稍大于刀口的角铁，角铁下边挂砝码（经计量部门鉴定过的，精度 5g）按 5、10、15、20、25、30、35、40、42kg 顺序加载（进程），记录表值，重复 3 次，取各负荷值及其对应的表值的平均值作图，必须是直线，如图 5-8 所示。

由图 5-8 鉴定曲线上查得各负荷值对应的横坐标值——图示值，由图示值和上述鉴定过程中所得各表值计算线性偏差，即表值相对于图示值之偏差，图示值代表理想弹性体，线性偏差反映测力片与理想弹性体的差距，即测力片弹性的优劣程度。

计算：线性偏差

$$P_x = \frac{B_1 - B_T}{B_T} \times 100\%$$

式中：B_1——进程的表值（μm）；

B_T——图示值（μm）。

(8) 示图偏差　即同一负荷所得 3 次表值相对于平均值的偏差，它反映了仪器的精密度，要求小于 3%。

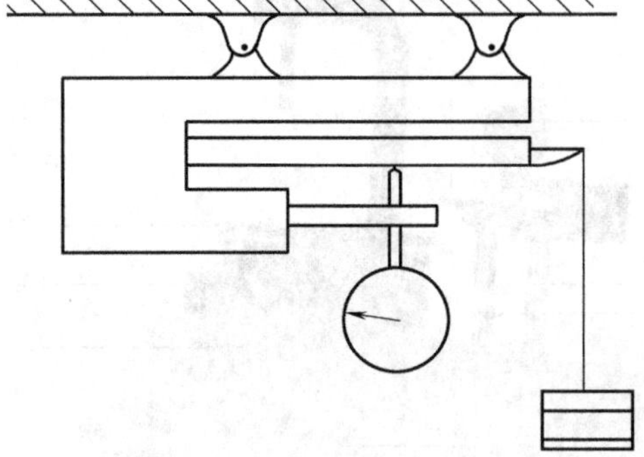

图 5-7　测力片检定

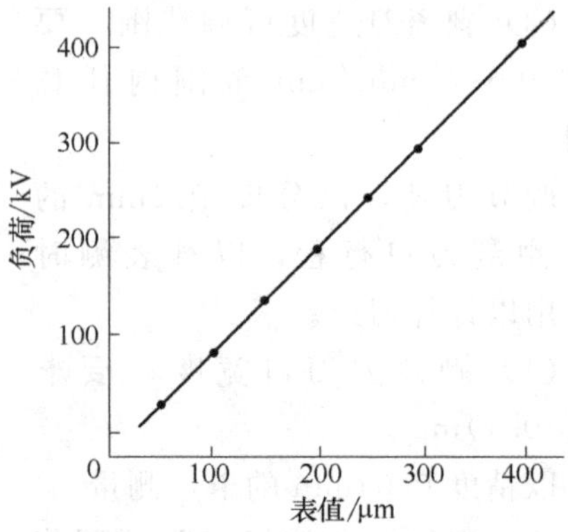

图 5-8　测力片检定曲线

计算：示值偏差

$$P=\frac{B_1-B_1'}{B_1'}\times 100\%$$

式中：B_1——进程的表值（μm）；

B_1'——进程表值的平均值（μm）。

（9）示值变动值　即同一负荷所得最大表值与最小表值的差，以其对于表值平均值的相对值的形式表示，它也反映了仪器的精密度，要求示值变动值小于 3%。

计算：示值变动值

$$D=\frac{B_{1\max}-B_{1\min}}{B_1}\times 100\%$$

式中：$B_{1\max}$——进程表值最大值（μm）；

$B_{1\min}$——进程表值最小值（μm）。

（10）示值进回程差　即同一负荷下加载（进程）时的表值与缺载（回程）时的表值的差，以其对于进程表值的相对值的形式表示，它与测力片弹性优劣有关，也与千分表的精密度及其安装有关，要求小于 3%。

计算：进回程差

$$H=\frac{B_2-B_1}{B_1}\times 100\%$$

式中：B_1——进程表值（μm）；

B_2——回程表值（μm）。

5.2.3　剥离试验原理

剥离试验测试方法可简示于图 5-9。

试验仪的核心部位是测力片，其前端刀口直接与被测试样接触，因此刀口所受作用力的情况是个重要问题。

测试过程中，刀口以半径为 R 绕轴 A 沿弧线向下运动，如图 5-10 所示。

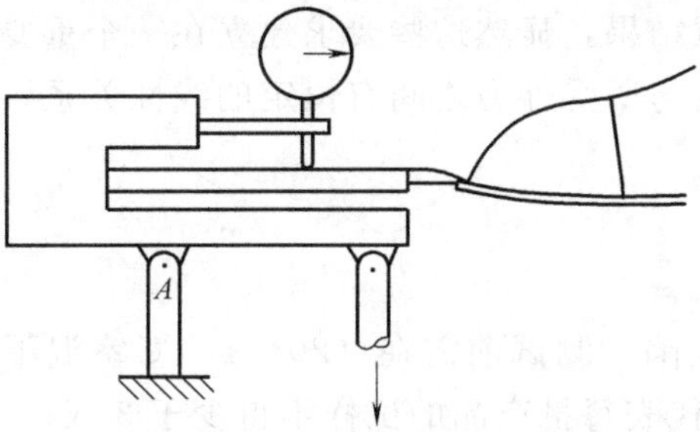

图 5-9 剥离力的测试

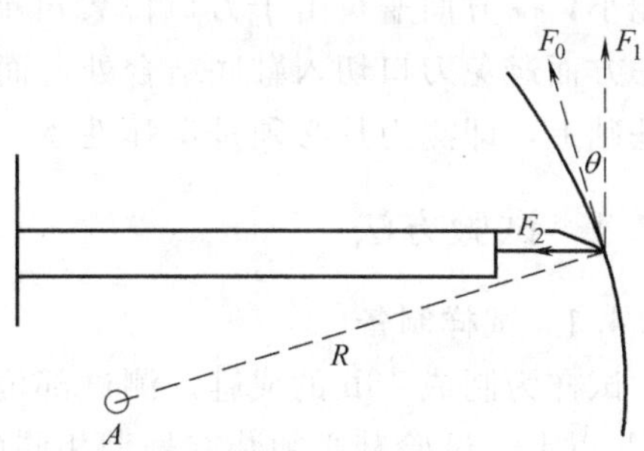

图 5-10 刀口运动轨迹及其受力情况

刀口与鞋底之间沿弧线的切线产生方向相反、数值相等的相互作用力。

图中 F_0 是鞋底对刀口的作用力，可以分解为垂直于测力片的分力 F_1 和平行于测力片的分力 F_2，F_1 和 F_0 的夹角为 θ，F_0、F_1、F_2 的关系为：

$$F_1 = F_0 \cos\theta$$

$$F_2 = F_0 \sin\theta$$

夹角 θ 与刀口运动轨迹的曲率半径 R 有关，R 越大，则 θ 越小，因而 F 的数值越近于 F_0，同时 F_2 越小。

F_1 对测力片产生一力矩，造成测力片弯曲变形，这个变形由千分表测量显示，得出表值，皮鞋帮底被剥开时的数值就是剥离力。

那么，怎样从千分表显示的数值（位移量），得到剥离力的数值（负荷值）呢？这就要用到测力片的鉴定曲线，鉴定方法前已述及，所得鉴定曲线（图 5-8）反映了测力片变形与所受外力的关系。通过鉴定曲线，就可以从剥离测试中得到的表值（μm）查得测力片所能承受的力值，从鉴定方法已知，这个力的方向是与测力片相垂直的，所以表值所相当的力值就是 F_1，也就是剥离力。

为了保证鉴定曲线的可靠性，要求测力片必须是良弹性体，其形变与所受外力的关系服从虎克定律，即两者呈良好的线性关系，并有良好的稳定性。

为了剥离试验结果准确。要求测力片的弯曲变形（反映力表值）只取决于 F_1.而不受 F_2 的影响，为此必须将刀口装在测力片的中心线（如图 5-7），使 F_2 通过测力片中心线对测力片不产生力矩。如果刀口位置不在测力片中心线，而是位于测力片中心线上方，如图 5-11 所示，则 F_2 对测力片产生力矩。增大测力片弯曲变形使测试数据偏高，所以刀口位置对试验结果影响很大，不容忽视。不难理解，刀口偏离测力片中心越远。刀口运动的曲率半径 R 越小，仪器的系统误差就越大。为了测试结果准确，使刀口位于测力片中心线上。在满足试验其他要求情况下，R 值尽可能大，以减少 θ 角，使 F_2 尽

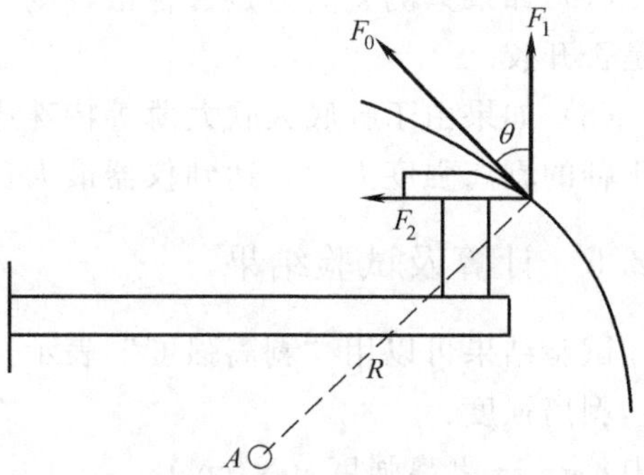

图 5-11 刀口在测力片中心线上方

可能小，一方面避免由于刀口位置可能存在的小偏差而导致 F_2 对测试结果产生影响。另一方面避免刀口切入鞋底结合处，而影响测试结果，显然这些要求建立在一个重要前提基础上，即测力片必须是良弹性体，确保形变与所受外力之间有恒定的线性关系。

5.2.4 试验方法

5.2.4.1 试样制备

试样为制成 48h 的成鞋。测试部位不得有缺陷，测试前需在（20±10)℃室温下放置 4h 以上，试验鞋必须装有号型相同的鞋楦，代表每批产品的试样不得少于 3 双。

5.2.4.2 试验条件

（1）剥离速度　即刀口下行速度，调到（20±2)mm/min，如有特殊要求可在 20～60mm/min 范围内任选。

（2）环境温度为（20±10)℃。

5.2.4.3 步骤

(1) 将试验仪器接通 200V，50Hz 电源。

（2）测力片调到水平状态（对于刀口不易扣住鞋底的试样，测刀片允许上倾，但倾角不得超过 10°)。

（3）刀口下行速度调到规定值。

（4）千分表调准零位。

（5）试验鞋自然平放在试验仪夹持器的水平面上并夹紧，调节夹持器的高度和前后位置，使刀口对准鞋前尖，对于出边的鞋底，刀口搭在大底边上；不出边的鞋底，刀口顶在帮底结合缝下面 0.5mm 处的大底上，任何情况都不允许刀口切入帮底结合缝（如果鞋左右歪斜不能与刀口对正时，允许在鞋左或右侧鞋底下面放小垫片将鞋夹正)，鞋顶上剥离刀后，千分表指针可能偏离零位，这是正常现象，但指示偏转不得超过 10μm，这时不要再调千分表。

对于旅游鞋，剥离位置在后跟部位。如果外底后跟卷起，改测第一、第五跖趾关节处。底墙剥离强度测尖部（含缝线旅游鞋)。

（6）开机，刀口向下运行时，不断注视帮底结合缝的情况变化，发现沿刀口各部位的帮底结合缝均出现初开胶时，立即停机并读表值。“初开胶”就是帮底之间刚开胶。

（7）如果只测剥离力是否合格，则当负荷达到产品标准规定值时即可停机，及时检查是否开胶。

（8）如果由于鞋底太软太薄等特殊原因而滑刀，经 3 次试验未能将鞋帮底剥离，或由于鞋的剥离强度太大，达到仪器最大负荷值仍未剥开，均记录试验达到的最大表值。

5.2.5 计算及试验结果

试验结果可以用“剥离强度”表示，亦可以“合格”与“不合格”表示。

剥离强度：

$$\sigma=F_1/b$$

式中：σ——剥离强度（N/cm)；

F_1——根据表值从检定曲线上查得的负荷值（N)；

b——刀口宽度（cm）。

达到有关产品标准规定剥离强度值而未开胶者为合格，否则为不合格。

如遇不开胶的，则要注明未开胶，剥离强度 $\sigma > F_1/b$

式中：F_1——最大表值对应的最大负荷（N）。

每只鞋试样的试验结果分别表示，剥离强度值的有效数字取到个位。

不同宽度的剥离力进行试验所得的试验结果（剥离强度）不可对比，填写报告时应写明鞋底材料和鞋底试验部位的厚度、剥离速度、环境温度、剥离刀宽度等。

5.2.6　鞋帮拉出强度的测定

测不出剥离强度的鞋子要测鞋帮拉出强度，否则不测此项目。粘缝工艺制成的鞋也不测鞋帮拉出强度。

（1）试样　前帮连同鞋底横向切割宽度 10mm 试条，从中央断为两条即为一组试样。

如果是皮凉鞋，则将前帮、后帮各一支帮带连同内外底切割出 10mm 宽的试条，鞋帮带中间剪开即为试样（因有钢勾心，内外底不能切割的样品，仅将帮带切割出 10mm 宽试条，鞋带中间剪开后，夹持两个鞋带做试验）。每组两条（鞋带宽度小于 10mm 的鞋带，保持原状，但内外底要切割为 10mm 宽）。

（2）试验设备　拉力试验机或万能材料试验机。准确度 3%，量程 250N。

（3）环境温度　(23±2)℃。

（4）拉伸速度　25mm/min。

（5）测定　试条两端分别夹持在拉力机上下夹持器中，帮底结合部分悬空。皮凉鞋拉力机上下夹持器分别夹住鞋底部（不得夹住帮底结合层）和鞋帮带。开机拉伸，帮底结合部分或皮凉鞋的鞋带与鞋底部分拉开时的最大力值为鞋帮（带）拉出力。

（6）计算

$$\sigma = F/B$$

式中：σ——鞋帮（带）拉出强度（N/cm）；

F——鞋帮（带）拉出力（N）；

B——试条（帮带）宽度（cm）。

以两条试样的鞋帮拉出强度的算术平均值作为试验结果。

5.3　鞋类耐折性能的测定

5.3.1　概述

鞋底耐折性能的测试，目前采用的是材料试验方法，在第 3 章已讲过。须将鞋底从成鞋上拆下进行试验，不能控制一定的屈挠角度，且不能反映成品鞋的结构对其耐折性能的影响，和实际穿着情况差异较大。本节介绍另外一种测试方法——国家标准方法，在不破坏鞋的完整性的情况下，测试其耐折性能，并控制屈挠角度，使接近实际穿着情况，提高测试结果的可靠性。

本方法系在 XW-1 型耐折试验机上，将鞋装在可折楦上，鞋尖固定在夹持器上，木楦的第一跖趾关节部位配有 ϕ5.5mm 轴，可以经受弯折动作，试验机可向鞋底屈挠部位鼓风，以维持鞋底温度。以一定的角度和频率进行屈挠试验，测量鞋底和围条在一定屈挠次数后的裂纹（口）的长度或裂口的增加长度。

5.3.2 仪器

(1) 本试验采用 XW-1 型耐折试验机，要求：

① 屈挠角度在 50°以内任意可调。

② 屈挠频率在 100～300 次/min 范围内任意可调。

③ 可按要求屈挠次数自动停机。

④ 具有鼓风装置。

(2) 可折楦第一跖趾关节部位至楦底样轴线的垂线上装有 ϕ5.5mm×40mm 的钢轴，最大可折角度为 50°，钢轴对楦样表面无凹凸现象。

(3) 分度值为 0.02mm 的游标卡尺。

(4) 割口刀规格如图 5-12 所示。

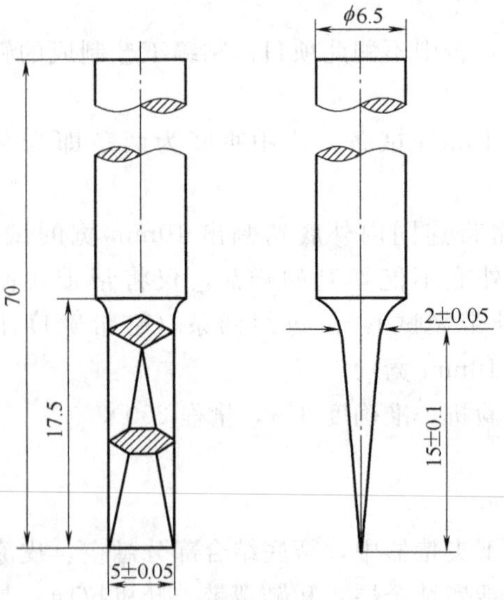

图 5-12 割口刀

5.3.3 试验方法

5.3.3.1 试样制备

试样为成鞋，可不割口而直接试验，也可在鞋底跖趾关节屈挠中心部位的凸纹上割 5mm 长的透口进行试验（对于个别试样，由于鞋底横纹，屈挠部位可能处于凹纹处，则只好割口在凹纹处，割口与否可根据需要或有关产品标准的要求决定）。试样鞋底的跖趾关节屈挠部位应无缺陷，每组试样不少于两双鞋，试样在温度 (23±2)℃条件下放置 4h 后进行试验。

5.3.3.2 试验条件

屈挠角度：(50±1)°，特殊要求可在 50°以内任选。

屈挠频率：(230±10) 次/min，特殊要求可在 100～300 次/min 范围内任选。

环境温度：(23±2)℃。

5.3.3.3 步骤

(1) 成鞋装上可折楦（楦号小于鞋号半号）。

(2) 成鞋鞋底向上，夹紧在夹持器中，鞋底面的跖趾关节屈挠部位与夹持器活动轴重合，若需割口，则割口部位必须在此轴线上，否则应补割口。

(3) 调节试验机偏心距，使屈挠角度达到规定角度。

(4) 观察鞋后跟在最高位置时，整只鞋是否处于不受任何方向弯折的自然状态，否则调节夹持器的倾斜角或鞋底，使鞋处于自然状态，之后再调准屈挠角度。

（5）将屈挠次数选择开关按试验要求调到需要位置。

（6）试验开始前将计数器置零，开鼓风机，然后开主机，调节曲挠频率到规定值。

（7）按试验预定的屈挠次数自动停车后，观察裂纹和开胶，并测量裂纹和开胶长度，测量裂纹时，鞋的挠角应与试验时最大屈挠角度一致，测量开胶长度时，鞋应伸展。

5.3.4　试验结果

分别以一定屈挠次数时的最大裂纹或围条开胶长度及裂纹或围条开胶总长度（mm）表示试验结果，有效数字到小数点后一位，每只试样的结果分别表示，割口扩展的裂纹和产生的裂纹分别表示，填写试验报告，说明鞋底材料、厚度和花纹（可印在一张纸上），试样是否割口及割口在凸纹上还是凹纹上，屈挠角度、屈挠频率、环境温度等。

5.3.5　讨论

本方法与德墨西亚试验机试验结果相比较，两种试验结果基本一致，但在德墨西亚试验机上试样温度较高，从鞋的穿着情况考虑，XW-1型耐折试验机的屈挠角度较接近于实际走路的跷角，且试验结果是材料特性和成鞋结构性的综合反映，故试验较为切合鞋的使用特点。试验无需破坏鞋的完整性，试验程序简单，试验鞋底朝上，易于观察鞋底裂纹，便于测量鞋底温度，观察时可以不停机或少停机，有利于试验的连续性，试验机向鞋底鼓风，试样温度较低、且稳定，有利于试验结果的准确性。

屈挠次数对试验结果无显著影响，屈挠频率高，最为节省试验时间，但试样升温稍快，且频率高时不宜在试验机运转情况下，观察试样出现的裂纹，所以统一规定为230次/min。

不同的环境温度对试验结果也有影响，环境温度升高，鞋底较早出现裂纹，试样升温也相应增高，在试验范围内，试样温度升高与环境温度呈线性关系，故试验温度统一规定为（23±2）℃。

5.4　鞋类硬度试验方法

5.4.1　原理

使用手持式硬度计，用手将硬度计压针压在成鞋外底或成型底表面上，硬度计指针指示值即为硬度值。硬度分为邵尔A和邵尔W。邵尔A适用于非微孔材料的硬度测试，邵尔W适用于微孔材料的硬度测试。

5.4.2　试样

（1）成鞋或成型底。

（2）微孔材料底是否去掉表面致密层（即冷硬层）按产品标准要求执行。

（3）测试部位要平整，无缺胶、气泡、机械损伤及杂质。若无平整处，则需打磨平整。

（4）每组试样为一双成鞋或成型底。

（5）试样在（23±2）℃的温度条件下放置1h以上。

5.4.3 试验设备

计量合格的手持式邵尔A或邵尔W硬度计。

5.4.4 试验条件

（1）环境温度（23±2）℃。

（2）成鞋要装楦，成型底要垫楦。测试部位处鞋楦与成鞋（成型底）间不得有空隙。

（3）测试部位应避开勾心处。

5.4.5 试验步骤

（1）试验前检查试样，如表面有杂物须用纱布蘸酒精擦净。

（2）手持硬度计匀速垂直地压在试样表面平整处（若产品标准有规定试验部位的，则在规定部位平整处），压紧试样后立即读表值。

（3）每点只准测量一次硬度，测量点与边缘距离不小于10mm，测量点间距离不小于10mm。

5.4.6 试验结果及报告

（1）以硬度计指针所指示的表值为测定值，单位为“度”。

（2）每组试样两只鞋（底）分别测试，一般检验每只鞋测3点，仲裁检验每只鞋测5点，取其算术平均值，再以两只鞋（底）的平均值的算术平均值作为该组试样的测试结果，取整数位。

（3）两只鞋的测定值与平均值的允许偏差为≤5%。如超差，舍掉超差的数值并补测。

（4）试验报告应注明试样编号、名称、规格、生产厂家、鞋底材料的名称及测试部位和表面处理方法，还有试验温度、试验人员和日期。

5.5 皮鞋后跟结合强度试验方法

5.5.1 原理

本方法系将皮鞋成鞋装于专用夹具上，用拉力试验机以一定的速度拉伸到鞋后跟和后帮或外底分离，测量其最大负荷。

本方法适用于后跟和后帮粘合（钉合）的皮鞋，不适用于后跟和外底为整体的成型底制成的皮鞋。

5.5.2 试样

(1) 试样为制成 48h 后的皮鞋成鞋。测试部位不得有明显缺陷，后跟不得受过挤压、冲击、变形。

(2) 对外底后跟口包粘在后跟正前部的卷跟皮鞋，试验前要将其外底和后跟分离。

(3) 试样测试前须在室温下放置 30min。

(4) 每组试样不得少于两双鞋（同批产品）。

5.5.3 试验设备

5.5.3.1 拉力试验机

(1) 最大负荷应不小于 1500N。

(2) 负荷范围一般可分为三档：500、1000、2500N，试验时应采用负荷范围足够的最低档。

(3) 准确度：±1%。

(4) 拉伸速度可调至 (25±2) mm/min。

5.5.3.2 拉跟专用夹具

由夹持后跟的夹钳和夹持成鞋的夹具两部分组成（如图 5-13 所示）。

5.5.4 试验条件

(1) 拉力试验机拉伸速度为 (25±2) mm/min。

(2) 试验环境温度为室温。

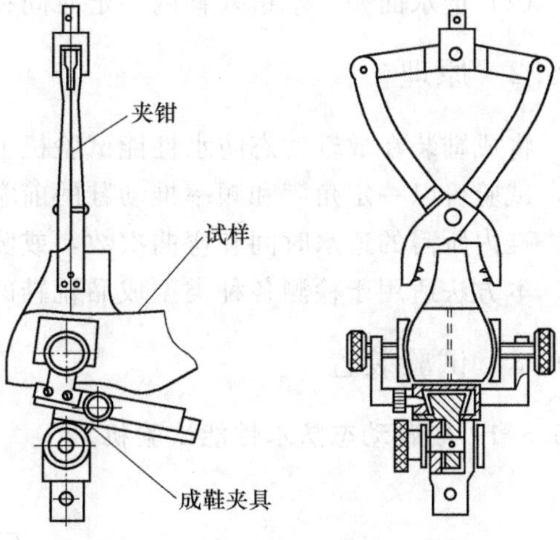

图 5-13 拉跟专用夹具示意图

5.5.5 试验步骤

(1) 将拉跟专用夹具安装于拉力试验机上，夹钳装于上钳口联杆接口，成鞋夹具装于下钳口接口。

(2) 调整拉力试验机指针，使其指零。

(3) 将试样鞋跟向上，夹紧在成鞋夹具上。

(4) 调整成鞋夹具位置，使鞋跟面呈目测水平状态，鞋跟在拉力试验机施力方向上，并使夹钳夹紧鞋跟。

(5) 开机拉伸，直至鞋跟与后帮或外底分离，记录最大负荷值。

(6) 如果只测结合强度是否合格，则当负荷达到产品标准规定值时立即停车，15～20s 时检查后跟是否分离。

(7) 试验过程中，如果由于鞋跟结合力过大，达到试验机最大负荷值时，仍未将鞋跟与后帮或外底分离，则终止试验，记录最大负荷值。

（8）试验过程中，如果出现鞋帮撕裂或鞋跟分离以及鞋内底被拉出的情况，则终止试验，记录最大负荷值。

（9）试验过程中，如果由于夹具未夹紧试样或鞋跟较细出现打滑现象，经 3 次试验仍未将鞋跟与后帮或外底分离，则终止试验，记录最大负荷值。

5.5.6 试验结果及报告

（1）以鞋后跟与后帮分离所需最大负荷值表示试验结果，精确到 5N。

（2）每只鞋的试验结果分别表示。

（3）试验过程中，如果出现 5.5.5 中（7）、（8）、（9）所描述的情况，以记录的最大负荷值表示试验结果，并要注明相应情况。

（4）试验报告注明试样编号、名称、规格、牌号、生产厂、鞋跟高度、鞋跟材料、鞋跟装配形式（粘合或钉合）、试验人员及日期。

5.6 成鞋动态防水性能试验方法

5.6.1 定义

（1）透水时间　水从鞋外刚透进鞋内所需的时间。

（2）透水面积　水透入鞋内一定时间在内底和鞋里所能见到的湿润面积。

5.6.2 原理

将成鞋装在成鞋动态防水性能试验机上，试验机的水箱中放入一定深度的水与鞋接触，试验机以一定角度和频率推动鞋的前掌弯曲模拟行走状态进行试验，测定水从鞋外透进鞋内所需的透水时间和弯曲次数，或测定在规定的时间或弯曲次数时鞋内的透水面积。本方法适用于检测各种类型成品靴鞋的动态防水性能。

5.6.3 试验装置

5.6.3.1 成鞋动态防水性能试验机

由以下所述部件构成如图 5-14 所示。

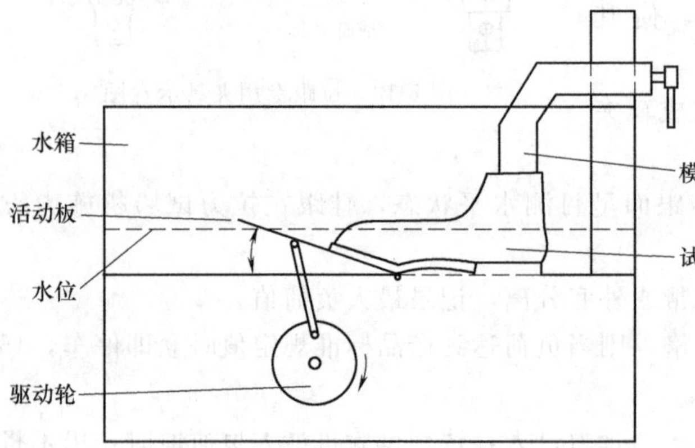

图 5-14　成鞋动态防水性能试验机

（1）试验机活动板　用以推动鞋的前掌弯曲模拟行走，摆动频率为 60^{+5} 次/min，最大弯曲角度为 45°。

（2）试验机水箱　存水深度大于 60mm。

（3）试验机计数装置　用以显示弯曲次数。

（4）试验机透水信号装置　用以测量鞋内是否透水，可以发出透水信号或自动停机，探头与试样接触长度不小于 3cm。

5.6.3.2　模拟脚

（1）模拟脚（如图 5-15 所示）应能配合试验机推动鞋的前掌进行模拟行走试验。

（2）模拟脚应能穿入不小于 230 号的鞋内并将鞋固定在试验机的平台上。

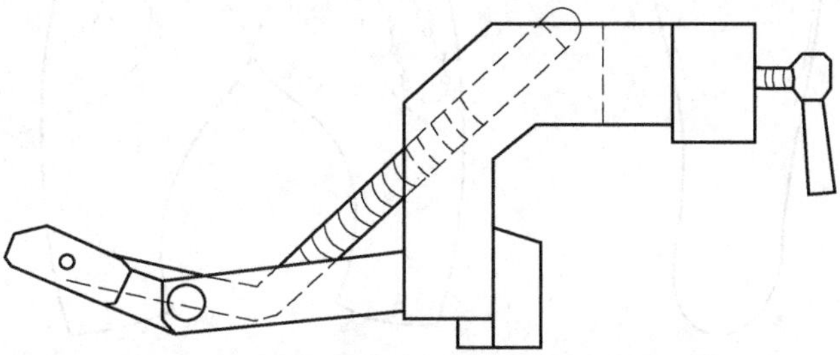

图 5-15　模拟脚

5.6.4　试验环境

试验环境温度为（23±2）℃。

5.6.5　试样

（1）试样应是制成 48h 后的成品鞋。鞋号应不小于 230 号。

（2）试样应无明显缺陷。

（3）每组试样不少于两双鞋。

（4）试样在温度（23±2）℃的条件进行调节 4h 后进行试验。

5.6.6　试验步骤

（1）调节活动板的弯曲角度为（45±1）°，特殊情况也可根据试验要求调节活动板的角度。

（2）将透水信号装置探头用胶带固定在试样屈挠部位鞋内底与鞋帮结合部位，探头应与试样接触良好。

（3）将模拟脚穿入试样内并安装在试验机的平台上。

（4）在水箱内放入温度（23±2）℃的水，水位应达到鞋底与鞋帮结合处和鞋帮与鞋舌缝合点之间距离的 1/2，也可根据需要另行规定。

（5）放水达到规定水位后开始计时，将计数器调零，启动试验机进行试验。

（6）试验方法 A　试验进行至透水信号装置发出透水指示，停机，记录透水试样的弯曲次数或透水时间。

（7）试验方法 B

① 试验进行至规定弯曲次数或时间，停机，目测或用透水方格纸测试每只鞋的透

水面积，见图 5-16。

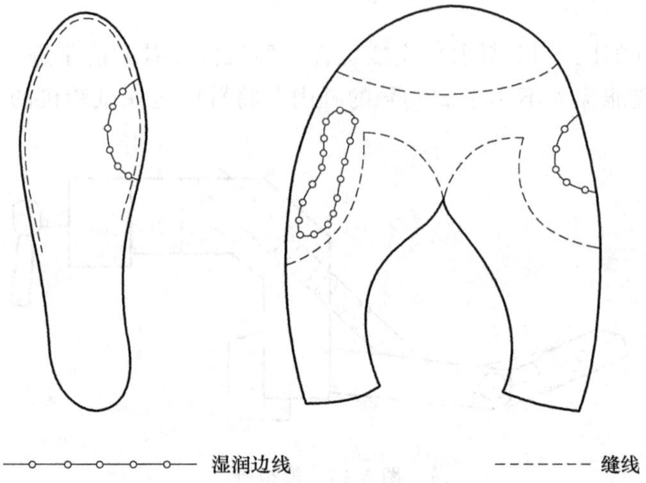

图 5-16　测量透水面积

② 如果未到规定弯曲次数或时间透水信号装置发出透水指示，应及时记录透水试样的弯曲次数或透水时间，并将连接该试样的透水信号探头取下，继续进行试验至规定弯曲次数或时间。

③ 弯曲次数可按产品标准要求或特定试验要求确定。

5.6.7　试验结果

（1）试验分别按透水时的弯曲次数、透水时间、透水面积的和表示。

（2）透水面积按以下规定表示

① 不透水：试验中鞋不透水，透水信号装置未发出透水指示。

② 一般透水：鞋内透水面积累计不大于 $3cm^2$

③ 严重透水：鞋内透水面积累计大于 $3cm^2$。

5.6.8　试验报告

试验报告应包括以下内容

（1）试验方法。

（2）试样编号、名称、规格、帮底材料、生产厂、商标（标识）。

（3）试验环境条件。

（4）水深（平台至水位之间的距离）。

（5）每只鞋的试验结果。

（6）试验人员及日期。

（7）与本试验方法不同之处的说明。

5.7 鞋底材料动态防水性能的测定

5.7.1 定义

(1) 透水时间　在规定条件下，水从试片一面刚透过到另一面所需的时间。

(2) 吸水性　在规定条件下，试片吸水的质量，以其相对于试样质量的百分率表示。

(3) 透水率　在规定条件下，试片单位面积单位时间透过的水的质量，以 $g/(dm^2 \cdot h)$表示。

5.7.2 原理

试片固定在动态防水测定仪上，一面与水接触使之吸湿，模拟行走加压和弯曲，以测定透水时间、吸水性和透水率。

本方法适用于评价任何类型的鞋底（外底、中底、内底）材料在动态弯曲应力下的防水性能。

5.7.3 材料

(1) 纤维板　吸水纤维板厚 1.5～1.7mm，单位面积质量约 $1200g/m^2$。切成 100mm×60mm 矩形。在温度 (23±2)℃、相对湿度 (65±5)%的恒温恒湿箱中放置足够时间，直至其质量波动值在 0.1g 以内。

(2) 试验用水　标准中规定的 3 级水。

(3) 吸水布　吸水性强的棉纱布。

(4) 金刚砂纸　120 号。

5.7.4 装置

(1) 动态防水性测定仪　见图 5-17。

① 直径 120mm、宽 50mm 的滚筒放置于试片上。该试片置于水平平台上，并借助具有 80N 力的一根弹簧或气动系统，使试片紧贴滚筒，滚筒沿 XX'水平线在 O 点左右两个方向以各 50mm 幅度作水平往复滚动位移。O 点位于 XX'水平线与 YY'铅垂线的交点处，YY'经过试片的中点。滚筒移动频率为每分钟往复 20 次。

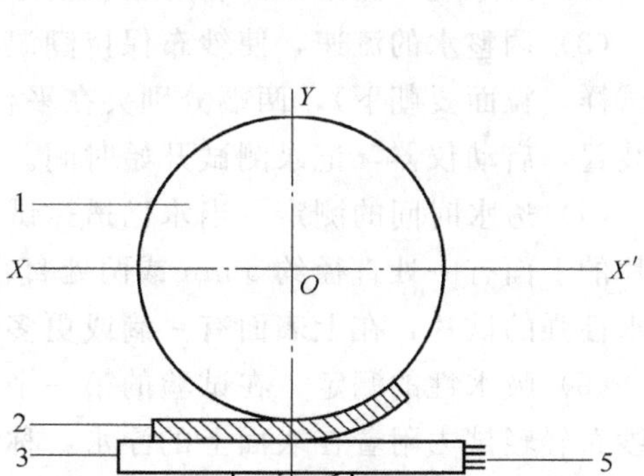

图 5-17　动态防水性测定仪
1—滚筒　2—试片　3—平台　4—气动系统　5—管道

② 试片的一端固定在平台上，另一端固定在滚筒上，使试片两端始终与滚筒轴平行。将固定在滚筒上的固定压紧片用另一根弹簧勾住，弹簧以微小的应力勾住试

片以避免试片褶皱。

③ 平台表面粗糙度 R_a 为 25μm，上面铺一条 3～5 层棉纱布，棉纱布由管道经平台面缓慢流出的水保持湿润状。

④ 仪器装有指示水渗透的声、光自动报警装置。

（2）刀模　符合切取试片的长为（100±1)mm、宽为（40±1)mm 的刀模。

（3）秒表　分度为 0.01s。

（4）天平　精确到 0.01g，可进行快速称量。

（5）测厚仪　同皮革厚度测定。

5.7.5　试样

（1）在成鞋的鞋底上和成型鞋底上切取试片时，可在前掌部位纵向选取。如果内底是由卫生内底粘在绷楦内底上组合而成，则试片由两层构成（中底也如此）。在鞋底材料（片）上取样时，应从两个互相垂直的方向各取两块试片。

（2）试片尺寸　长 100mm，宽 40mm。试片的切边上涂上一层凡士林以防止吸收水分。

（3）除防水剂　涂有防水剂的皮革外底表面，应在负荷 10N 的压力下，在一张 120 号金刚砂纸上轻轻来回移动 10 次，每次移动距离约 100mm，以使表面粗糙。

（4）试样数量不少于 3 片。

（5）试样在温度（23±2)℃、相对湿度（65±5)％的恒温恒湿箱中放置足够时间，直至其质量波动值在 0.1g 以内。

5.7.6　试验步骤

（1）调节试验环境温度（23±2)℃、相对湿度（65±5)％。

（2）测厚度　测定试片和纤维板的厚度。

（3）调整水的流速，使纱布保持潮湿状态，将称量过的试片放在纱布上（如果是皮革试样，粒面要朝下），两端分别夹在平台和滚筒上，准确调整弹簧顶力，接通自动报警装置，启动仪器，记录测试开始时间。

（4）透水时间的测定　当水已透过试片时，仪器自动报警，记录时间。如目测，当试片的上面有一处直径约 5mm 或两处直径约 2mm 的面积已经潮湿，即认为水已透过。抗水性强的试片，在上表面有一滴或更多的水滴就表示已透水。记录时间。

（5）吸水性的测定　在试验的第一个小时（或按其他规定时间）时，取出试片，用棉纱布轻轻拭去附着在表面上的浮水，称量试片。当需要同一试片继续试验时，称量后应立即继续进行试验。

（6）透水率的测定　在第一次发现水透过试片时，可按以下步骤测定透水率。停止仪器，拭去附着在滚筒上的浮水。在试片和滚筒之间放一片称量过的纤维板以吸收透过试片的水分。启动仪器 10min 后，取出纤维板并称量。取出纤维板称量时，纤维板有些部分应当还是干的（应与标准温度湿度调节后的外观相似）。如果已无干的部分，则结果无效，须用另一个试片和纤维板重新试验。在第二次透水试验中，试验的阶段时间应少于 10min，务使试验完毕时吸水板上有些部分还是干的，在计算透水率时，必须折合为 10min 的透水量 m 代入式（3）进行计算。

5.7.7　试验结果

（1）透水时间按式（1）计算

$$t=t_1/t_0 \tag{1}$$

式中：t——透水时间（min）；

t_1——水刚透过试片时的时间（min）；

t_0——测试开始时间（min）。

（2）吸水性按式（2）计算

$$P=\frac{m_1-m_0}{m_0} \tag{2}$$

式中：P——吸水性（%）；

m_0——试片经空气调节后的质量（g）；

m_1——试片吸水后的质量（g）。

（3）透水率按式（3）计算

$$R=15m \tag{3}$$

式中：R——透水率［g/(dm^2·h)］；

m——试片透水后，10min 透过试片的水（使纤维板增加）的质量（g）。

（4）t、P、R 均计算算术平均值，其中 t 有效数字修约到整数位，P、R 有效数字修约到小数点后一位。

5.8　鞋带耐磨试验方法

5.8.1　定义

鞋带耐磨性能：鞋带抵抗外力磨损的性能，以鞋带经受反复摩擦断裂时的次数表示，或以受磨一定次数后是否断裂表示。本方法适用于棉、麻及化纤等各种材料的编织鞋带进行耐磨性能的测定。

5.8.2　方法提要

两根鞋带相互交叉，一根两端固定在可往复直线运动的同一活动夹持器 A 上；另一根在对应的夹持器 B 上，一端固定，另一端通过固定滑轮挂重锤。通过活动夹持器的往复运动，使相互水平交叉勾住的两根鞋带相互摩擦，以达到检测耐磨性能的目的，如图 5-18 所示。

5.8.3　试验仪器

（1）耐磨仪　是由装有夹持器的活动台和对应的带有滑轮的固定夹持器组成的。往复频率为（60±3）次/min，每对夹持器间最大距离为 345mm，最小距离为 310mm

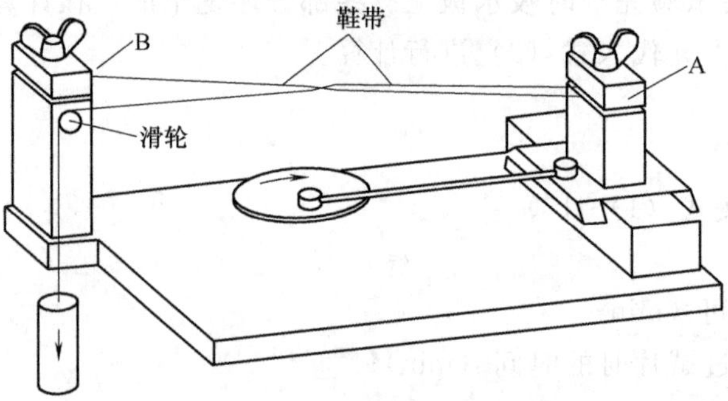

图 5-18　鞋带摩擦测试示意图

[活动台的往复行程为（35±2)mm]；每个夹持器的两个固定点间的距离为 13～30mm。耐磨仪应有自动计数器，并可预置次数自停和鞋带磨断时自停。

（2）重锤　质量为（250±1)g。

5.8.4　试验环境

温度（23±2)℃，相对湿度（65±5)％。

5.8.5　试样

（1）试样数量不少于 12 副即 24 根鞋带。每根鞋带的长度不低于 400mm，对于 40～400mm 长度的试样，可采用两端接长的方式，只要保证试验时试样受磨即可。

（2）试样表面不得有明显疵点及各种影响测试的缺陷。

（3）将试样充分暴露在规定的环境中不少于 12h，使之达到温度及含湿的平衡。

5.8.6　试验步骤

（1）将一根试样的两端固定在活动夹持器上；另一根试样的一端系挂重锤，通过滑轮穿过固定在活动夹持器上的试样，使两根相互交叉勾住，另一端固定在固定夹持器上。调节夹持器使交叉点距固定夹持器 150～200mm。夹持试样时，应注意保持试样的自然状态，不得扭曲。

（2）调节计数器至规定次数，启动开关。

（3）如果试样在预置次数前已磨断，仪器则自停，计数器同时停止计数。

（4）如果试样在达到预置次数时未断，仪器则自停。

5.8.7　试验结果

（1）试样在预置次数前已磨断，试验结果用磨断次数表示；试样在达到预置次数时未断，试验结果用规定次数表示。

（2）每副鞋带的试验结果分别表示。

（3）试验报告应包括以下内容：试样品名、规格型号，采用本试验方法标准、试验仪器、试验日期，每副鞋带的试验结果，任何偏离本试验方法的细节等。

5.9　皮鞋勾心纵向刚度试验方法

5.9.1　原理

将勾心的后跟端部固定，在它的前端加载，使其产生悬臂梁式的弯曲变形，测量勾心（组合内底和半托底）的弯曲挠度，以其计算勾心的纵向抗弯刚度。

5.9.2　试样

（1）试样为勾心制成品、组合内底、半托底。

（2）试样测试前须在室温下放置 0.5h。

（3）每组试样两只。

5.9.3　仪器

勾心刚度试验仪包括一个可调的勾心后端夹具，可挂砝码的勾心前端夹具和测量挠度的百分表（见图 5-19）。其具体要求如下：

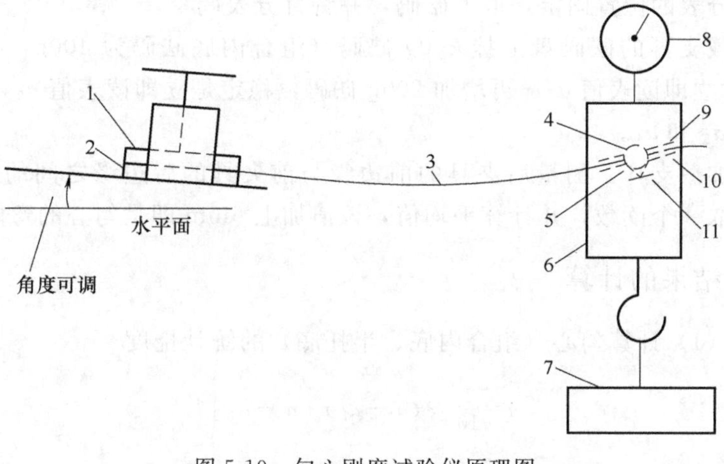

图 5-19　勾心刚度试验仪原理图

1—上夹爪　2—下夹爪　3—勾心　4—销轴　5—V 型槽　6—支耳　7—砝码　8—百分表　9—上夹板　10—下夹板　11—螺丝

（1）勾心后端夹具的夹板可夹持长度 32mm，带角度的勾心可夹持长度 18mm。

（2）勾心后端夹具可调倾斜角度不得小于 30°。

（3）勾心前端夹具的夹板可夹持长度为 12mm。

（4）加载支耳销轴的轴线高出前端下夹板上表面应在 1.0mm 以内。对于测量组合内底和半托底应在 2.0mm 以内。

（5）百分表用以测量勾心受力弯曲时的挠度，量程 0～10mm。

（6）专用砝码四块，每块质量（200±1)g。

（7）试验组合内底与半托底都有对应的专用前、后夹具和砝码。

（8）分度值为 0.02mm 游标卡尺。

5.9.4 试验条件

（1）夹具及砝码与试样种类相匹配。

（2）环境温度为室温。

5.9.5 试验步骤

（1）将勾心有筋面朝上，后端部插入后端夹具，勾心被夹住 32mm，并使勾心垂直于夹具的后边缘，将后夹具拧紧。带角度的勾心夹持长度为 18mm。

组合内底、半托底下表面朝上，后端部插入夹具，夹板的夹持长度为 32mm，组合内底、半托底分踵线垂直于夹板的前边缘，将后夹具拧紧。

（2）用勾心前端夹具夹紧勾心的前端部，调整后夹具的倾角，使前后两夹持点在同一水平面后固定。挂上加载支耳，再挂上带 800g 质量的砝码盘。

组合内底、半托底：从组合内底的勾心前端向后夹持 12mm，对于组合内底挂上带 1600g 质量的砝码挂盘。半托底只挂上砝码盘，在砝码的作用下，试样挠度不超过 8.5mm。

（3）将百分表的位置固定，取下砝码，并将百分表调零。

（4）在加载支耳的砝码盘上挂 200g 砝码（组合内底砝码为 400g，半托底砝码为 100g），稳定时立即读表值 a_1，再增加 200g 砝码，稳定是立即读表值 a_2，如此做下去，可以得到表值 a_3 和 a_4。

（5）取下加载支耳。测量后夹具的前边缘与前夹具的后边缘之间的距离。在勾心上、下表面各取一个读数，并计算平均值，该值加上 6mm 即是勾心的弯曲力臂长度。

5.9.6 试验结果的计算

（1）按式（1）计算勾心（组合内底、半托底）的统计挠度

$$a=\frac{1}{10}[3(a_4-a_1)+a_3-a_2] \tag{1}$$

式中：a——每块砝码作用下试样所产生的统计挠度（mm）；

a_1、a_2、a_3、a_4——每挂一次砝码试样所产生的挠度测量值（mm）。

（2）按式（2）计算勾心抗弯刚度

$$S=\frac{9.81}{10^6}\times\frac{mL^3}{3a} \tag{2}$$

式中：S——勾心抗弯刚度（$kN \cdot mm^2$）；

m——砝码的质量（勾心 200g；组合内底 400g，半托底 100g）；

a——勾心统计挠度（mm）；

L——弯曲力臂（mm）。

（3）每根试样的抗弯刚度 S 值分别表示，取整数位。

试验报告应包括试样编号、名称、材料、跟高、规格、组合内底和半托底的鞋号、试验结果等。测量带角度的勾心应注明两条边长度和夹角的角度。

附录 1：GT-7050 皮鞋勾心刚度测定仪

1.1　原理

将勾心的后跟端部固定，在它的前端加载，使其产生弯曲变形，测量勾心弯曲挠度，以其计算勾心的抗弯刚度。

1.2　试样

（1）试样为勾心制成品。

（2）试样测试前须在室温下放置 0.5h。

（3）每组试样为三根同规格勾心。

1.3　仪器

（1）勾心刚度试验仪包括一个可调的勾心后端夹具，可挂砝码的勾心前端夹具和测量挠度的百分表（见图 5-20）。

（2）勾心后端夹具由两个夹爪组成，每个爪长 32mm，并有两条筋可夹紧勾心，筋的厚度为 6mm，上爪前筋有中心槽，宽 6mm，深 4mm。下爪前筋是倾角为 10°的斜面，以保证力臂长度准确不变。

（3）勾心后端夹具可以绕横轴旋转，以便调节夹紧的勾心使前后两夹持点处于同一水平面上。夹具从水平位置可旋转的角度不得小于 30°。

（4）勾心前端夹具由夹具和加载支耳两部分构成。夹具由两个厚度为 12mm 的平夹板组成。下夹板每边比上夹板宽 6mm，在它的上表面有一个 V 型槽沿平板的中心线方向横跨平板。

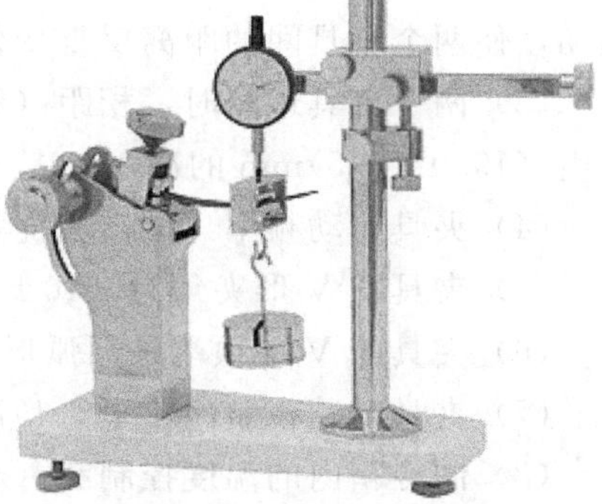

图 5-20　GT-7050 皮鞋勾心刚度测定仪

（5）下夹板可托住挂砝码的支耳，支耳内侧两边有两个水平同轴销轴，这两个销轴置于下夹板上表面的 V 形槽中，销轴的轴线高出下夹板上表面 10mm 以内。V 形槽和销轴表面粗糙度 R_a 为 0.8μm。

（6）百分表用以测量勾心受力弯曲时的挠度，其位置可以调节，以便将其测量支脚置于加载支耳上表面的中心点。

（7）砝码和百分表按相关规定进行周期检定。

1.4　试验步骤

（1）将勾心有筋面朝上，后端部插入后端夹具，使端部与夹具后边缘对齐，以确保勾心被夹住 32mm，并使勾心垂直于夹具的后边缘，勾心的筋处于夹具的槽中，将夹具拧紧。

（2）用勾心前端夹具的两夹板夹紧勾心的前部，用专用卡具使前后夹具的下夹板边缘之间距离为 60mm，调整后夹具的倾角，使前后两夹持点在同一水平面上（目测），拧紧两个手动旋钮，使后夹具固定。

（3）调节百分表的位置，使它的支杆垂直于加载支耳的上表面，支脚对准支耳上表面的中心点。下移百分表，直到其短针旋转到 9，然后拧紧旋钮将百分表位置固定，并调准百分表长针指零点。

（4）在加载支耳的钩子上挂 200g 砝码，加载 5s 时读表值 a_1（按长针），再增加 200g 砝码，5s 时读表值 a_2，如此做下去，可以得到表值 a_3 和 a_4。

（5）取下加载支耳。

（6）按同样的方法试验其余两根勾心。

5.10 靴帮耐屈挠性能及靴帮断裂力试验方法

5.10.1 原理

在穿着状态下靴帮会由于屈挠而发生龟裂，本试验用以测试靴帮抗屈挠龟裂性能，试验时试样因屈挠产生双皱褶，类似于靴帮面在穿着时所形成的皱褶。

5.10.2 仪器

(1) 若干对V形夹具，适当安装使得每对夹具的轴线在同一直线上。每对夹具可夹持一个试片。

(2) 每对夹具由一个固定夹具和一个活动夹具组成，仪器运转时，活动夹具做往复运动，使两个夹具间的距离反复变化，从而使试样反复受到屈挠。

(3) 两个夹具远离时，相距 (28.5±1.0)mm，靠近时相距 (9.5±1.5)mm，从而产生 (19.0±2.5)mm 的冲程。

(4) 夹具运动频率（试样屈挠频率）为 1.5Hz。

(5) 夹具的V形夹角为 (40±1)°。

(6) 夹具的V形顶端是圆弧形，其曲率半径为 6.4mm。

(7) 夹具安装在制冷箱里，马达安装在制冷箱外面。

(8) 制冷箱内的温度控制在 (−5±2)℃。

5.10.3 试片的制备

(1) 从成靴样品纵、横两个方向上各裁取两条试片，试片长度分别平行于样品的纵向和横向。不得在主跟部位选取试片。

(2) 试片长 70mm、宽 65mm。试片厚度按靴帮实际厚度（加有衬里，不去掉衬里），但不得超过 2.3mm，否则要用砂纸轻轻磨到 3mm。

5.10.4 试片状态调节和试验温度

试片在 (23±2)℃进行状态调节 4h，在温度 (−5±2)℃进行试验。通常应在靴子制成 7～90 天后进行试验。

5.10.5 试验步骤

(1) 将夹具调到远离位置，然后将试片装在夹具里夹紧。试片外层要朝外对称定位，试片的长度方向要平行于夹具轴线，试片两半部的边缘要在同一水平面上。

(2) 用手将每对夹具合拢，检查每个试片折叠时是否有一条对称的横跨试片的向里的皱褶，且该皱褶被一个由四条向外的皱褶形成的菱形所环绕，必要时用手协助形成这种形式的皱褶。

(3) 装试片之后，待制冷箱内的温度达到 (−5±2)℃时启动仪器开始屈挠试验。

(4) 当试片出现裂纹时或达到规定屈挠次数时停机。

5.10.6　试验结果

（1）试样达到规定次数而未产生裂纹，判试样合格。否则判不合格。

（2）要记录试验温度。

5.10.7　靴帮断裂力试验方法

（1）由试验鞋的帮面纵、横两个方向上各裁取两条宽（25±0.3）mm 的长方形试片，且有足够的长度，以便试片能在试验机的夹具之间有 75mm 的自由长度。如果产品高度不够裁取这样长的试样时，可采用 25mm 的自由长度。试样厚度按靴帮实际厚度，如有衬里，不去掉衬里。

（2）试片在标准温度（23±2）℃放置 2h 后进行拉伸试验。

（3）试片在拉伸试验机或万能材料试验机上进行拉伸试验，拉断时的力值即为断裂力。

（4）拉力试验机或万能材料试验机的准确度在 3％以内。测试值在试验机满负荷的 10％～90％范围内有效。

（5）拉伸速度为（100±10）mm/min。试验环境温度为（23±2）℃。

（6）计算纵、横两个方向断裂力的算术平均值作为试验结果，取整数值（注明试样宽 25mm）。

5.11　靴底耐屈挠性能试验方法

5.11.1　原理

外底在穿着状态下由于屈挠而发生龟裂，本试验用以测试其抗屈挠龟裂性能。用割口刀直接穿透试样，将其刺一 5mm 小口，然后在心轴上以 90°反复屈挠。

5.11.2　仪器

（1）屈挠试验机　屈挠机构见图 5-21 和图 5-22。

（2）试片 1 插入屈挠臂 2 顶到端部挡板，并以夹板 3 夹持之，试片在 3 中的长度为（50±5）mm。试片另一端不夹持，但试片屈挠时，在辊子 4、5 和 6 之间进行往复运动。绕曲率半径为（5.0±0.3）mm 的心轴 8 产生屈挠。

（3）通过试片切口垂直于心轴的切线与夹板相邻边缘在水平面内的距离为（11.0±0.5）mm。当试片处在非屈挠状态时，割口刀在试样上预割口的位置是在心轴边缘垂直正上方，即图 5-21 和图 5-22 中的 G 点处。

（4）辊子 5 和 6 以及心轴 8 的顶点在同一水平面内，辊子 4 在辊子 5 的垂直正上方。

（5）辊子 4 和 5 的适宜直径是 25mm，而辊子 6 是 10mm 或 15mm。

（6）辊子 4 和 5 的中心与心轴 8 的曲率中心之间在水平面内的适宜距离为 30mm。辊子 4 和 5 的中心与 6 的中心之间在水平面内的适宜距离为 25mm 或 30mm。

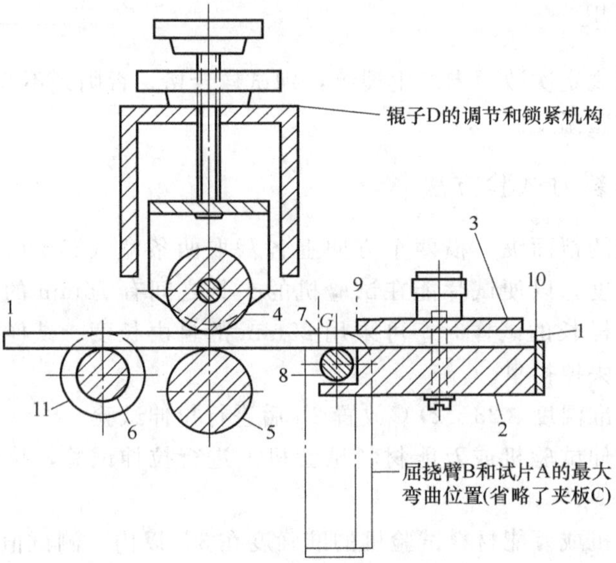

图 5-21　试片、屈挠臂和导辊的侧视图

1—试片　2—屈挠臂　3—试片夹板　4—可调上导辊　5—下导辊　6—后导辊　7—试片割口　8—试片屈挠时所绕的心轴　9—邻近心轴 8 和割口 7 的夹板 3 的边缘　10—试片端部位位置　11—辊子 F 上的试片定位套环

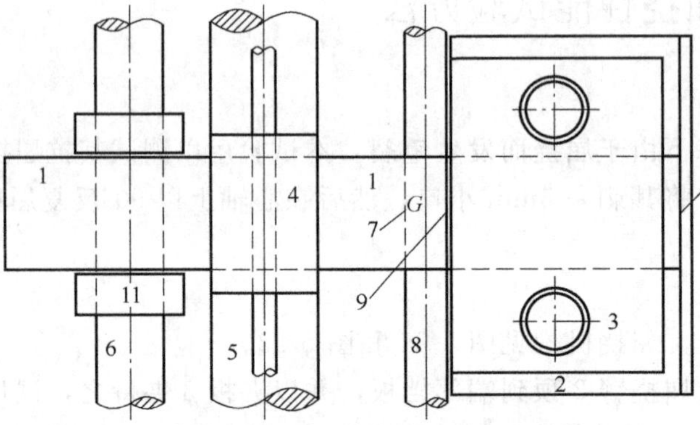

图 5-22　试片、屈挠臂和导辊的平视图

(图上序号同图 5-21)

(7) 辊子 4 的垂直位置是可调的，以便使辊子 4 和 5 的间距能适应各种厚度的试片。设有锁紧装置以保证在试验过程中间距不变。

(8) 辊子 6 有两个可调套环 11，其作用是使试片在插入仪器期间有助于非固定端的定位，以便使得试片在平面内对屈挠心轴成直角，并且引导试片在屈挠时仍维持这种状况，每一个套环内外直径之差约 10mm。对于标准试片，两个套环之间的距离应为 25.5～26.0mm。

（9）屈挠频率是（1.0±0.1）Hz。

（10）制冷箱温度可保持在（−5±2）℃，屈挠机的驱动电机要在箱体外面。

（11）割口刀用以在试片上割口，刃长 5mm，如图 5-12 所示。

5.11.3　试片的制备

（1）试片长度为 10mm，宽度 25mm，厚度为 3、5、7、10 或 15mm，允许误差 ±0.3mm。

（2）每组试验要测 3 条试片。

（3）试片取自靴底，通过切割和轻轻打磨试片去掉其花纹并降低试片厚度到标准值。

（4）在离试片一端约 60mm 处将每一试片刺透，使割口长度对称地跨在试片中心线上。割口刀直接穿透试片并在另一面伸出 15mm，但 10mm 和 15mm 厚的试片除外，这种情况下，允许割口深度 7.5mm。

（5）可在割口刀柄上安装一个可调套环，以控制割口刀的穿透距离。

5.11.4　试片状态调节和试验温度

在靴子制成 7 天后进行试验，试片在（23±2）℃进行状态调节 4h，在温度为（−5±2）℃的制冷箱中进行试验。

5.11.5　步骤

（1）先检查仪器的屈挠频率，要求仪器以正确频率运转。

（2）将试片绕一个直径为 15mm 的心轴弯曲 45°，用一个放大镜和一把尺子测量并记录每个试片的割口长度，准确到 0.3mm。

（3）转动屈挠机的主动轮直至屈挠臂呈水平，松开紧固屈挠机上部框架的滚花旋钮，抬起上导辊，松开每块夹板。

（4）从仪器后面（设屈挠臂在前面）插入每个试片，外底着地面朝上，试片在辊子 4 和 5 之间穿过，然后在夹板和屈挠臂之间通过，并靠紧屈挠臂的端部挡板。夹板夹持试片，螺钉将夹板固定在屈挠臂上。辊子 6、屈挠臂均有凹槽，以利于条状试片的定位。

（5）检查每个试片的割口要在心轴边沿的正上方，然后上紧夹板，确保夹板和屈挠臂的边沿平行。

（6）当仅有一个试片装在个别夹板里时，这个夹板另一边的凹槽里要插入一个同样材料的小片，以便使得在夹板上紧时其表面保持与试片屈挠部位的表面平行。

（7）将辊子 4 向下移，使其刚好接触试片，但不夹紧。通过上紧蝶形螺母锁住辊子 4。螺母是在同一个螺杆上贴紧机架。

（8）装好试片后应立即开始屈挠试验。

（9）在屈挠试验开始之后，每隔一定时间（如开始时每隔 1h）检查一下试片初始割口长度的增长，或产生新裂纹的情况。为此，从制冷箱里取出全部试片，绕 15mm 直径的心轴弯曲 45°，测量裂口长度，然后按原来的安装步骤将全部试片恢复原位。

（10）当屈挠次数或试片裂口长度达到规定值时停机。

（11）测量裂口长度，取值到第一位小数。

5.11.6 试验结果

（1）分别记录每条试片的裂口长度及其对应的屈挠次数和试验温度。

（2）达到规定屈挠次数，裂口长度未超出规定值时，判试样合格，否则判不合格。

5.12 鞋面材料低温屈挠技术条件

5.12.1 范围

本内容规定了冬季穿用的鞋类产品的鞋面材料的低温屈挠性能指标。适用于各种鞋面材料。

5.12.2 产品分类

（1）正鞋面革。

（2）修饰鞋面革。

（3）贴膜鞋面革。

（4）人造鞋面材料（包括合成革、人造革、合成植绒材料、合成纤维织物等）。

（5）天然织物鞋面材料。

5.12.3 技术要求

要求达到表5-1规定的屈挠次数时，试样不出现目测能观察到的鞋面材料表面破裂及裂纹（包括裂浆或裂面）。

表5-1　　屈挠次数　　单位：万次

材料＼屈挠次数＼等级	优等品	一等品	合格品
正鞋面革	9	8	6
修饰鞋面革	9	7	3
贴膜鞋面革	9	7	3
人造鞋面材料	9	7	3
天然织物鞋面材料	9	8	6

5.12.4 试验方法

（1）鞋面材料低温屈挠性能按本章5.10所述方法测试。测试温度为（−10±2）℃。

（2）试样数量：一个样品不得少于4片（横纵方向各2片）。试样长70mm，宽65mm。

（3）试样外观不允许有伤痕、杂质、污斑及擦伤等缺陷。

（4）试样厚度按材料原厚度，但厚度不大于 2.5mm。

5.12.5　检验规则

（1）同种材料、工艺、规格，每月生产的鞋面材料作为一批。

（2）从每批材料中随机抽取一个样品进行检验。

（3）一个样品的 4 片试样全部达到表 5-1 的优等品、一等品或合格品规定的屈挠次数后不裂，则相应判该批产品为优等品、一等品或合格品等。如有一片或一片以上未达到合格品要求，判该批产品不合格。

（4）同组试样中不同试片的检测结果等级不同时，按低等判定。

（5）第一次试验不符合标准技术指标时，可加倍抽样复验，按复验结果判定。

5.13　鞋子止滑性测定

5.13.1　概述

鞋底的止滑性直接影响着鞋子穿用时的舒适性和安全性。止滑性太小，走路时容易打滑摔跤，尤其是在湿而光滑的路面上。随着我国建筑业的发展，尤其是公共场所的发展，建筑地面的档次也得以提高，华丽美观、富丽堂皇，但大都忽略了地面防滑的问题，致使滑跌摔伤的事故常有发生，所以鞋子的止滑性越来越受到人们的重视。但止滑性也不能太大，否则走路会很困难。鞋底的止滑性可以用鞋底对路基的摩擦力大小来表示。不同的材料、不同的路面，不同的湿度，其鞋底的止滑性是不同的。不同品种的鞋子对止滑性要求也不尽相同。测定鞋子的止滑性可以为选择使用和开发新的鞋材，不同种类鞋子的制作提供科学的依据。

5.13.2　原理

利用鞋底的摩擦因数来表示其防滑性能。把试样放在试验平面上，以甘油作为润滑剂，对试样施以一定的载荷，然后通过横向牵引作用力移动试样，使之相对于试验平板做水平方向移动。测量动摩擦力，并计算动摩擦因数。本方法适用于鞋底、成鞋、试料片及其他高分子材料制品的防滑性能测试。

5.13.3　试剂

（1）乙醇　(50±5)％的水溶液（清洁试样和试验平板）。

（2）甘油　20℃时甘油水溶液含 85.0％～91.5％的丙三醇。

注：当试验环境的空气相对湿度超过 32％时，应使用含丙三醇 89.0％～91.5％的甘油溶液，在延长试验时间内，应经常在试验平板表面重新涂饰甘油形成新甘油涂层。

5.13.4　试验装置

（1）止滑试验机　试验机能使在一定负荷作用下的试样在水平试验平板上做水平方向的匀速滑动，并具备连接在试验平板上的，能精确感测、显示摩擦力变化的装置。

（2）试验平板　表面无划痕的玻璃板。

（3）试验楦　试验用楦要符合要求。且其俯仰角度应能够调节，以保证在试验过程中试样角度准确。

5.13.5　试验条件

（1）试验条件（大气）　试验温度为（20±2）℃，相对湿度为（65±5）%。

（2）试验楦的俯仰角　俯仰角为0°，即试样被水平放在试验平台上。

（3）试验时试样的位置　试样应沿滑动方向进行试验。

（4）测定时试样的滑动速度　（100±10）mm/min。

（5）测定时间　1min。

5.13.6　试验步骤

5.13.6.1　试样制备

男鞋为255、260、265号码的鞋，女鞋为235、240、245号码的鞋。试样数量为3只鞋。每次试验前，选取合适的试验楦装入鞋中或固定在鞋底、试样片上（通过粘在接触面上的双面胶带，防止试样与试验楦之间滑动），称其质量。以配好的乙醇水溶液清洗试样鞋底和试验路面，然后自然干燥。

5.13.6.2　润滑剂的应用

把如前所述规定的甘油涂于试验路面表面上，使之形成一层厚度至少为0.1mm（$1mL/100cm^2$）的均匀涂层。每次试验前如果前一次试验留下了试样运动痕迹，则应重新涂抹甘油形成涂层。

5.13.6.3　试样的安装

（1）把套有试样的鞋楦固定于相应的装置中，调整其俯仰角度为0°。

（2）将25kg的砝码放在加载装置上。

（3）把试样降低到试验路面上，在滑动前让外底与润滑剂至少接触1min。

5.13.6.4　测量

（1）按前述试验条件，将试样降到试验平板上，启动开关马上进行测定。

（2）记录测量周期内的垂直载荷与摩擦力大小。每只试样至少测量5个数据，取其中3个相近的数据的算术平均值为该只鞋的测量结果（每个数据与其算术平均值之间偏差不得超过2%，否则要测量多个数据）。

5.13.6.5　结束试验

在规定时间到达后，停机，取下砝码，从试验楦上取下试样。

5.13.7　试验结果

计算试样摩擦因数：

$$\mu=\frac{F_1}{F_2}$$

式中：μ——试样的摩擦因数；

F_1——水平方向的摩擦力（N）；

F_2——垂直载荷（试验楦重量＋夹具重量＋砝码配重，N）。

以 3 只鞋的摩擦因数的算术平均值来表示试样的防滑性能（保留两位小数）。

附录 2：GB-7012-BC 电脑系统鞋子止滑性试验机

2.1 电脑系统鞋子止滑性测定仪的结构

本仪器包括电脑系统、动力系统、气压系统、模拟动作系统等，见图 5-23。

电脑系统：含电脑主机、萤幕、讯号放大器、列表机。

动力系统：含 AC 马达、减速机、马达速度控制。

气压系统：气压缸使荷重砝码上升、下降。

模拟动作系统：含夹具与模拟路面，夹具可以任意变换鞋子摩擦角度，模拟路面可以选择为玻璃、瓷砖、木板路面。标准配备为玻璃路面。

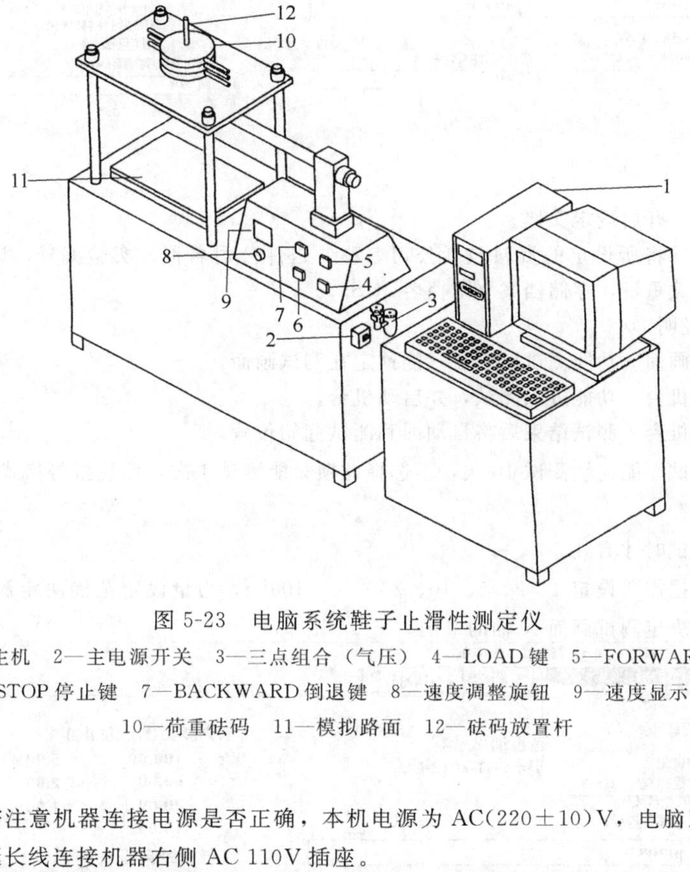

图 5-23 电脑系统鞋子止滑性测定仪

1—电脑主机 2—主电源开关 3—三点组合（气压） 4—LOAD 键 5—FORWARD 前进键 6—STOP 停止键 7—BACKWARD 倒退键 8—速度调整旋钮 9—速度显示屏幕 10—荷重砝码 11—模拟路面 12—砝码放置杆

2.2 机器安装

（1）安装时需注意机器连接电源是否正确，本机电源为 AC(220±10)V，电脑系统所使用电源为 AC 110V，请用延长线连接机器右侧 AC 110V 插座。

（2）电源是否已经有接地，若没有接地时，需做接地处理。

（3）连接气压源时，为延长气压零件寿命，气压源最好经过干燥处理（气压调整为 $5kg/cm^2$）。

（4）机器右侧下方圆孔有 A/D、I/O 线需正确的接上电脑主机后方所标示的 A/D、I/O 连接头。

（5）开机时，请先开主电源，再开电脑电源（关机时顺序相反）。

2.3 机器按键开关说明

（1）主电源开关 位于机器右侧，为机器电源控制开关。

(2) FORWARD 键　控制机台前进动作。

(3) BACKWARD 键　控制机台后退动作。

(4) STOP 键　控制机台停止动作。

(5) LOAD 键　按键保持时，将荷重与夹具放下，按键复归，将荷重与夹具升起。

2.4　软件说明

2.4.1　设定画面

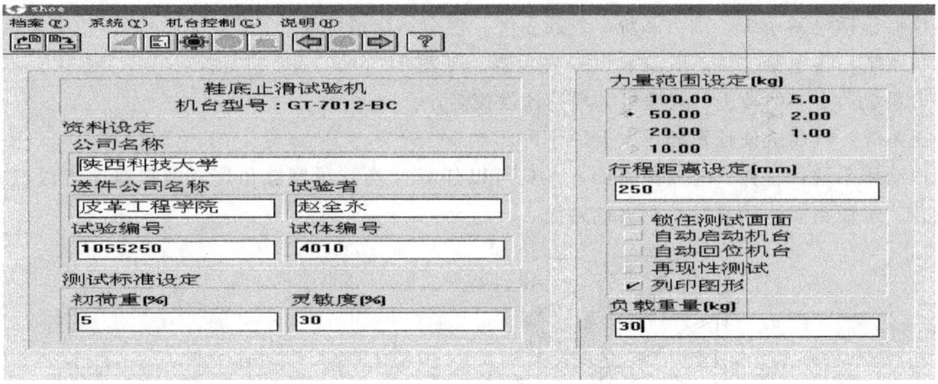

2.4.2　档案

(1) 开启设定　开启设定文档。

(2) 储存设定　将所设定的资料包括公司名称、送件公司名称、实验编号、试体编号、力量范围、行程距离、负载重量，存储档案（附档名 .GSP）。

2.4.3　其他功能说明

(1) 锁住测试画面　功能测试结束后，能锁定在测试画面。

(2) 自动启动机台　功能进入测试，并启动机台。

(3) 自动回位机台　测试结束后将自动回到测试起始位置。

(4) 再现性测试　能连续测试 10 次，不选择此项只能测试 1 次，而且报告格式不一样。

2.4.4　打印图形

只有再现性测试时才有效。

力量范围可根据需要设定 1、2、5、10、20、50、100kg，力量设定范围决定测试画面 Y 轴的范围，行程距离设定决定测试画面 X 轴的范围。

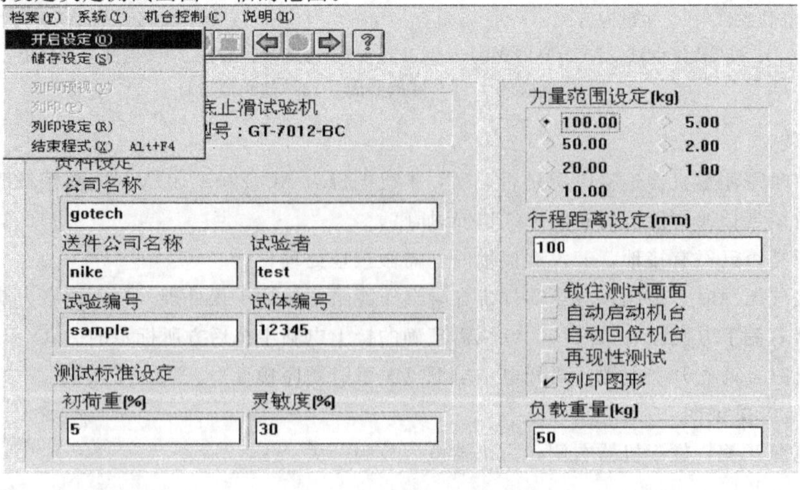

2.4.5　测试画面

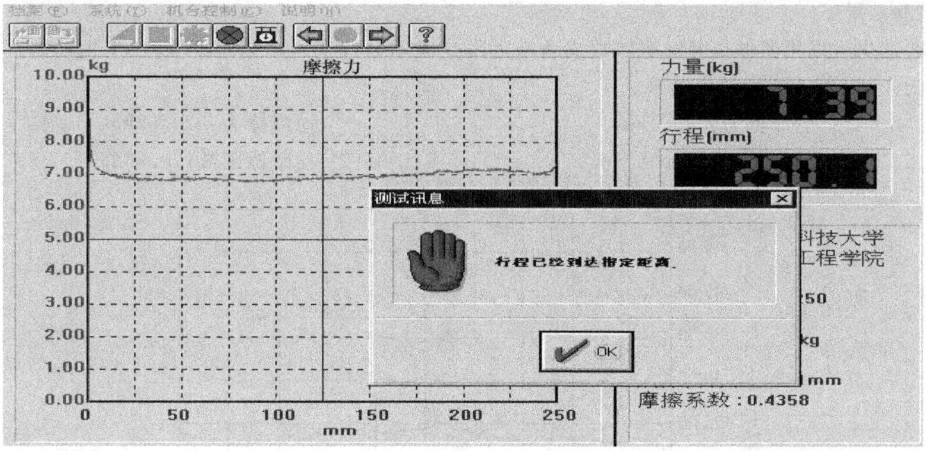

2.4.6　报告画面

<u>鞋底止滑试验报告</u>

试验编号：1055250　　　　报告日期：25/6/2002

试体编号：4210　　　　试验者：×××

档案名称：1055250.1　　　　试验日期及时间：23/6/2002　12：52

负载重量：20.00kg　　　　动摩擦力：15.31kg

静摩擦力：16.07kg　　　　动摩擦因数：0.7654

静摩擦因数：0.8034

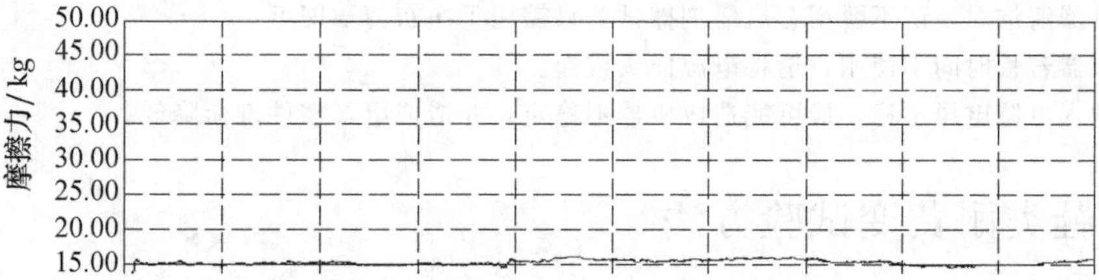

2.5　试样

成品鞋、成型鞋底或具有一定尺寸的试片。成品鞋装写楦，成型鞋底或试片垫压鞋楦。

2.6　操作步骤

(1) 打开机器主电源开关。

(2) 打开电脑电源开关使电脑进入 WINDOWS 系统。

(3) 在 WINDOWS 系统桌面下，将游标移至 SHOE 档名的图示，按 MOUSE 左键两下，进入鞋子止滑性测试件。

(4) 软体操作，请参阅软体操作说明。

(5) 按前进键旋转速度调整钮，调整测试速度，调整时，速度显示幕会显示其速度值。注意后退速度是以固定速度快速后退、无法调整。

(6) 置放适当砝码于砝码置放杆上（砝码值依照测试条件而定）。

(7) 将鞋模固定于夹具上，再利用角度块调整所欲测试的摩擦角度，并穿上试样鞋子。

(8) 按 LOAD 键，使鞋子能接触于路面上。

(9) 按测试键（软件），进入测试。

(10) 到达测试行程后，自动停机，并显示测试结果。

（11）按 LOAD 键，使荷重砝码上升，取出试样。

2.7　试验结果

试验结果可以用图形或静摩擦因数或动摩擦因数表示。如下列结果：EVA 在干柏油路面上、法向负荷为 300N 时止滑性测定结果：

静摩擦力：25.19kg　　动摩擦力：23.57kg

静摩擦因数：0.8396　　动摩擦因数：0.7586

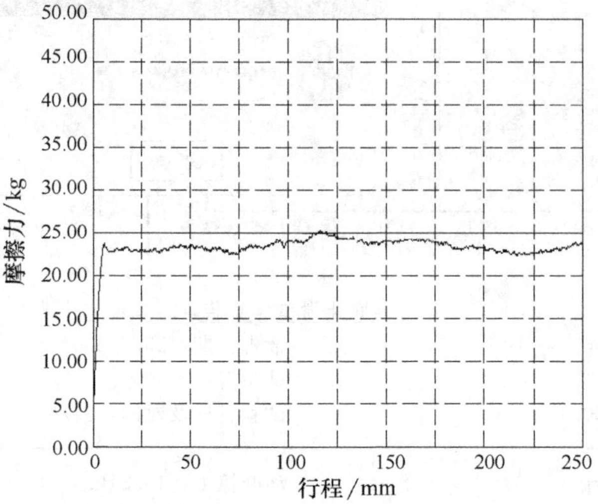

2.8　注意事项

（1）气压式三点组合，需注意添加润滑油（润滑油喷出量，调至 0～1）。

（2）机器清洁时，请不要用有机溶剂擦拭，只需用干净布清洁即可。

（3）机器若长时间不使用，请将电源插头拔起。

（4）输入电源电压不稳，极可能造成机器不稳定，并造成电气零件寿命降低。

5.14　鞋类耐黄变试验方法

5.14.1　概述

本项目的制定主要是为了适应消费者对鞋类产品质量要求的提高，有利于促进鞋类产品综合结构优化调整，有利于鞋类产品出口及内销产品提高附加值，使国内鞋类产品的质量控制能够有效地和国际标准接轨。

本方法用于测定鞋用帮材、底材（天然皮革、合成皮革、纺织物及硫化橡胶）等浅色或白色制品对太阳光、紫外光照射的耐黄变程度。

5.14.2　原理

5.14.2.1　A 法

浅色或白色物品，在自然太阳光长时间照射易发生颜色变黄的现象。以太阳灯及恒温装置模拟自然的环境，将被测样品放置在此模拟环境下，一定时间后，观测样品表面颜色的变化，用“评定变色用灰色标准样卡”确定样品的变色程度，从而大致确定材料在太阳光辐射下耐黄变的能力。

试验箱内光源为太阳灯泡，发出的光线类似于太阳光。

5.14.2.2　B 法

浅色或白色物品，在自然太阳光长时间照射易发生颜色变黄的现象，以紫外线照射试样，在规定的时间内，观测样品表面颜色发生的变化，用“评定变色用灰色标准样卡”确定样品的变色程度，从而大致确定材料在太阳光的紫外光线辐射下耐黄变的能力。

试验箱内光源为紫外线灯管，发出的光线是紫外光。

5.14.3　试验装置

5.14.3.1　A 法

（1）试验箱　试验箱工作室内安装紫外线灯泡光源，箱内温度可以自由控制，并具有使温度控制在±2℃范围内的调节装置。

（2）光源　选用功率为 300W，电压为 220V 螺旋灯口的灯泡，灯泡的紫外线光波段的波长为 280～400nm，并有部分可见光。灯泡紫外线的光密度为（25±0.4）W/m^2。灯泡每使用 1000h 必须更换。

（3）试样架　试样架由托盘、托盘支撑杆组成，并且可以调整试样高度，试样架下部安装有旋转盘，带动托盘旋转以保证试样照射均匀。

5.14.3.2　B 法

（1）试验箱　试验箱工作室内安装紫外线灯管，试验箱内温度为常温。

（2）光源　选用 15W 紫外光灯管两支，波长 280～400nm。灯管每使用 500h 必须更换。

（3）试样架　试样架是由托盘、托盘支撑架组成。

5.14.3.3　遮光片

不透明（所有波长的光线透射率为 0）薄片。

5.14.3.4　比色卡

评定变色用灰色标准样卡。比色卡至少每 12 个月更换一次。

5.14.4　试样制备

（1）试样的形状规格　用模刀或剪刀裁取尺寸为（6.2±0.2）cm×（1.2±0.2）cm 的长方体，试片厚度不超过（5.0±0.2）cm。

（2）特殊试样可以根据实际应用情况确定试样形状规格。

（3）成品鞋。

（4）试样数量根据检测项目次数确定，每项每次检测的有效试样一般不少于 3 个。

5.14.5　试验条件

5.14.5.1　A 法

（1）试验箱内温度规定为（50±2）℃。

（2）试样表面与灯泡平面平行，最近距离为（250±2）mm。

5.14.5.2　B 法

试样表面与灯管平面平行，最近距离为（250±2）mm。

5.14.6 试验步骤

5.14.6.1 A法

（1）试样安装 用遮光片盖住试样首尾两端各2cm处，将试样放到托盘上，位置在直径为75mm和300mm的两个同心圆之间的区域。试样的照射面朝向光源，试样的长方向与托盘的半径平行。

（2）照射试验 将托盘送进试验箱，启动开关，托盘以转速（3±1）r/min进行旋转，以保证照射均匀，在（50±2)℃的温度下让试片在灯光下不间断地照射固定的时间，例如6、12、18、24h。

（3）结束试验 在规定的时间到达后，从试验箱中取出试片，取下试片上的遮光片。

5.14.6.2 B法

（1）试样安装 用遮光片盖住试样首尾两端各2cm处，将试样放到托盘上，试样的照射面朝向光源，试样的长方向与灯管的方向垂直。

（2）照射试验 将托盘送进试验箱，启动开关，让试片在紫外线灯光下不间断地照射固定的时间，例如3、6、12h。

（3）结束试验 在规定的时间到达后，从试验箱中取出试片，取下试片上的遮光片。

5.14.7 试验结果

在标准光源对色灯下用灰色样卡直接目测评估试样被遮盖部分与未遮盖部分所对应的黄变级数，精确到0.5级，选取最大的结果作为最终结果。

试验报告包括试验样品名称、规格和生产厂家；试验方法（A法或B法）；试验箱型号、光源型号；试验条件、照射时间；试验结果；试验日期、试验者及其他。

附录3：GT-7035-UA型耐黄变试验机

3.1 概要

本仪器是利用加热和紫外线的技术，以一定强度的紫外线光源和温度施加于试样上，借此可用来仿真鞋材或硫化橡胶受阳光辐射后所产生的变色情形，并可评估其耐黄变程度，以作为制鞋时改善其品质的依据。

3.2 仪器规格

GT-7035-UA型耐黄变试验机见图5-24。

（1）光源 采用德制欧斯朗灯泡，欧斯朗灯泡规格如下：输出功率300W，使用寿命1000h，光源稳定时间2min。

（2）机台使用电源 220V。

（3）机台消耗功率 12A。

（4）使用温度 常温至100℃。

（5）试料盘转速 （3±1）r/min。

（6）加热方式 热风循环。

（7）光密度 距离50cm处12.5W/m² 可以用旋钮调整其光密度大小。

（8）通风孔 作用有：抽换箱内空气；排放试样受热所产生热气，以调整控制箱内温度。

3.3 机台组件说明

（1）安培计（AMPER METER） 指示机台电流大小。

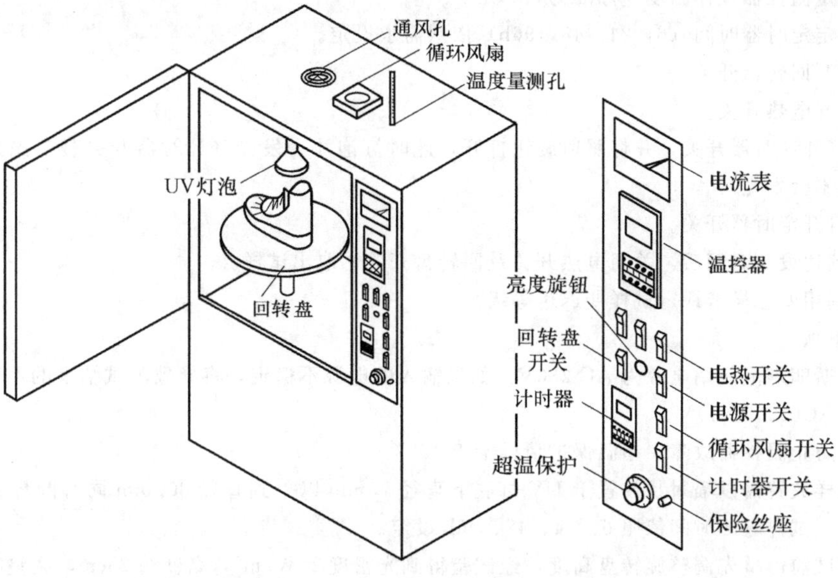

图 5-24　GT-7035-UA 型耐黄变试验机

(2) 温控器 (TEMP. CONTROL)　设定并控制试验所需温度。

(3) 电热开关 (HEATER SWITCH)　控制电热器 (HEATER) 加温，共有三组开关，试验时可使用一组或两组做测试。

(4) 回转盘开关 (ROTATION SWITCH)　控制试料回转盘旋转或停止。

(5) 电源开关 (POWER SWITCH)　机台电源开关。

(6) 照射旋钮 (RAY SWITCH)　顺时针旋转，光度增加。

(7) 散热开关 (RADIATOR)　此开关打开，循环风扇开始动作。

(8) 定时器开关 (TIMER SWITCU)　定时器开始计时开关。

(9) 定时器 (TIMER)　设定测试所需时间。

(10) 保险丝 (FUSE)　电压超载、电源短路时的保护装置。

(11) 超温保护器 (TEMP. SAFTY)　防止温控器故障，而损坏机台，一般设定为比试验温度多 15℃或 20℃。

(12) 计时器及计时器开关。

3.4　光密度调整

(1) 准备可读取光密度 (W/m^2) 的紫外线光度表 (UV meter) 置于试料转盘上，调整发光旋钮使太阳灯泡发光，灯泡发光后须等待 5min，当光源稳定后才从光度表读取数值。

(2) 注意光密度的大小与其发光距离成反比，我们建议的光密度大小为 $25W/m^2$，请适当调整试料转盘的高度使光密度为 $25W/m^2$

3.5　操作程序

(1) 依据要求制备 62mm×12mm 的长方形试样。

(2) 依照电源标示连接机台电源 AC 220V。

(3) 装上欧斯朗灯泡

(4) 用夹子将试样置于试件转盘上。

(5) 打开电源开关。

(6) 设定温控器操作温度 [标准为 (50±2)℃]。

(7) 设定定时器时间 (6, 24, 48, 96h) 依照需求设定。

(8) 打开回转盘开关。

(9) 打开电热开关。

(10) 打开计时器开关，并将照射旋钮打开，此时灯泡才会发光（计时器开关若未先开，则调整照射旋钮仍不会发光)。

(11) 打开定时器开关。

(12) 到达设定时间后，关闭电热开关及回转盘开关，取出试样。

(13) 利用变色样卡评定试样变退色等级。

3.6 注意事项

(1) 欧斯朗灯泡使用电源为 AC 230V，如果输入的电源不稳定，将导致测试结果的不正确，输入电源范围：AC(220±11)V。

(2) 为防止温控器故障，超温保护请设定于 150℃

(3) 试样放置需以辐射状放置于 UV 灯底下直径 75mm 以外到直径 300mm 同心圆环状区域内的试样转盘上，试样曝晒时间依照 6、24、48、96h 设定。

(4) 测试前需事先调整旋转盘高度，经试验得到光密度 25W/m^2，高度约 25cm，调整时可从旋转盘高度指示尺得知调整高度。

(5) 为防止使用者的眼睛受到伤害，使用时，请勿直视 UV 灯光。

(6) 经长时间使用后温度需重新校正。校正方式如下：将机台所附的温度计置于温度量测孔上，设定温控器温度为 50℃，经一定时间当温度稳定后，观察温度计温度与温控器温度，若两者有误差，请调整温控器内部上方右侧的可变电阻，温度出厂前，已经由生产公司校正，除非温度差异过大，请勿随意调整。

附录 4：GT-7035-UB 型耐黄变试验机

GT-7035-UB 型耐黄变试验机见图 5-25。

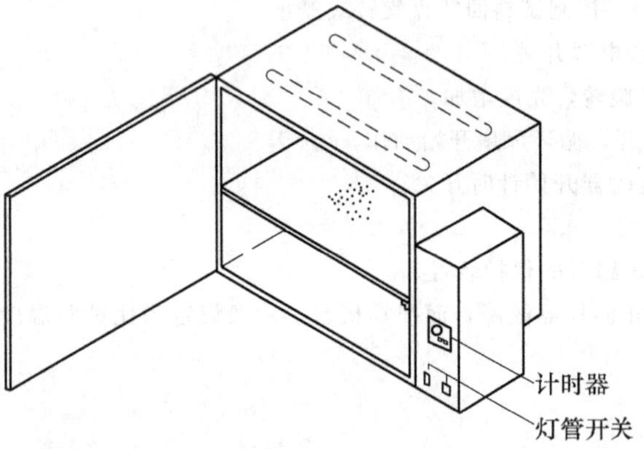

图 5-25 GT-7035-UB 型耐黄变试验机

4.1 注意事项

(1) 本试验箱内的灯管所照射出来的光源为紫外光线，眼睛不可注视，以免伤害视力。

(2) 人体皮肤与光源接触也十分危险，应特别留意。

(3) 直射应避免，即使反射也对眼睛、皮肤有害。

(4) 必须使用正确电压的电源。

(5) 避免灯管受撞击而破裂。

(6) 更换灯管前，须先关闭电源。

4.2 操作说明

(1) 松开门扣，打开箱门。

(2) 调整箱内网架高度，将鞋材或成品鞋放于网架上。

(3) 关好箱门，按标示的电源插电。

(4) 设定试验时间 电热启动达到设定温度后，计时设定才启动计时。

有人推断照射 3h，相当于在货柜车箱内 60d，但尚未受公认，仅能作为参考。

(5) 选定欲使用的灯管光源后，打开灯管开关，计时器即开始计时。

本机台备有两组灯管开关，开启左边的开关时，两支灯管同时亮，可提供30W的光源，开启右边的开关时，只亮一支灯管，提供15W的光源。

(6) 试验到达设定的时间后，自动切断灯管电源。

(7) 将灯管开关关闭，取出试样。

5.15　鞋类耐电压性能的测定

5.15.1　原理

试验方法是施加电压于鞋底，并将电压缓慢上升至规定值，检查鞋底是否能够在一定的时间内承受该规定的电压，或测试成鞋鞋底或绝缘鞋材所能承受的耐电压值，以了解其耐电压程度。

5.15.2　仪器

(1) 仪器结构

耐电压试验机仪器结构图见图5-26，控制面板图见图5-27。

(2) 仪器规格

耐电压试验机仪器规格见表5-2。

5.15.3　试样制备

将直径3mm钢珠倒入待测试的成鞋内，钢珠高度至少需达30mm以上，将链条置入鞋内。

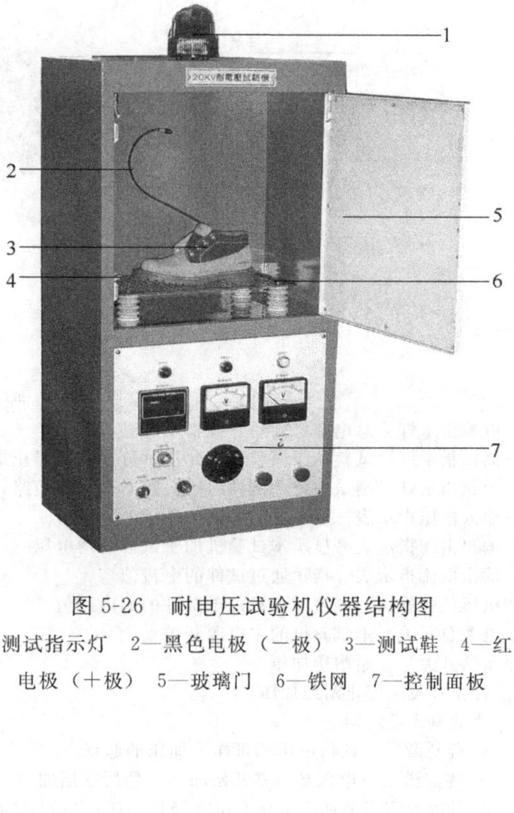

图5-26　耐电压试验机仪器结构图

1—测试指示灯　2—黑色电极（一极）　3—测试鞋　4—红色电极（十极）　5—玻璃门　6—铁网　7—控制面板

5.15.4　操作步骤

(1) 试验前确认电源是否符合要求。

(2) 试样鞋的安装

① 打开玻璃门，将测试鞋放到测试箱内铁网之上，鞋子直放，鞋子底面与铁网接触。

② 将测试黑色电极引线放入鞋内并夹于链条上，红色电极夹于铁网上。

(3) 开始测试

① 关闭玻璃门，打开总电源开关。

注：箱门未关闭时，基于安全防护设计，本试验机不能做任何通电测试。

② 选择激活条件：任意激活/零点激活/计时及零点激活。设定耐电压时间，用耐电流值设定钮，调整耐电流值。

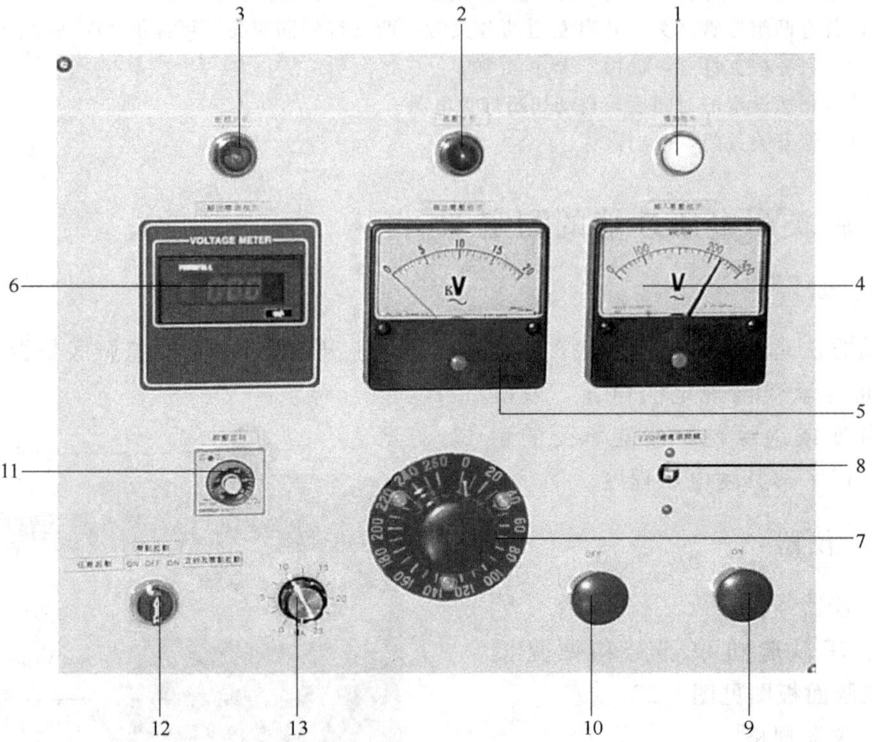

图 5-27　控制面板图

1—电源指示灯　总电源打开后，此指示灯亮起
2—高压指示灯　试验电压调整后，此指示灯亮起，停止加压时则熄灭
3—短路指示灯　测试中，测试件耐压失败时即形成短路，此灯亮起，并配合警报声示警
4—输入电压指示表　显示本试验机所使用的电压
5—输出电压指示表　显示本试验机加于试件的耐电压
6—输出电流指示表　指示通过试件的电流值
7—电压调整旋钮　调整试验机加于试件的耐电压值
8—电源总开关　本试验机的主电源开关
9—激活开关　开始耐压加压
10—停止开关　停止耐压加压
11—激活模式设定器
　a. 任意激活：任何电压均可作为加压的起点
　b. 零点激活：电压必由零开始加压，然后逐渐加高至所需电压
　c. 计时及零点激活：电压必由零开始加压，当到达定时器设定的时间后，停止加压
12—耐压定时器　于计时及零点激活模式下，设定加压的时间
13—耐电流值设定钮　设定耐压电流值

表 5-2　　耐电压试验机仪器规格

项　目	规　格	项　目	规　格
测试电压	1kV/s 至指定电压	测试频率(时间)/Hz	60(1min)
容量/(kV·A)	0.5	导电钢珠直径/mm	3
输入电压/V	AC 220	铁网尺寸/mm	400×220
输出电压/kV	AC 20	测试空间尺寸/cm	59×37×55

③ 按“ON”开始加压，电源指示灯亮起，用电压调整旋钮调整耐电压值，可以不断地以 1kV/s，直至电压达到 18kV，60Hz 保持 1min 电流值须小于 1MA。

④ 观察测试鞋被击穿。

⑤ 当测试件击穿时，短路指示灯亮起，并发出警报声。读取加压电压值。按“OFF”，终止试验。

⑥ 试验完毕，关闭总电源。

5.15.5　结果判定

（1）在测试标准规定耐电压值及时间，当测试失败，记录耐电压值及时间。

（2）在测试标准规定耐电压值及时间，观察破坏程度。

5.15.6　注意事项

（1）清洁　随时保持仪器的清洁，每次试验前后应用棉布擦拭仪器，使试件夹保持干净。

（2）润滑　定期对仪器传动部件（如轴承、螺杆）加注润滑油（选用普通润滑油即可）。

（3）检查各开关、继电器、线路是否烧蚀或接触不良。

（4）本试验机属高压测试设备，不正确的使用及操作都可能发生危险，只有经培训且合格的作业人员方可操作本设备。安装试件前请确定电源是否确实关闭。实验过程中，应确实关闭安全玻璃门。

5.16　安全鞋冲击性能测定

5.16.1　原理

本方法利用电磁铁控制冲击头的起落，并以一定的高度冲击安全鞋的护趾钢头部后，检查护趾钢头损坏或变形，从而表征安全鞋（头）耐冲击程度。

5.16.2　仪器

（1）仪器结构　安全鞋耐冲击试验机结构示意图见图 5-28。

（2）控制面板

ON：控制面板激活键；

OFF：控制面板停止键；

上升：控制横担和横担吸住冲击头时上升；

下降：控制横担和横担吸住冲击头时下降；

调降：控制横担吸住冲击头下微调；

测试：冲击头落下。

（3）仪器规格　见表 5-3。

表 5-3　　安全鞋耐冲击试验机仪器规格

项　目	规　格
落锤质量/kg	(欧盟标准)20±0.2,(英国标准,美国国家标准)22.7
冲击能力/J	(欧盟标准)200,(英国标准,美国国家标准)100±2
冲击刃/mm	(欧盟标准)R 3±0.1,(美国国家标准)φ25.4
有效行程(约)/mm	1300
尺寸/cm	70×58×182
电源电压/V	AC 220(5A)或依国别指定

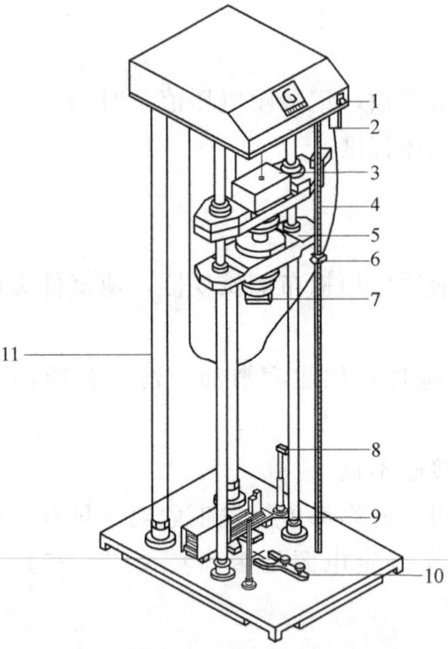

图 5-28　安全鞋耐冲击试验机结构示意图
1—电源开关　2—控制面板　3—安全插销　4—高度尺　5—横担　6—上限感应器　7—冲击头　8—冲击感应器　9—防二次冲击器　10—夹具　11—测速仪固定杆

5.16.3　操作步骤

（1）确认电源是否符合规定要求。

（2）试样安装

① 开启 ON 键，按下升键使横担下降吸住冲击头。

② 按下上升键提升冲击头至适当位置。

③ 将固定螺栓放松，夹块可上下移动，把鞋头试样套入 Y 形夹块，调整中间螺栓，使夹块位置高度适中，平行于鞋底高度，然后锁紧固定螺栓，即可夹紧试件(如图 5-29)。固定与冲击头位置请自行参照不同标准要求。

（3）调整试样与冲击头高度　旋松高度尺旋钮，依指针指示可通过按上升或下降键设定高度（试件与冲击头高度请自行参照不同标准的要求）并将高度尺旋钮固定在指示高度位置处。

图 5-29　安全鞋耐冲击测试

（4）试验

① 按下测试键 4s 后电磁铁断电，冲击刃落下冲击试件。

注：为确保操作者的人身安全，请在冲击头落下前远离机台至少 1m。

② 按下下降键使横担吸住冲击头，按下上升键使横担和冲击头上升一定高度，操作人员方松开夹具，取出试样。观察破坏情况。

5.17 鞋后跟耐冲击测试

5.17.1 原理

本方法适用于高跟鞋的鞋跟冲击疲劳试验。本试验机女高跟鞋跟作每秒一次固定能量的敲击测试，以判定鞋跟连续疲劳性能的可承受程度。

5.17.2 仪器

（1）耐冲击试验机　见图 5-30。

（2）控制面板说明　见图 5-31。

① 功能说明：

1—光标所在位置，可进行修改动作。

2—显示设定次数。

3—显示目前计数。

4—按 CLR 键将“PV”栏内目前计数次数归零。

5—按键“SV”栏内设定数字递增键，每按一次数字加 1（在程序栏显示时，按键设定光标上下移动）。

6—按键“SV”栏内数设定数字下方光标会向右移动，可借此键移动欲修改设定次数。

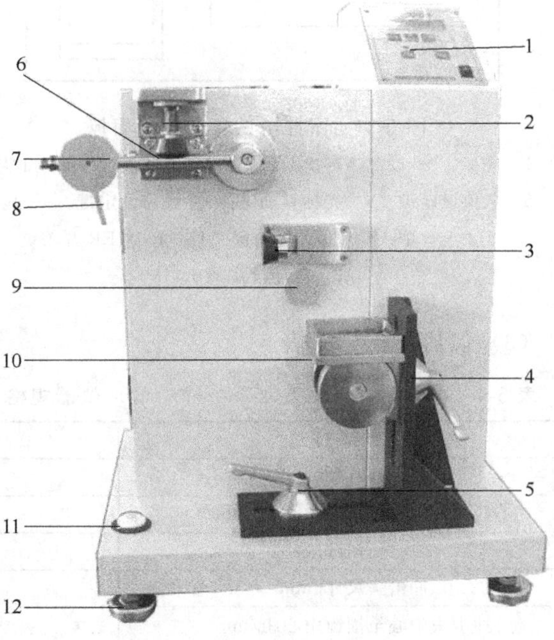

图 5-30　耐冲击试验机

1—控制面板　2—反弹跳阻尼　3—过冲开关　4—水平固定把手　5—垂直固定把手　6—摆锤杆　7—摆锤　8—冲击头　9—刻划板　10—固定架　11—水平仪　12—脚钉

7—程序设定：按住□键同时打开电源开关键，屏幕会显示程序设定栏（见 12），按光标上下移动，当光标在“1. Count”为计数；在“2. Time”为计时，依需求，设定 OK 后，按□键，设定完毕。

8—按 START 键此灯会亮起，按 STOP 键此灯会灭。

9—控制箱电源开关。

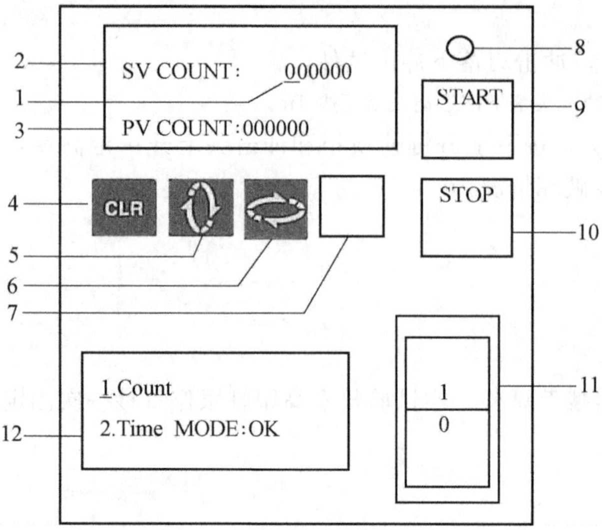

图 5-31 耐冲击试验机控制面板

1—光标 2—设定循环次数 3—实际循环次数 4—归零键 5—数值设定键 6—光标移动键 7—程序设定键 8—显示灯 9—开始键 10—停止键 11—POWER 开关键 12—程序设定显示栏

10—按此键，“PV”栏内开始计数，机台开始动作，指示灯会亮。

11—按此键，“PV”栏内停止计数，机台停止动作，指示灯会熄灭。

12—程序设定显示栏。

② 操作说明：

a. 按下 POWER 键接通电源。

b. 触摸可实现“SV”栏内设定数字下方光标会向右随之改变，可根据试验需求将光标定位于需求位置，按键设定所需的次数。

c. 按下键将显示器“PV”栏内数值归零。

(3) 仪器规格 见表 5-4。

表 5-4 仪器规格

项 目	规 格
摆锤杆直径/mm	ϕ12.5
摆锤杆中心至摆锤中心距/mm	152±2
摆锤直径/mm	ϕ57,厚度 20
冲击头尺寸/mm	长 35,宽 20,半径 3,厚度 6
冲击头中心至摆锤中心距/mm	63.5
摆锤水平质量/g	456.5
测试速度/(次/min)	60
计数器	LCD 液晶显示 0～999,999 次可设定
尺寸(长×宽×高)/cm	63×49×39
质量/kg	约 170

5.17.3 操作步骤

(1) 准备试样 取无伤痕高跟鞋的鞋跟 3 个以上。

(2) 机台水平 调整 4 个水平脚钉，检视水平仪，使机台处于水平。

(3) 鞋跟的装置

① 用相应规格内六角扳手松开固定盘上 4 个固定螺丝，取下固定盘。

② 先将锡条放入熔锡炉内进行熔解。

③ 将测试鞋跟跟部朝上，底部朝下，置于固定盘中心位置，然后拿勺将熔解的锡条倒入固定盘，然后将固定盘置于冷水中冷却。见图 5-32。

注：锡条应在最低熔解温度时，倒入固定盘最佳。熔解的锡条倒入固定盘高度约为 3mm（与固定盘高度水平）。

④ 等熔解的锡条凝固，鞋跟被固定后，将固定盘置于固定架上。

⑤ 松开固定架上水平及垂直固定把手，将鞋跟对准位板上的刻划线并使冲击头与后跟微微接触，冲击头与后跟顶端距 6mm 位置，水平及垂直把手锁紧，见图 5-33。

（4）请依试验机铭牌上标示配置接上正确电源。

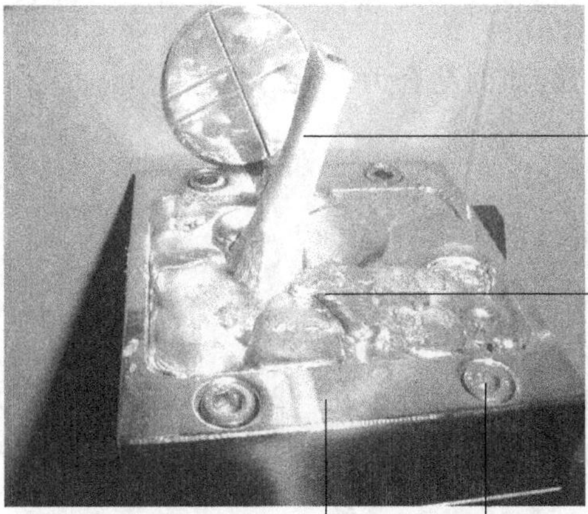

图 5-32　放置鞋跟并固定

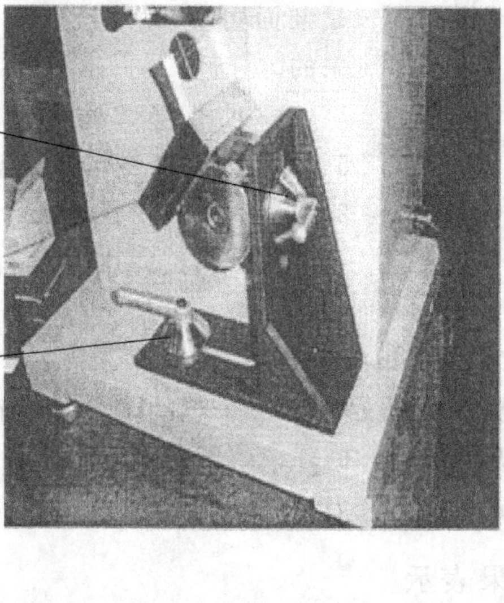

图 5-33　鞋跟耐冲击试验

(5) 按 POWER，设定冲击次数。

(6) 按下 START 键，即可开始测试。

(7) 鞋跟断裂或变形时，自行停机终止测试。

5.17.4 结果判定

记录总打击次数及破坏强度。

5.18 鞋类粘合力的测定

5.18.1 测试目的

测定鞋底材料之间以及与鞋面的粘合力。

5.18.2 仪器

符合规格要求的拉力机试验机

5.18.3 试样的数量

一次测试要求用一双鞋子。测试前鞋子在 (23±2)℃的条件下放置 24h 以上，以确保胶粘剂完全凝固。

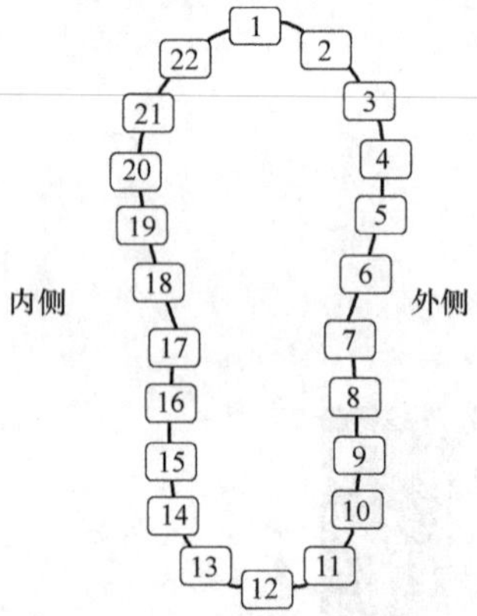

图 5-34 粘合力测定的点位

5.18.4 操作步骤

(1) 将鞋面切去，与底部分离。

(2) 测试试样是一条 10mm 宽的鞋底与鞋面的粘合部分。这种试样是通过沿着鞋底与鞋底上部边缘（正好是鞋面可见到的起点处）10mm 的恒定距离垂直切出来的。

(3) 沿着试样边缘标上 22 个等距离的点（见图 5-34）。如果是婴儿鞋，比较小，只标 14 点，也即减掉第 3、6、8、10、14、16、18 和 21 点。

(4) 从试样中的材料粘合处割开以便使试样的两头可被拉力钳夹紧。

(5) 测试速度为 100mm/min。

(6) 开动拉力机，分别读取这 22 个点的粘合力，单位为 N。

(7) 假如材料开始损坏、撕开，就用刀子小心地割开材料直至到达粘合处为止，确保试样的两端仍正确地夹在拉力机的上下夹钳中，继续测试。

5.18.5 测试结果表示

测试结果包括 22 个点（或 14 个点）每一点的位置、破坏情况和粘合力 (N)。

5.18.6 破坏情况

(1) 材料破坏(被粘物破坏) 见图 5-35，当两种材料的粘合力大于其中一种或两种材料的撕裂力时，就发生这种破坏。

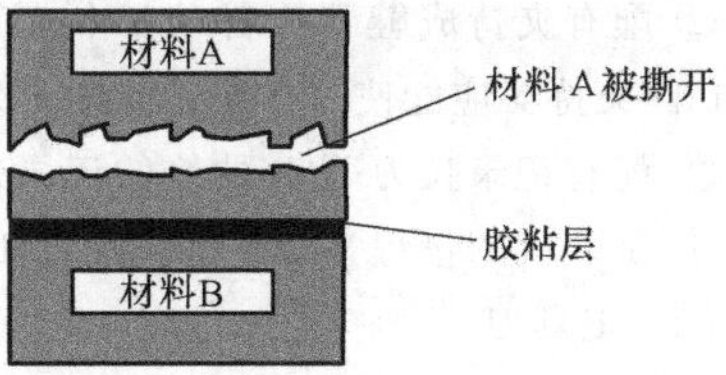

图 5-35 材料破坏

(2) 处理不当引起的界面破坏 见图 5-36，当皮革、橡胶等材料表面打磨处理不足或不正确，或者处理剂涂得不好，或采用了不正确的处理剂，胶粘剂就会与其中一种或全部两种材料的表面脱离，就会出现只有一种材料表面剩有胶粘剂附着的破坏情况。

(3) 内聚破坏 见图 5-37，当胶粘剂的内聚能较低，产生的粘合力较低，或者要粘合的两种材料受到不足或不正确的压力时，材料之间就会留下气泡空隙，而产生内聚破坏。

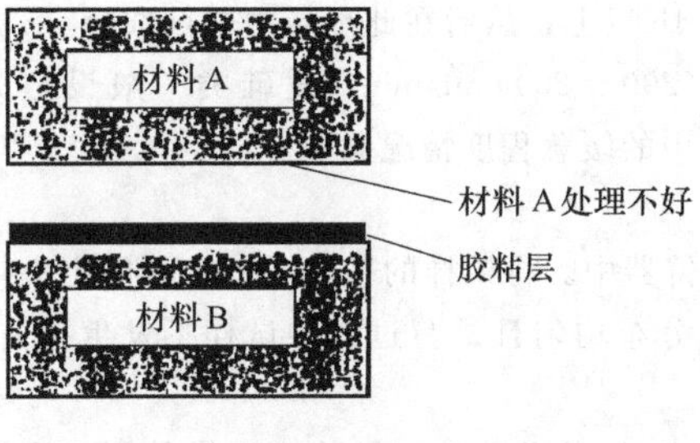

图 5-36 界面破坏

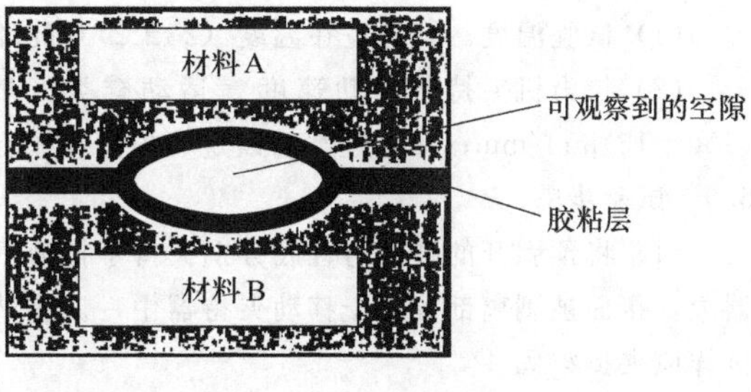

图 5-37 内聚破坏

(4) 打磨不好引起的破坏 见图 5-38，当材料(皮革或橡胶)表面受到不足或不正确打磨，胶粘剂通常会粘在这材料的“表层”上，这“表层”会与材料脱离。如果是橡胶，胶粘剂就根本粘不上橡胶的表面。因此，其中一面的材料会没有胶粘剂或在其表面有可看到的空隙。

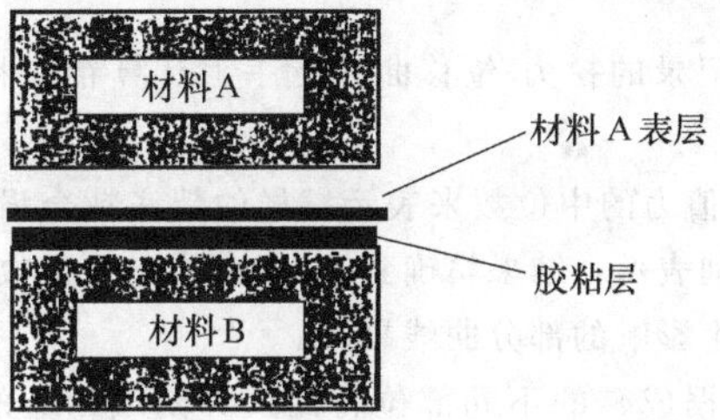

图 5-38 打磨不好引起的破坏

(5) 混合破坏 既有界面破坏，又有内聚破坏。

附录 5：皮鞋帮底粘合强度的测定

5.1 定义

帮底粘合强度：分离鞋帮面与鞋底间粘合界面所需要的力。

5.2 原理

在规定条件下，用拉力机的上下夹持器分别夹持鞋帮与鞋底相互粘合的两个部分，测试鞋帮与鞋底粘合部位界面分离所需的力。试样为成鞋，测试前将粘合部位预分开一小段以便于夹持器夹持。

本方法适用于以冷粘、模压、硫化、注塑等工艺制成的鞋类的帮面与鞋底粘合强度的测试。

5.3 仪器

(1) 拉力试验机 拉力试验机应符合以下要求：

① 夹持器移动速度可在 50～500mm/min 间设定。

② 配有夹持成鞋帮底部位试样的夹持器，如钳型夹具，夹持器夹口为平口，其宽度在 2.5～3.5cm。夹持器应能使试样在试验中不发生滑脱。

③ 配有记录拉力-位移曲线的记录仪。

④ 试验机的量程为 2000N，精度 1N。

(2) 工具刀。

(3) 钢尺。

5.4 试样制备

(1) 试样要求　试样为制成 48h 后的成鞋，帮底粘合部位不得有明显缺陷。试样数量至少两只成鞋，另有规定时按规定执行。

(2) 试样制备　用工具刀及手工方法将一只试样在鞋头位置将鞋面与鞋底的粘合处剥开约 30mm，另一只在鞋跟位置将鞋面与鞋底的粘合处剥开约 30mm，被剥开部分不得有明显损伤。高跟鞋、厚底鞋或有底墙的鞋应预先进行适当切割以去掉较厚的部分，使其便于夹持。

5.5 试验条件

(1) 试验温度　试样应在温度 (23±2)℃的环境中放置 4h 以上，然后在此环境中进行试验。

(2) 拉力机夹持器移动速度　运动鞋类一般设定为 (200±20)mm/min；皮鞋类一般设定为 (150±15)mm/min；其他鞋类的设定可根据鞋子在实际使用中的缓急程度情况确定。

5.6 试验步骤

(1) 将预剥开的鞋面与鞋底分别夹持于拉力机的上下夹持器中。将试样的鞋底部分夹于固定夹持器上，帮面被剥离部分置于移动夹持器中，调整试样使拉力分布均匀且试验过程中试样不发生扭曲，试样应夹持牢固。

(2) 启动试验机开始拉伸测试。记录整个测试过程中的拉力-位移曲线，并检查试样的剥离或破坏情况。如果出现某材料自身有撕裂情形而不是两种材料之间的剥离时，应用刀片将剥离线划割回至粘合处。注意不要割到粘合界面。

5.7 试验结果

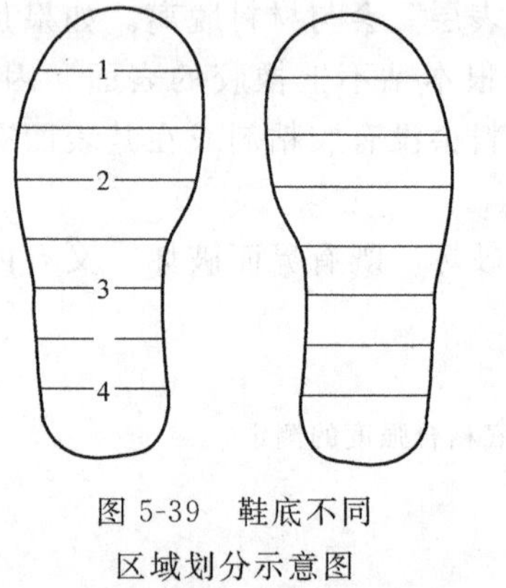

图 5-39　鞋底不同区域划分示意图

1—鞋头部　2—鞋掌部
3—鞋腰部　4—鞋跟部

(1) 从记录纸记录的拉力-位移曲线上手工计算帮底粘合强度。

① 用图形中峰值力的中位数来表示试样的帮底粘合强度。每只试样的结果分别表示，结果精确到 1N。在确定中位数时，应将用刀片划割产生影响的部分曲线剔除。

② 也可分别依据成鞋的不同部位将曲线分割成相应的区域以计算各个部分的粘合强度，在区域划分图上表示结果，如可分为：鞋头部位、鞋掌部位、鞋腰部位、鞋跟部位等，每个部位又可等分成几个区域（见图 5-39）。

(2) 用电子装置计算　用经过验证的电脑程序计算曲线的平均拉力来表示试样的帮底粘合强度。也可计算不同区域上的平均值来表示各部位的粘合强度。

(3) 用下列术语描述试样剥离或破坏类型

AU——胶粘层与鞋面分离。

AS——胶粘层与鞋底分离。

AA——胶粘层胶膜间分离。

UM——帮面材料撕裂。

SM——鞋底材料撕裂。

（4）试验报告应包括标志样品所需的所有细节、拉力机夹持器移动速度、试验温度、所采用的计算方法、剥离或破坏类型、试验结果等内容。

5.19　鞋类缝接强度的测定

5.19.1　测定目的

本方法主要测试编织物、底部为编织物的合成材料的缝合强度，确定破坏编织物或底部为编织物的材料的针缝结合处破坏所需的力。

5.19.2　仪器

（1）符合规格要求的拉力机试验机。

（2）有橡胶面的夹具，最好是压缩空气推动的。

（3）每 10mm 带有 6 个针孔的夹紧装置（见图 5-40）。

5.19.3　试样制备

试样的尺寸见图 5-41。试样裁切时，刀模长的一面与材料的纵向平行即为纵向试样；刀模长的一面与材料的纵向垂直的为横向试样。纵向和横向在试样必须清楚地标出。各切出 3 个试样。

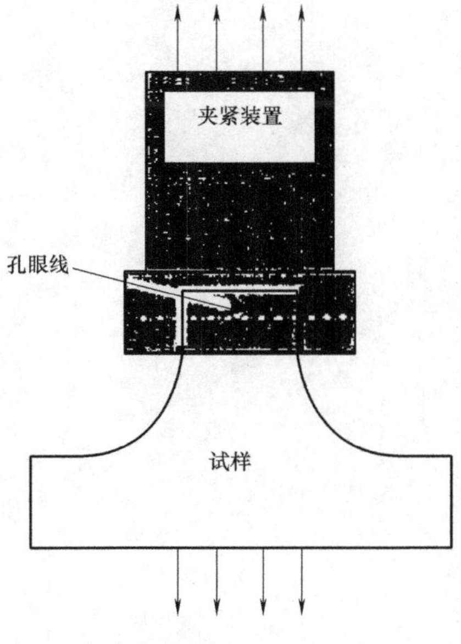

图 5-40　夹紧装置

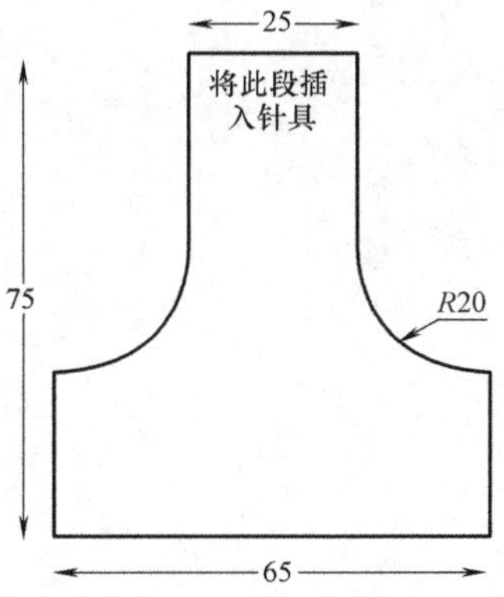

图 5-41　试样的尺寸

5.19.4　测试步骤

（1）测试必须在标准条件下进行：温度（23±2)℃，相对湿度（50±10)%。

（2）调整拉力机的夹距为 50mm。

（3）将试样夹入针具中，让试样穿过“T”形试样的底部夹紧在装置中。

（4）将装上针具的装置固定到拉力机的上夹钳中，使其位于中央，同时使试样较长的一边尽可能与施加力量的方向平行。

（5）将拉力机归零。

（6）将试样未被夹紧一端的 20mm 长的部分夹入下夹钳中央。

（7）开动拉力机使其以 100mm/min 的速度拉伸试样直到完全拉开。

5.19.5 测定结果的表示

$$缝合强度（N/cm）=\frac{最大拉力（N）}{2.5（cm）}$$

第6章　皮服装及其他革制品的分析检验

6.1　皮革服装的分析检验

由于皮革服装的质量受原材料质量的影响更大，与鞋类比较，服装受结构的影响要小得多，所以皮革服装的分析检验更注重原材料的分析检验。成品服装的分析检验，更多在于做工、外观，检验方法也多为“手摸眼看”。

6.1.1　产品分类

（1）上装　夹克衫、猎装、马甲、西服、衬衫等。

（2）下装　裙、裤等。

（3）全身装　风衣、大衣等。

6.1.2　技术要求

6.1.2.1　规格

主要部位规格按服装号型的有关规定自行设计，允许偏差应符合表6-1的要求。

表6-1　主要部位规格允许偏差　单位：mm

部位名称		允许误差
衣长	上装	±10
	风衣、大衣	±15
胸围		±15
袖长		±10
总肩宽		±8
领围		±8
下摆		±15
裤长、裙长		±15
腰围		±10
臀围		±20

6.1.2.2　皮革（含毛革）

（1）原料　按照服装用皮革的技术要求选用。

（2）部位用料—应符合下列的规定：

① 基本要求：正面革革面平整光滑，无露底、裂面、裂浆；绒面革绒毛细致均匀，顺逆、长短基本一致，无油腻感。皮革柔软，无色花，厚薄、粗细、色泽基本一致。领面、前身（前片）、后身（后片）、袖面除规定部位（接缝两边）外，不允许使用边肷、

边腹皮。

② 领面：表面光洁，粗细一致，无伤残。

③ 前身前面：左右身颜色一致，表面光洁，粗细一致，无伤残。摆缝两边边肷用料不超过20mm，允许有不明显的小伤残，绒面革允许有轻微粗绒。

④ 后身后面：左右身颜色基本一致，前后肩、摆缝无明显色差，允许有不明显的轻微伤残两处。

⑤ 袖面：与前身颜色基本一致，表面光洁、细致。袖底缝两边边肷用料不超过30mm，在不明显位置允许有轻微伤残和粗绒。

⑥ 袖底：与袖面基本相称，不明显处允许有分散的小结疤、虫叮等轻微伤残。

⑦ 腰头、腰带及小料：与大身基本相称，无大伤残。

⑧ 里料：除严重厚薄不匀、刀伤、破洞外，一般缺陷的皮革都能使用。允许刀伤深度不超过厚度的1/2，但必须胶补。

(3) 辅料和配件

① 纺织品：选用与皮革面料性能、色泽相适应的材料，收缩率应与面料相适应，不得有明显跳丝、较明显的色花、色差。跳丝不得超过两处，每处跳丝的长度不大于5mm。

② 裘皮：色泽光亮，毛被粗细、长短基本一致，不得有僵板、酥板、脱毛、异味等。不脱色。

③ 配件：色泽与皮色相称，金属配件光亮无锈，安装牢固。

④ 拉链：拉链颜色与皮色相称，拉合滑顺，无错位、掉牙，缝合平直，边距一致。

⑤ 缝线：可选用锦纶线、涤纶线、丝线等，线色与皮色相称；纳衬用棉线，其质量色泽必须适合各使用部位。

⑥ 纽扣：耐用、光滑，色泽与面料相适应。

(4) 缝制要求

针迹自然顺直，针距均匀，上下线吻合，松紧适宜，不得有严重歪斜及皱趔，空针、漏针、跳针各不得超过两针，不得有两处以上空针、漏针、跳针。针距规定见表6-2。

表6-2 针距规定

皮革厚度/mm	面料表面面线/(针/mm)	里线/(针/mm)
<0.6	9～10	6～8
0.6～1.0	7～8	
>1.0	5～6	

不能有针板及送料牙所造成的明显伤痕。

锁眼不偏斜，扣与眼位相对，钉扣收线打结须牢固。

商标位置端正，号型标志正确、清晰。

(5) 外观质量

① 整体要求：周身平服，松紧适宜，不得起皱、打裥、吊紧或拔宽，整体不得有

污渍、划破、烫痕、掉扣、拉链头脱落损坏、脱色、严重异味等。

② 领子：领面平服，领窝圆顺，左右领尖对称、不翘。

③ 脖头：串口、脖口顺直，左右脖头宽窄、领嘴大小对称。

④ 肩：肩部平服，肩缝顺直，肩省长短一致，左右对称。

⑤ 袖：绱袖圆顺，吃势均匀，两袖前后、长短一致，相差不大于 3mm，袖口大小（宽度）相差不大于 3mm。

⑥ 背叉、摆叉：不吊、不歪，平板，长短相差不大于 3mm。

⑦ 底边：平服，无脱胶、起皱，宽窄一致。

⑧ 袢：左右高低、长短、大小一致，不得歪斜，牢固，相差不大于 3mm。

⑨ 门襟、里襟：止口顺直平挺，门襟不短于里襟，长短相差不大于 3mm。

⑩ 口袋：左右袋高低前后对称，袋盖与袋宽相适应，相差不大于 3mm。

⑪ 扣眼：长短、宽窄一致，扣眼对应边距相等，不歪斜，相差不大于 2mm。

⑫ 腰头：面、里、衬平服，松紧适宜。

⑬ 前、后裆：圆顺、平服。

⑭ 串带：长短、宽窄一致，位置准确、对称，前后、高低相差不大于 3mm。

⑮ 裤腿：两裤腿前后、肥瘦一致，相差不大于 3mm；两裤腿脚口大小（宽度）相差不大于 3mm。

⑯ 夹里：夹里大小、长短与面料相适宜，坐势松紧适宜。

6.1.3　试验方法

6.1.3.1　仪器、设备与条件

（1）测量工具　钢板尺，最小刻度 0.5mm；钢卷尺，最小刻度 1mm。

（2）检验台　长、宽、高适度，台面平整，样品能在台上摊平。

（3）条件　照度不低于 750lx；温度为 18～30℃；相对湿度为 60%～70%。

6.1.3.2　号型和规格的检验

将样品摊放平直，扣上纽扣或拉上拉链，并保证服装的纽扣要完全扣在扣眼里，恢复自然，按下列规定进行检验。

① 前衣长：由领侧最高点垂直量至底边。

② 后衣长：由后领中点垂直量至底边。

③ 胸围：扣上纽扣或拉好拉链，正面摊平，沿袖窿底缝横量再乘以 2。

④ 袖长：从袖子最高点量至袖口边；从后领接缝中点量至袖口边。

⑤ 总肩宽：从左肩袖接缝处量至右肩袖接缝处（背心包括挂肩边）。

⑥ 领围：领子摊平横量，立领量上口，其他领量下口。

⑦ 下摆：扣上纽扣或拉好拉链，正面摊平，在下摆边口处横量再乘以 2。

⑧ 裤长：由腰上口沿侧缝摊平垂直量至裤脚口。

⑨ 裙长：由腰上口垂直量至底边最下端。

⑩ 腰围：扣好裤扣，拉好拉链，正面摊平，沿腰宽中间横量再乘以 2。

⑪ 臀围：扣好裤扣，拉好拉链，正面摊平，横量腰和裆宽之间的最大宽度，再乘

以2。

6.1.3.3 皮革原料

在裁剪、制作以前，进行感官和理化分析检验，在成品的后身（后片）部位检验颜色摩擦牢度。

6.1.3.4 针距

用量尺在成品任意部位取50mm测量。

6.1.3.5 技术要求中其他各项目

用目测、感官并结合量尺检验。

6.1.4 检验规则

6.1.4.1 组批

以同一批原料投产、按同一生产工艺生产出来的同一品种的产品组成一个检验批。

6.1.4.2 成品等级划分规则

成品等级划分以缺陷是否存在及其轻重程度为依据。

(1) 缺陷　单件产品不符合服装用皮革所规定的技术要求即构成缺陷。按照产品不符合标准和对产品的使用性能、外观的影响程度，缺陷分为3类：

轻微缺陷：轻微不符合标准的规定，但不影响产品的使用性能，对产品的外观有较小的影响的缺陷称为轻微缺陷。

一般缺陷：超过标准规定较多，但不影响产品的使用性能，对产品的外观有略明显的影响的缺陷称为一般缺陷。

严重缺陷：严重降低、影响产品的基本使用功能，严重影响产品外观的缺陷称严重缺陷。

(2) 缺陷判定依据

一般缺陷：定量指标中，超过标准值50%以上、100%以下（含）的缺陷；定性指标中，较大程度不符合标准的缺陷；号型标志表示方法不符合国家标准规定，均为一般缺陷。

严重缺陷：皮革撕裂强度、颜色摩擦牢度不合格，表面裂面、裂浆、掉浆，破损、熨烫伤，较严重、大面积的伤残，刀伤深度超过厚度的1/2，严重色花、油腻、异味，裘皮掉毛严重等。定量指标中，超过标准值100%以上的缺陷。成品表面出现15mm以上断表面缝纫线，拉链损坏等。

(3) 出厂检验　产品出厂前必须经过逐件检验，经检验合格并附有合格证方可出厂。

检验项目：外观检验。

合格判定：检验项目中轻微缺陷不超过3项者，应视为合格品。

(4) 型式检验

① 有下列情况之一时，应进行型式检验：

产品结构、工艺、材料有重大改变时；

产品长期停产后恢复生产时；

国家质量技术监督机构提出进行型式检验时；

正常生产时，每半年至少进行一次型式检验。

② 抽样数量：从出厂检验合格的产品中随机抽取 3 件进行检验。

③ 合格判定：

单件判定原则：

优等品：使用头层正面服装革、绒面服装革、毛革为主要面料，并占服装面料比例在 90%以上，全部面料为皮革。

无严重缺陷和一般缺陷，轻微缺陷数不大于 3 处。

合格品：使用皮革为主要面料，并占服装面料比例在 95%以上；

无严重缺陷和一般缺陷，轻微缺陷数不大于 8 处；

无严重缺陷，允许有 1 处一般缺陷，轻微缺陷数不大于 6 处；

无严重缺陷，允许有 2 处一般缺陷，轻微缺陷数不大于 4 处。

批量判定原则：

3 件被测样品全部合格，则判该批产品合格。如有一件（及以上）不合格，则加倍抽样复验。复验中如只有一件不合格，则判该批产品合格。

6.2　日用皮手套的分析检验

6.2.1　产品分类

（1）品种　根据使用要求和不同款式，分为男式手套和女式手套，又分为机缝和手缝 2 种。

（2）规格　常见规格可分为 5 个型号，见表 6-3。

表 6-3　　日用皮手套常见规格　　单位：mm

男式				女式			
型号	宽度	中指长	虎口长	型号	宽度	中指长	虎口长
185～165	97.5	79	44	165～150	82.5	73	41
195～175	102.5	83	46	175～160	87.5	77	43
205～185	107.5	87	48	185～170	92.5	81	45
215～195	112.5	91	50	195～180	97.5	85	47
225～205	117.5	95	52	205～190	102.5	89	49
允许误差	±4	±3	±3	允许误差	±4	±3	±3

6.2.2　技术要求

6.2.2.1　天然皮革原材料外观要求（以手感目测为主）

（1）革面　平整、光滑、毛孔清晰，颜色、厚薄基本均匀。

（2）革身　柔软、丰满、手感舒适，无刀伤、薄档、僵硬等现象。

（3）革里　清洁、无油腻感。

（4）切口　切口颜色与表面颜色一致。

（5）皮革外观　同副手套颜色、花纹粗细基本一致，手套料明显部位应以直丝为主。

（6）皮革厚度　男式手套为（0.7±0.2)mm，女式手套为（0.6±0.15)mm。

6.2.2.2　辅助材料要求

（1）夹里　长度、宽度应与面料相适应，套戴舒适，无洞眼、疵点、破缝等现象，夹里五指与面料五指钉牢（除裘皮里之外），裘皮里应柔软，拼接缝平服，色泽、毛被厚薄同副手套基本一致。

（2）拉链　润滑，不轧牙，缝线不褪色，拉链点无毛刺。

（3）纽扣等配件　使用灵活，装置牢固，不生锈，同副手套装置部位高低一致。

（4）商标　外观整洁，装订平服、牢固。

6.2.2.3　缝制整理要求

（1）缝制外观　针距稀密均匀、整齐，不松底面线，回针在原针洞内，不能形成两道线迹。

（2）针距　在25mm内，机缝手套明针为10～12针，暗针为9～11针，手缝手套明针为5～6针。

（3）边距　明缝为1.0～1.5mm，暗缝为1.0～1.2mm，双线中距为1.5～2.0mm。

（4）五指　指头圆正，叉角虎口平服，大指斜势左右相同，大指下圈盘势均匀。

（5）滚口　粗细均匀，叉口同副长短相同（允许误差3mm），反面修剪整齐。

（6）背筋　同副手套必须对称整齐，背筋线顺直。

（7）整洁　手套应平整，无污点、斑点、线头外露等现象。

6.2.3　试验方法

（1）根据各指标要求，用手感、目测、测量等方法。

（2）规格的测定　将手套摊平直，用精度相当的尺测量。

（3）皮革厚度用测厚仪测量。

（4）缝制的针距、边距、双线中距都可以用精度相当的尺测量。

（5）成品手套主要部位规格测量示意图见图6-1。

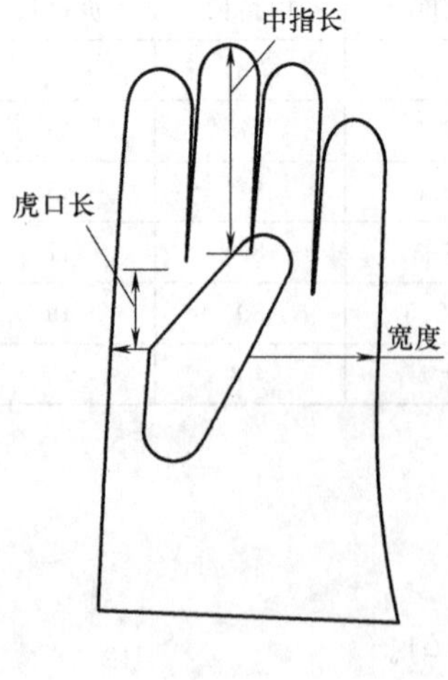

图6-1　成品手套主要部位规格测量示意图

6.2.4　检验规则

6.2.4.1　出厂检验

（1）批量生产的皮手套随机抽取10%样品，对皮革外观、针距进行检验。

（2）产品的其他技术要求应进行逐件检验。

6.2.4.2　型式检验

（1）型式检验在出厂检验合格批中进行，对技术要求全部项目进行检验。

（2）有下列情况之一者应进行型式检验。

a. 主要工艺参数变动；

b. 需方提出抽检要求；

c. 国家质量监督机构提出型式检验要求。

（3）采用随机抽样　抽样数量：1000副以下抽20副，超过1000副增抽10副，不足1000副以1000副计。

6.2.4.3　判定规则

（1）单件制品判定　单件制品皮革外观和针距，若有一项不合格或其他技术要求有3个以上质量缺陷，则判该副手套不合格。

注：出现8mm以上断表面缝纫线、破损、掉扣、影响产品基本使用功能的缺陷产品，均定为不合格品。

（2）批判定　抽样量的合格率在90%以上则判批合格，合格率达不到90%则加倍抽取复验。若仍达不到90%则判批不合格。

6.3　运动手套的分析检验

6.3.1　分类

（1）按使用对象分为男式和女式运动手套。

（2）按原材料分为天然革、人造革和纺织品运动手套。

（3）按形状分弓型和直型运动手套。

6.3.2　规格

（1）弓型手套规格应符合图6-2及表6-4的规定。

表6-4　弓型运动手套主要规格　单位：mm

男式					女式				
代号	型号	宽度	中指长	虎口距	代号	型号	宽度	中指长	虎口距
S	195～175	110	72	38.5	S	175～160	102	69	35.5
M	205～185	114	75	40.0	M	185～170	106	72	37.0
L	215～195	118	78	41.5	L	195～180	110	75	38.5
XL	225～205	122	81	43.0	XL	205～190	114	78	40.0
XXL	235～215	126	84	44.5	XXL	215～200	118	81	41.5
允许误差		±4	±3	±3	允许误差		±4	±3	±3

（2）直型手套规格应符合图6-3及表6-5的规定。

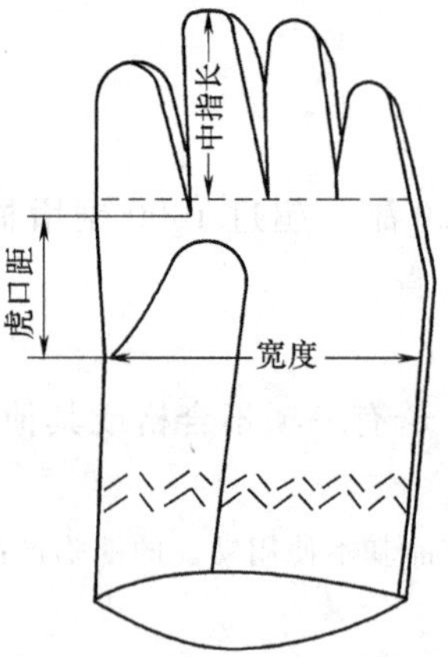

图 6-2 弓型运动手套主要部位规格测量示意图

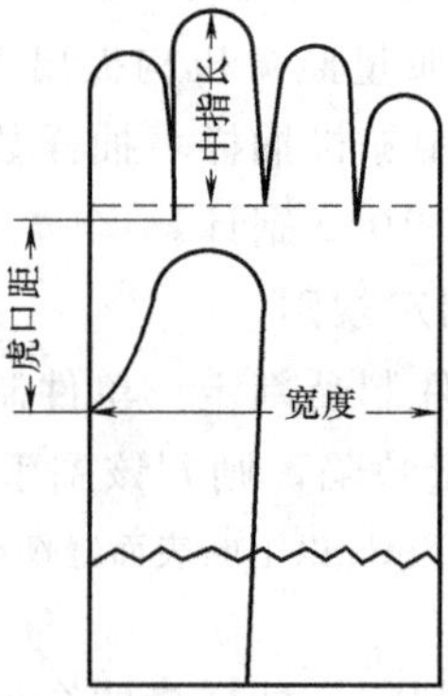

图 6-3 直型运动手套主要部位规格测量示意图

表 6-5 直型运动手套主要规格 单位：mm

男式					女式				
代号	型号	宽度	中指长	虎口距	代号	型号	宽度	中指长	虎口距
S	195～175	110	85	38.5	S	175～160	102	81	35.5
M	205～185	114	88	40.0	M	185～170	106	84	37.0
L	215～195	118	91	41.5	L	195～180	110	87	38.5
XL	225～205	122	94	43.0	XL	205～190	114	90	40.0
XXL	235～215	126	97	44.5	XXL	215～200	118	93	41.5
允许误差		±4	±3	±3	允许误差		±4	±3	±3

6.3.3 技术要求

各项技术要求见表 6-6。

表 6-6 各项技术要求

项目	要求
皮革面料	厚度 0.6～0.9mm，厚薄均匀，无明显脱色、裂浆，色泽基本一致，刀伤小于等于厚度的 1/3
人造革面料	厚度 0.8～1.0mm，花纹粗细基本一致，无硬块，基本无色差，麻点面积小于等于 $2mm^2$
纺织品面料	色泽基本一致，不脱色，无跳纱，不抽丝
辅助材料	拉链拉合自然，不咬牙；五金配件光亮，无锈斑；夹里受潮、发霉、发脆等均不能使用
缝制	指头圆正，手指翘翘小于等于 30°，边距宽窄一致，线迹顺直，跳针允许在 3 处以内，滚口粗细均匀
外观	手套形状自然，同副手套色泽、花纹粗细基本一致，整洁干净

6.3.4 检验方法

（1）检验应在光线充足的条件下进行（照度不低于 7501x），视距为 300mm。

（2）皮革、人造革厚度用分度值0.1mm皮革厚度表测量。

（3）检验规格及技术要求的内容，将手套摊平，观感并用量尺测量鉴定。

6.3.5　检验规定

6.3.5.1　出厂检验

批量生产的运动手套，随机抽取5%样品，按表6-4或表6-5进行检验，同时加测皮革厚度。逐件进行检验技术要求的内容。

6.3.5.2　型式检验

采用随机抽样，抽样数量：1000副抽20副，超过1000副增抽10副，不足1000副以1000副计。

6.3.5.3　判定规则

（1）单件制品判定　单件制品，按规格及技术要求的内容检验，有两项未达标或技术要求中有3个以上质量缺陷，则该副手套不合格。

注意：出现5mm以上断表面缝纫线、破损，掉扣、影响产品基本使用功能的缺陷产品。均定为不合格品。

（2）批判定　抽样量的合格率在90%以上。则判批合格；合格率达不到90%则加倍抽取复验，若仍达不到90%则判批不合格。

6.4　公文箱的分析检验

本方法适用于以各种天然革、工程塑料（ABS）、人造革、其他材料胶合板配以五金件配件，采用粘缝、真空成型、注塑、缝制工艺的，具有装放公文、小件物品功能的公文箱。

6.4.1　产品分类

（1）品种　按面层材料分类：

① 天然革公文箱。

② 人造革公文箱。

③ 塑料公文箱。

④ 其他材料公文箱。

（2）型式　按结构形式分类：

① 单层公文箱。

② 软挡多层公文箱。

6.4.2　技术要求

6.4.2.1　物理性能

（1）公文箱负重　407～470mm公文箱负重5kg。483～534mm公文箱负重7kg。

正常使用条件下，要求箱把不掉、不断裂，箱体无明显变形、脱开现象。

（2）粘合强度　箱面与箱帮结合处粘合。粘合强度在 $[50\times(11\pm1)]mm^2$ 粘合面积上，不低于 50N。

6.4.2.2　**外观和感官要求**

（1）箱体轮廓　轮廓清晰、两角对称、弧线自然、粘合边角整齐、无高低不平现象。

（2）天然革箱面　表面光洁，无明显刀伤、裂面、粗糙大斑块、污点、霉斑及人为的损伤，色泽基本一致。粘贴平服，边、角部位不允许有皱褶、翘边。箱帮后面上不允许有粗糙斑块多于 3 处，每块面积不大于 $9mm^2$。

（3）人造革箱面　质感好、色泽一致、花纹清晰、粘贴平服、牢固、不起泡。边、角部位不允许有皱褶、翘起、擦伤，箱帮后面上 $4mm^2$ 以上疙瘩不超过 3 处，小于 70mm 的印道不超过 2 处。

（4）ABS 箱面　表面色泽均匀，花纹清晰，不得有凸凹、裂纹、变形、明显烫痕、污块、擦伤。

（5）箱口

箱口安装：装配紧密牢固，相对配合。对口箱的底，盖合缝间隙不大于 1.5mm。木胎箱子口底、盖合缝不大于 2mm。箱铝口不允许有砸伤、划印、毛刺。

铝口质量：铝口表面需经氧化或喷塑（或其他保护）处理。处理后应颜色基本一致，不允许有明显斑花、擦伤。

（6）箱里　粘贴牢固、端正、整洁。

（7）线迹　针距均匀、平直、吻合。不允许有 2 针以上跳线、断线。

（8）配件　五金件电镀质量：光亮、无锈，不允许有针孔、烧焦、起泡、漏镀、划伤。着色配件不允许有明显色花。

配件安装：安装牢固，铆钉平伏、不歪斜、布局合理，拨锁与铝口间隙不大于 2mm。

6.4.2.3　**箱锁使用性能**

（1）箱锁开启灵括，轻便自如，密码锁不准跳号、脱钩。

（2）密码锁连续开关 500 次，其他锁连续开关 1000 次。

6.4.3　试验方法

（1）负重　公文箱按规定负重，手提并做 60°角任意摆动往返 3 次。

（2）粘合强度　取公文箱同类面料 2 块，尺寸为 120mm×60mm，如图 6-4。按同类粘缝工艺制作小样，夹具夹量 50mm 宽，29mm 深，公差±2mm。用皮革拉力机测定。拉伸速度 100mm/min 如图 6-5。

（3）合缝间隙　用塞尺量。

（4）箱锁测试　密码锁用手拨，转动字轮。其他品种锁，钥匙插入后，开关记做一次。

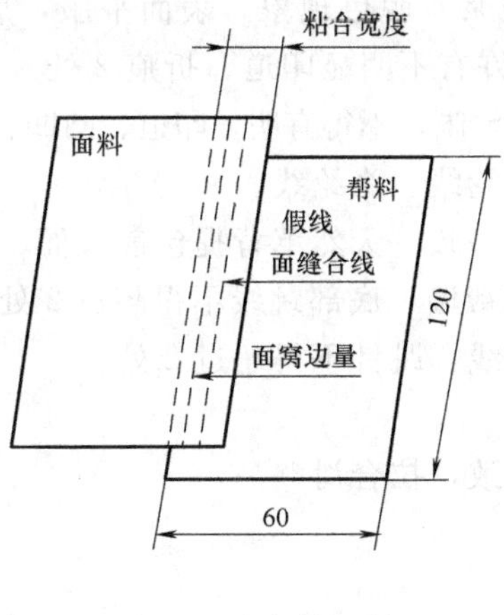

图 6-4　公文箱面料

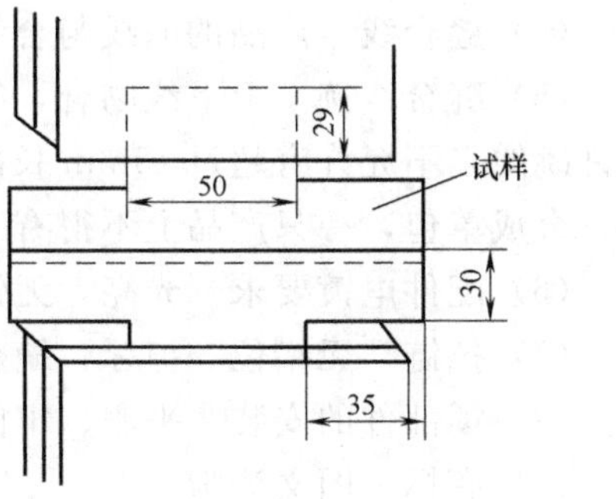

图 6-5　用拉力机测定面料

6.5　背提包的分析检验

6.5.1　术语及产品分类

6.5.1.1　术语

（1）真皮背提包　面层材料 90%以上用头层天然革，允许有 10%用其他材料制作的背提包。

（2）二层皮背提包　面层材料有 80%以上用二层天然革制作的背提包。

6.5.1.2　产品分类

（1）按面层材料分类　包括天然革背提包（包括真皮背提包、二层皮背提包）、人造革背提包、合成革背提包和其他材料背提包。

（2）按结构形式分类　包括带有各种背带的背包；带有各种提把的提包；带有各种背带、提把的背提两用包。

6.5.2　技术要求

6.5.2.1　规格

产品主体外形长度的最长距离为产品规格，其产品规格及极限偏差见表 6-7。

表 6-7　产品规格及极限偏差　单位：mm

产品规格	极限偏差	
	天然皮革面料	其他材料面料
＜300	±3	±5
300～400	±5	±7
＞400	±7	±9

6.5.2.2　感官要求

（1）要求　形体饱满，弧线自然，粘贴平服，角对称，基本端正，整洁干净。

（2）天然革面层材料　厚薄均匀，无裂面、裂浆、脱色现象。表面平服，后大面、底部上允许有粗糙斑 2 处，面积不大于 $9mm^2$。允许有不明显印道、折痕 2 处。

（3）人造革、合成革面层材料　色泽一致，花纹清晰，不得有明显印道、凸凹、疙瘩。

（4）缝合线　产品的明线与合线采用丝线、绵纶线、涤纶线。

（5）缝合线迹　上下线吻合，线迹平直，针距一致。天然革背提包前大面、前盖不允许跳线，不允许有超过 15mm 长的线迹歪斜，侧帮墙、底部跳线不得超过 2 处。人造革、合成革包，一只产品上不得有 2 针以上连针跳线，跳针不得超过 2 处。

（6）配件电镀要求　光亮，无锈残，无漏镀。

（7）拉链　无错位、掉牙，缝合平直，边距一致，拉合滑顺。

（8）零部件的安装　平服、牢固，基本对称。

（9）商标　图文清晰。

6.5.2.3　物理性能

（1）负重　300mm 规格以内背提包负重 3kg，300～400mm 背提包负重 4kg，400mm 规格以上负重 5kg。正常使用条件下，提把、背带、勾环不掉、不坏，包体不开裂。

各类起连接作用的“带袢”类部件不允许发生 30％以上的变形。

（2）缝合强度　面料之间的缝合强度在 60mm×60mm 有效面积上，不低于 196N。

（3）配件耐用度　装饰锁、插接件、磁扣件等正常开关，开合使用 500 次后，无异常。

（4）拉链拉合轻滑度　不大于 10N。

（5）皮革表面颜色摩擦牢度　不小于 4.0/3.0 级（干/湿）。

6.5.3　试验方法

6.5.3.1　负重

（1）静止试验　背提包按规定负重的 1.2 倍，悬空挂于 15m 高度，呈静止端正状态，使其受力均匀，0.5h 后取下，检验背带、提把、勾环是否牢固，起连接作用的“带袢”类部件变形是否超过 30％。

（2）摆动试验　背提包按规定负重的 1.2 倍，悬空挂于 15m 高度，使其受力均匀，往返摆动 10 次（往、返计作一次），摆动角度为 $(60\pm3)^\circ$。检验背带、提把、勾环是否牢固，起连接作用的“带袢”类部件变形是否超过 30％。

6.5.3.2　缝合强度

取背提包同类面料 2 块，面积 120mm×60mm，按同类缝合工艺做小样 1 块，上下夹具夹量 50mm 宽，(30±2)mm 深，用拉力机测试，拉伸速度 (100±10)mm/min。

6.5.3.3　配件耐用度

密码锁类用手拨动字轮，其他品种锁用钥匙插入后，开、关记作一次；插接件、磁扣件手动开、合记做一次。

6.5.3.4　皮革颜色摩擦牢度

此项检测在皮革裁剪、制作以前进行。测试方法同“皮革颜色摩擦牢度测定”。

参考文献

1. 中国轻工业标准汇编. 毛皮与制革卷（第二版）. 北京：中国标准出版社，2006
2. 中国轻工业标准汇编. 制鞋卷. 北京：中国标准出版社，2007
3. 化学工业标准汇编. 橡胶物理和化学试验方法. 北京：中国标准出版社，2008
4. 服装工业常用标准汇编. 北京：中国标准出版社，1997
5. 化学工业标准汇编. 胶粘剂. 北京：中国标准出版社，1997
6. 西北轻工业学院皮革教研室编. 皮革分析检验. 北京：轻工业出版社，1979
7. 蒋维祺. 皮革成品理化检验. 北京：中国轻工业出版社，1999
8. 成都科技大学，西北轻工业学院编. 皮革理化分析. 北京：轻工业出版社，1988